अग्निमय बुद्ध

अग्निमय बुद्ध

मनीष देव

ग्रंथ अकादमी, नई दिल्ली

प्रकाशक : **ग्रंथ अकादमी**
भवन संख्या–19, पहली मंजिल, 2, अंसारी रोड, दरियागंज, नई दिल्ली–110002
 / पेपरबैक संस्करण : प्रथम, 2024

ISBN 978-93-92013-49-2

AGNIMAY BUDDHA

by Shri Manish Dev

Published by **GRANTH AKADEMI**
Building No. 19, First Floor, 2, Ansari Road, Daryaganj, New Delhi-110002

"यह संसार नित्य और सत्य है
सृष्टि और प्रलय भी नित्य और सत्य हैं
सागर की लहरें उठती और गिरती हैं
और फिर से उठती हैं;
जब महाप्रलय होगा तब महासृष्टि भी हो जाएगी,
इस संसार को मिथ्या कह कर कर्मों की अवहेलना मत करो।"
(पूर्व मीमांसा)

भूमिका-1

वर्तमान समय में यदि हम अरुणाचल प्रदेश और सिक्किम जैसे राज्यों में घूमें तो इन राज्यों के गाँवों में भी बौद्ध मंदिर देखे जा सकते हैं। इन राज्यों का भ्रमण करते हुए लेखक ने स्वयं कई बौद्ध मठों और शिव मंदिर के भी दर्शन किए। शिव मंदिर अन्य राज्यों के गाँवों में भी मिल जाते हैं, लेकिन बौद्ध मंदिर का गाँव-गाँव में पाया जाना लेखक को आश्चर्यचकित करता है और साथ ही मन में कई प्रश्नों को भी उत्पन्न कर देता है। निश्चित ही भारत के अन्य राज्यों में भी बौद्ध मठ गाँव-गाँव में पाए जाते होंगे। भारत के इतिहास को पढ़कर भी इस बात का अंदाजा लगाया जा सकता है और विशेष रूप से भारत के उत्तरी राज्यों में बौद्ध संप्रदाय का बहुत विस्तार हुआ था। लेकिन फिर ये प्रश्न मन को बार-बार परेशान करता है कि बौद्ध संप्रदाय भारत भूमि से विलुप्त कैसे हो गया या फिर नाम मात्र ही बचा हुआ है ?

बस, इस प्रश्न के साथ ही भारतीय इतिहास पर एक अनुसंधान शुरू हो गया। यह पुस्तक 'अग्निमय बुद्ध' बौद्ध संप्रदाय के पतन और विलुप्त होने की कथा ही सुना रही है। बौद्ध संप्रदाय का पहले पतन होता है, फिर ये विलुप्त प्राय: हो जाते हैं, या नाम मात्र के रह जाते हैं। प्रमुख प्रसिद्ध मठों और तीर्थों को छोड़कर और कहीं नजर नहीं आते। सम्राट् हर्षवर्धन के काल में बौद्ध संप्रदाय का विस्तार विश्व के कई देशों में हो चुका था। अरब, तुर्की, ईरान, चीन, मंगोल, श्रीलंका, जापान जैसे कई देशों में बौद्ध मठ और विहारों की स्थापना हो चुकी थी। लेकिन हर्षवर्धन काल के बाद धीरे-धीरे बौद्ध

संप्रदाय सिमटता गया और वर्तमान में विलुप्त जैसा ही हो गया है।

वैसे इस घटना के कई कारण है, उनमे से विदेशी राजाओं और लुटेरों का आक्रमण भी एक कारण है। परंतु पतन का कारण तो बाहरी नहीं, अपितु अंदरूनी ही है। अगर अंदरूनी कारणों को ढूँढ़ने निकलें तो उससे संबंधित एक महत्त्वपूर्ण घटना सामने आती है और वो थी बौद्ध भिखु कुमारिल भट्ट की हत्या और छलपूर्वक उन्हें शास्त्रार्थ में पराजित करना। आचार्य कुमारिल भट्ट वैदिक शास्त्र पूर्व-मीमांसा के आचार्य थे। बाद में वह बौद्ध भिखु बन जाते हैं और नालंदा महाविहार में रहने लगते हैं। वहाँ बौद्ध भिखुओं का जीवन अब वैसा नहीं था, जैसा बुद्ध के समय हुआ करता था। राजनितिक महत्त्वाकांक्षा, धन-संग्रह, लोभ, आडंबर का प्रसार बौद्धाचार्यों में दिखने लगा था। फिर भी बहुत सारे थे, जो बुद्ध के अष्टांगिक मार्ग पर निष्ठा से चलने में विश्वास करते थे। लेकिन कुछ लोगों के कारण ही साधारण जनमानस में अब बौद्ध मत और संप्रदाय के प्रति श्रद्धा घट रही थी। इतिहासकार डॉ. डी.डी. कोसांबी अपनी पुस्तक 'भारत में बौद्ध धर्म का क्षय' में भी ऐसे अंदरूनी कारणों को उजागर करते हैं, जो बौद्धों के पतन का कारण बने। बौद्ध विहार अब पहले जैसे नहीं रह गए थे, तमाम सुख-सुविधाओं के साधन बौद्ध विहारों में उपलब्ध थे। नालंदा जैसे महाविहार में भी धर्म की आड़ में अधर्म ने अपना स्थान बना लिया था। यह ऐतिहासिक कथानक 'अग्निमय बुद्ध' आचार्य कुमारिल भट्ट की क्रांतिकारी जीवन-लीला को प्रकाशित करता है। वैदिक धर्म और मानव-कल्याण हेतु उन्होंने अपना जीवन समर्पित किया था और इसी उद्‌देश्य की पूर्ति हेतु उन्होंने अग्निसमाधि भी ली। बौद्धों के द्वारा उनकी हत्या और उन्हें अपयश करने के अनेक षड्यंत्र किए गए। आज का वर्तमान भारतीय समाज इस महान् विभूति से बहुत हद तक अपरिचित है। जहाँ लोग महर्षि पतंजलि, आदि शंकराचार्य, मध्वाचार्य और रामानुजाचार्य को जानते हैं, वहाँ आचार्य कुमारिल भट्ट को बहुत कम जानते हैं। उनकी जीवनगाथा पर कोई व्यवस्थित पुस्तक या उपन्यास भी प्राप्त नहीं होता।

यह पुस्तक उनके क्रांतिकारी बलिदानी जीवन लीला की गाथा सूना रही

है। आचार्य कुमारिल भट्ट ने अपने ज्ञान की शक्ति से उस समय के बौद्ध पाखंड और आडंबर पर प्रहार किया था। नालंदा विश्वविद्यालय के कुलपति को शास्त्रार्थ में पराजित कर उनके ज्ञान की सत्ता को धराशायी कर फिर से वैदिक कर्मकांड के गौरव को पुनर्स्थापित किया था। लेकिन इस कार्य के लिए उन्हें अपना जीवन बलिदान करना पड़ा। अग्नि समाधि लेकर उन्होंने मानव समाज को अहिंसा, त्याग, साहस और समर्पण का उपदेश दिया।

यह उपन्यास धर्म की आड़ में पल रहे अधर्म की कहानी भी सुना रहा है। जिसमें छल, कपट, षड्यंत्र और हत्या की साजिश सब सम्मिलित हैं, जो इस कथा को रोमांचक भी बना रहे हैं। साथ ही प्रेम, श्रद्धा, समर्पण, संघर्ष और ज्ञान से परिपूर्ण यह कथानक है।

यह उपन्यास साथ ही वैदिक मीमांसा दर्शन और बौद्ध दर्शन का भी परिचय देता है। इस पुस्तक को पढ़ने के बाद पाठकों का बौद्ध दर्शन और वैदिक पूर्व मीमांसा दर्शन का ज्ञान भी बढ़ेगा। साथ ही भारतीय इतिहास में होने वाले बहुत बड़े परिवर्तन काल या क्रांतिकाल का साक्षात्कार भी पाठकों को होगा।

आचार्य कुमारिल भट्ट की पूरी जीवनगाथा और बौद्ध संप्रदाय के विलुप्त होने की कहानी किसी एक ग्रंथ में प्राप्त नहीं होती। लेखक ने अनुसंधान करते हुए कई ग्रंथों व पुस्तकों का अध्ययन किया और प्रसंगों को संग्रहित करते हुए इस कथा को पूर्ण किया है। कई विद्वानों से विचार-विमर्श भी किया गया।

इस कथानक में लेखक की लेखन शैली भावबोधक है, जो पाठकों को बाँधकर रखती है और ज्ञान वर्धन के साथ-साथ मनोरंजक भी बनाती है।

भूमिका-2

धर्म के नाम पर अधर्म कैसे फैलता है। यह बताना थोड़ा कठिन है। और जब अधर्म, धर्म जैसा रूप बनाकर धर्म के घर में ही बैठा हो तो उसे पहचानना और भी कठिन हो जाता है। फिर अधर्म बड़ी तेजी से फैलता है, क्योंकि सब उस पर बड़ी आसानी से विश्वास कर लेते हैं। फिर बड़ी आसानी से अहिंसा के नाम पर हिंसा भी फैलने लगती है। चारो ओर असत्य का बोल-बाला हो जाता है। और जब हजार मूखों से झूठ बोला जाए, तब वह झूठ भी सच जैसा लगने लग जाता है। परंतु मनुष्य को ये नहीं भूलना चाहिए कि तीन चीजें ज्यादा देर तक छुपी हुई नहीं रह सकतीं—सूर्य, चंद्रमा और सत्य। झूठ कितना भी फैल जाए, उसका अनावरण एक दिन अवश्य हो जाता है। हाँ, लेकिन इस प्रक्रिया में सत्य को बहुत संघर्ष करना पड़ता है। राहू सूर्य को ग्रास बना ले, परंतु सूर्य फिर से अपने पूर्ण तेजोमय रूप में उदित हो ही जाता है।

यह कहानी भी धर्म के नाम पर फैलने वाले अधर्म की गाथा है। अधर्म फैलता है, झूठ भी फैलता है, क्योंकि वह बना ही फैलने के लिए है। अगर झूठ नहीं फैलेगा तो सत्य पर आवरण कैसे बनेगा? परंतु सत्य की प्रकृति है, प्रगट हो जाना और वह हो ही जाता है। भले ही इसके लिए सत्य को अग्नि समाधि लेनी पड़े, लेकिन वह प्रगट हो ही जाता है।

हमारा इतिहास ऐसी कई विभूतियों की गाथा से भरा पड़ा है, जिन्होंने धर्म की स्थापना हेतु स्वयं का बलिदान दिया। लगभग 1400 वर्ष पहले भारत-भूमि के इतिहास में एक ऐसे ही दिव्य पुरुष हुए, जिन्होंने धर्म की स्थापना हेतु अपना बलिदान दिया और अधर्म का अनावरण करके धर्म की स्थापना की।

कुमारिल भट्ट नालंदा विश्वविद्यालय में प्रवेश प्राप्त कर बौद्ध भीक्षु बन जाते हैं और जिज्ञासु बन धर्म को समझने और साधना के मार्ग पर चलने हेतु अपना जीवन समर्पित कर देते हैं। फिर उन्हें धर्म के घर में धर्म का वेश धारण किए हुए अधर्म बैठा हुआ दिखाई देता है। परंतु कुमारिल भट्ट के समक्ष अब यह बहुत बड़ी चुनौती है कि उस अधर्म का अनावरण कैसे हो? कैसे समाज को अधर्म से बचाया जाए? कैसे धर्म के नाम पर अधर्म फैलाने वालों और अहिंसा के नाम पर हिंसा करने वालों को रोका जा सके और सब के समक्ष उनका सत्य प्रगट किया जा सके? कुमारिल भट्ट ने प्रतिज्ञा ली कि चाहे अब मृत्यु का सामना करना पड़े, असत्य का अनावरण होकर रहेगा!

कुमारिल भट्ट को अनेक षड्यंत्रों का सामना करना पड़ा। कई बार उनकी हत्या के प्रयास हुए। लेकिन अंततः विजय धर्म की ही हुई। परंतु यह भी सत्य है कि कुमारिल भट्ट को इस विजय के लिए स्वयं का बलिदान करना पड़ा। यह कथा है आचार्य कुमारिल भट्ट के बलिदान की। यह कथा है आत्मदाह की; यह कथा है षड्यंत्रों की; यह कथा है ब्रह्म-हत्या की; यह कथा है बहरूपियों की; यह कथा है प्रेम की; यह कथा है भारत-भूमि की; यह कथा है एक न्यायप्रिय राजा की; यह कथा है बुद्ध के उपदेशों की; यह कथा है वेदों के मंत्रों की; यह कथा है मृत्यु पर विजय की।

यह एक प्रेरक कथा है, जो प्रेरणा देने के साथ-साथ श्री कुमारिल भट्टाचार्य की जीवनगाथा और भारत में बौद्ध संप्रदाय के वर्चस्व की कहानी सुना रही है। साथ ही यह कथा वर्तमान में धर्म और समाज को लेकर उठने वाले अनेक प्रश्नों का उत्तर भी देती है। धर्म की आड़ में पाखंड और आडंबर कैसे फैलता है, इसे इस कथा में अच्छे से समझाने का प्रयास किया गया।

वर्तमान में धर्म गुरुओं और धार्मिक संस्थाओं से जुड़ने वाले लोगों को किन बातों का ध्यान रखना चाहिए, यह कथा हमें इस बात का विवेक प्रदान करती है। अतः यह कथा हमें सचेत और जागरूक भी करती है। यह कथा सच्चे धर्म से जुड़ने की प्रेरणा भी देती है और अधर्म को पहचानने का चश्मा भी देती है।

आश्रय

'अग्निमय बुद्ध' एक ऐतेहासिक कथानक है, जो कि ऐतेहासिक तथ्यों पर आधारित है। यह कथा आचार्य कुमारिल भट्ट की जीवनगाथा से परिचय करवाती है और बौद्ध संघ के क्षय की गाथा भी सुनाती है। साथ ही यह कथा बुद्ध के आदर्शों और उपदेशों का स्मरण भी करवाती है।

इस कथा को लिखने के लिए ऐतिहासिक तथ्यों पर अनुसंधान किया गया है। यद्यपि यह कथा लेखक (मनीष देव) के द्वारा अपनी रचनात्मकता और कल्पना-शक्ति से उनके निजी शब्दों में लिखी गई है, परंतु इसका आधार महान् मीमांसा आचार्य कुमारिल भट्ट के इतिहास पर निर्भर है। इतिहास की पुस्तकों में कोई ऐसी पुस्तक नहीं मिली, जिसमें श्री कुमारिल भट्टाचार्य के पूरे जीवन और कार्यों का वर्णन हो। अलग-अलग ग्रंथों में अलग-अलग तथ्य मिलते हैं। अलग-अलग ग्रंथों में निहित अलग-अलग तथ्यों का संकलन करके, फिर बचे हुए प्रसंगों का अनुमान के आधार पर निश्चय करते हुए एक संपूर्ण कथा की रचना की गई है।

ऐतिहासिक तथ्यों का आधार—श्रीशंकर दिग्विजय, तारानाथ हिस्टरी ऑफ बुद्धिज्म इन इंडिया, जिन-विजय, मीमांसाश्लोकवार्तिक, भारत में बौद्ध धर्म का क्षय (डी.डी. कोसांबी), डिक्लाइन एंड फॉल ऑफ बुद्धिज्म (लेख- डॉ. बी. आर आंबेडकर) जैसे ग्रंथों और पुस्तकों के साथ-साथ आचार्य कुमारिल भट्ट के ऊपर श्री राम शर्मा आचार्यजी के दिए हुए व्याख्यान व लेख का आधार भी लिया गया है। साथ ही लेखक ने यदा-कदा धर्मगुरुओं

और कथा वाचकों के द्वारा आचार्य कुमारिल भट्ट पर दिए गए प्रवचनों के प्रसंगों को भी कथा पूर्ण करने हेतु जोड़ा है; परंतु वर्तमान में बहुत कम ही धर्मगुरु और कथा वाचक हैं, जो किसी प्रकार की सटीक जानकारी श्री कुमारिल भट्टाचार्य के बारे में रखते हों! उनके जन्म को लेकर भी विद्वानों के मध्य मतभेद है। परंतु लेखक के अनुसंधान के अनुसार, आचार्य कुमारिल भट्ट का जन्म स्थान दक्षिण भारत में त्रिमलय प्रदेश को ही निश्चित किया गया है। त्रिमलय प्रदेश वर्तमान दक्षिणी ओडिसा राज्य का क्षेत्र है, जहाँ आज भी तेलुगू भाषा-भाषी लोग अधिक संख्या में रहते हैं। अतः लेखक ने आचार्य कुमारिल भट्ट को एक आंध्रिय ब्राह्मण ही माना है।

छद्मवेश में बौद्धाचार्य धर्मकीर्ति के साथ शास्त्रार्थ का वर्णन तारानाथ के 'हिस्टरी ऑफ बुद्धिज्म' में स्पष्ट मिलता है, साथ ही आचार्य कुमारिल भट्ट के गुरुकुल की व्याख्या भी यहाँ मिल जाती है। नालंदा के बौद्धाचार्यों को शास्त्रार्थ में पराजित करना और उनके द्वारा किए गए हत्या के षडयंत्र का प्रसंग श्रीशंकर-'दिग्विजय' नामक ग्रंथ में उपलब्ध है। उनके माता-पिता का नाम और परिचय जैन ग्रंथ 'जिन-विजय' में उपलब्ध है। बौद्ध धर्म से संबंधित समसामयिक जानकारियों को लेखक डी.डी. कोसांबी द्वारा लिखित 'भारत में बौद्ध धर्म का क्षय' से लिया गया है।

लेखक के अनुसंधान के अनुसार, आचार्य कुमारिल भट्ट का समय सम्राट् हर्षवर्धन के काल का था। सम्राट् हर्षवर्धन एक बौद्ध उपासक राजा थे, परंतु बाद में शैव मत के अनुयायी बन गए थे। अतः हर्ष के इतिहास को भी प्रासंगिक मानते हुए लेखक ने कथा में जोड़ा है। अन्य प्रसंगों को लेखक के द्वारा ऐतिहासिक तथ्यों का आधार लेते हुए अनुमान करते हुए लिखा गया। मीमांसा और वेदांत शास्त्र के अनुसार अनुमान को द्वितीय प्रमाण के रूप में स्वीकार गया है।

अनुक्रम

बुद्धं शरणम्

बुद्ध के महापरिनिर्वाण के सहस्र वर्ष बीत चुके थे। बुद्ध की छत्रच्छाया में जनमानस ने अष्टांगिक मार्ग को प्राप्त किया। लोग हिंसा, द्वेष को छोड़ साधना के मार्ग को अपनाने लगे। मात्र साधारण जनमानस ही नहीं, बड़े-बड़े सम्राट भी बुद्ध के अनुयायी हुए। बुद्ध की विचारधारा और साधना पद्धति अनेक अनुयायियों के द्वारा भारत की सीमाएँ लाँघकर विदेशी भूमि को भी ज्ञान के प्रकाश से प्रकाशित कर रही थी। नालंदा का आधार लेकर बौद्ध मत पूरे विश्व में अपने धम्म-ध्वज को फहरा रहा था। चीनी यात्री फाहियान, ह्वेन-सांग और इत्सिंग ने भी नालंदा महाविहार से धम्म-उपदेश एवं अन्य ज्ञानवर्धक विषयों की शिक्षा प्राप्त की। बाद में ह्वेन-सांग नालंदा महाविहार में आचार्य पद पर भी प्रतिष्ठित हुए। कोरिया, जापान, चीन, तिब्बत, इंडोनेशिया, फारस तथा तुर्की से भी छात्र यहाँ आते रहे। सम्राट अशोकवर्धन मौर्य के समय यह एक बौद्ध-विहार के रूप में ही प्रारंभ हुआ था। आचार्य विष्णुगुप्त ने सम्राट चंद्रगुप्त मौर्य के समक्ष एक बहुत बड़े शिक्षा केंद्र की योजना प्रस्तुत की थी। लेकिन यह शिक्षा केंद्र सम्राट् अशोक वर्धन के काल में बौद्ध-विहार के रूप में स्थापित हुआ। गुप्त वंशीय राजा कुमारगुप्त के समय विश्वविद्यालय के रूप में इसकी स्थापना हुई। आर्य वसुबंधु, आर्य दिग्नागा, आर्य ईश्वरसेन, आर्य नागार्जुन, अश्वघोष, असंग, आर्य भट्ट, आर्य धर्मकीर्ति, राहुल शीलभद्र, धर्मपाल और चंद्रपाल नामक आचार्य प्रसिद्ध रहे। नालंदा मुख्य रूप से बौद्ध-मत का ही प्रचार केंद्र था, परंतु साथ में जैन दर्शन, खगोलशास्त्र, योग,

आयुर्वेद और तंत्र के विषयों के आचार्य भी होते थे, लेकिन वैदिक शिक्षा की कोई विशेष व्यवस्था नहीं थी।

यद्यपि बौद्ध संप्रदाय में विभाजन क्रिया गौतम बुद्ध के महापरिनिर्वाण के बाद ही प्रारंभ हो गई थी। काल-परिवर्तन के साथ बौद्ध विचारधारा में भी परिवर्तन आए। अनेक मतों, विचारों और वादों का प्रवेश भी हुआ। हीनयान अथवा थेरवाद, महायान, वज्रयान और नवयान जैसे अलग-अलग संप्रदाय विकसित हुए। वैभाषिक मत, सौतांत्रिक मत, योगाचार मत, माध्यमिक मत भी हुए। बाह्यानुमेयवाद, विज्ञानवाद, शून्यवाद जैसे वाद भी विकसित हुए। वज्रयान संप्रदाय ने तांत्रिक क्रियाओं का अनुष्ठान व तंत्र शिक्षा-प्रसार भी प्रारंभ कर दिया था। बुद्ध की मूल विचारधारा अब उतनी शुद्ध नहीं रह गई थी। बौद्ध आचार्यों ने उसे अनेक अलंकारों से अलंकृत कर दिया, जिससे वो किसी बौद्धिक क्रीड़ा के औजार बन गए, परंतु मानव मन को शांति प्रदान करने में असमर्थ साबित होने लगे। नालंदा महाविहार इस परिवर्तन-काल का साक्षी था। एक ओर जहाँ बुद्ध ने शास्त्रार्थ परंपरा का समर्थन नहीं किया था, वहीं नालंदा में शास्त्रार्थ परंपरा बहुत प्रचलित थी। नालंदा के कुलपति का चयन शास्त्रार्थ के द्वारा ही निश्चित होता था। जो जितना ज्यादा शास्त्रार्थ करता, वह उतना ही प्रतिष्ठित आचार्य घोषित होता।

सम्राट् हर्षवर्धन के काल में शिक्षा के क्षेत्र में नालंदा ने अपने चरमोत्कर्ष को प्राप्त किया था, लेकिन साथ-ही-साथ नालंदा राजनीतिक समीकरणों का केंद्र भी बन रहा था। नालंदा विश्वविद्यालय का कुलपति होना मात्र एक शिक्षा-केंद्र का प्रशासनिक पद नहीं था, अपितु एक राजनीतिक महत्त्व वाला पद भी था। बौद्ध मत का प्रचार अब मात्र जन-कल्याण और विश्व-शांति के लक्ष्य हेतु नहीं, अपितु राजनीतिक महत्त्वाकांक्षाओं की पूर्ति हेतु भी होता था। उस समय भारत कई राजखंडों में विभाजित था, फिर भी धार्मिक और सांस्कृतिक रूप से संगठित ही था। दक्षिण भारत के द्रविड़ प्रदेशों को छोड़ पूरे उत्तर भारत में बौद्ध मत का धार्मिक व राजनीतिक वर्चस्व कायम था। दक्षिण भारत के राजा व अधिकांश प्रजा भी अभी वैदिक मत का ही अनुसरण करती

थी। उत्तरी भाग का कोई भी राजा बौद्ध संप्रदाय का विरोध नहीं कर सकता था, क्योंकि राजा यह जानता था कि ऐसा करते ही वह प्रजा की नजरों में गिर जाएगा और उसके विरुद्ध कोई-न-कोई षड्यंत्र प्रारंभ हो जाएगा। अत: बौद्ध द्रोही होना राजद्रोही होने जैसा ही था। ऐसा नहीं था कि दक्षिण भारत में बौद्ध अनुयायियों की संख्या कम थी, परंतु इतनी नहीं थी कि बौद्ध-मत अथवा नालंदा के कुलपति का राजनीतिक वर्चस्व स्थापित हो सके। नालंदा के कुलपति एवं आचार्य वर्ग इस विषय पर चिंतन करते थे कि द्रविड़ प्रदेशों में अभी और प्रचार-प्रसार की आवश्यकता है। उस समय नालंदा-महाविहार में एक युवा भिक्षु थे 'आचार्य धर्मपाल'। आचार्य धर्मपाल महायान संप्रदाय के योगाचार मत से निरालंबनवाद (विज्ञानवाद) के प्रचारक थे। विभिन्न बौद्ध मतों में विज्ञानवाद एवं शून्यवाद का ही प्रसार सबसे अधिक हुआ था। आचार्य धर्मपाल ने यह निश्चय किया कि वह द्रविड़ प्रदेशों की यात्रा पर जाएँगे और बौद्ध मत का प्रचार करेंगे।

दक्षिण भारत में एक त्रिमलय क्षेत्र था, जहाँ बौद्ध-सभा आयोजित करने का निर्णय लिया गया। त्रिमलय क्षेत्र में महानदी के तट पर एक जयमंगल नामक ग्राम था। जयमंगल ग्राम में एक यज्ञेश्वर भट्ट नामक ब्राह्मण का परिवार रहता था। यज्ञेश्वर भट्ट कृष्णयजुर्वेदीय शाखा के ब्राह्मण थे, जिनके लिए यज्ञ आदि कर्म महत्त्वपूर्ण थे। यज्ञेश्वर भट्ट प्रात: काल ब्रह्म मुहूर्त में अपने पाँच वर्ष के पुत्र कुमारिल के साथ महानदी में स्नान करके अपने निवास की ओर अग्रसर थे, तभी उन्होंने बौद्ध भिक्षुओं के समूह को मार्ग से गुजरते हुए देखा। सभी बौद्ध भिक्षु पंक्तिबद्ध होकर बौद्ध मूल मंत्रों का उच्चारण करते हुए आगे बढ़ रहे थे—

बुद्धम् शरणम् गच्छामि
धम्मं शरणम् गच्छामि
संघं शरणम् गच्छामि

यज्ञेश्वर भट्ट के लिए यह दृश्य कोई नवीन नहीं था, परंतु कुमारिल के लिए यह सब नवीन ही था। तब कुमारिल ने अपने पिताश्री से पूछा, "पिताश्री!

ये लाल वस्त्र धारण करने वाले साधुजन कौन हैं? और किस हेतु यहाँ भ्रमण कर रहे हैं?"

पंडित यज्ञेश्वर भट्ट ने अपने पुत्र को उत्तर देते हुए कहा, "पुत्र! ये बौद्ध भिक्षु हैं। बौद्ध मत के प्रचार हेतु ही हमारे क्षेत्र में आए हैं।"

पिता-पुत्र दोनों घर पहुँचते हैं। घर पहुँचते ही कुमारिल की माँ देवी चंद्रगुणा कुमारिल से कहती हैं, "पुत्र! जाओ अपने पिताश्री को सूचित करो कि ग्राम-प्रधान आए हैं, किसी आवश्यक कार्य हेतु, वह उनसे मिलना चाहते हैं।" कुमारिल ने अपने पिता को माता का संदेश सुना दिया।

पंडित यज्ञेश्वर भट्ट ने ग्राम-प्रधान महोदय का उचित सत्कार करके उनसे पूछा, "बताइए प्रधानजी! आज हमारे यहाँ कैसे आना हुआ?" प्रधानजी ने समाचार सुनाते हुए कहा, "आचार्य! कल हमारे ग्राम के नजदीक ही एक बौद्ध महासभा का आयोजन हो रहा है। मैंने स्वयं सभी ग्राम वासियों को निमंत्रण दे दिया है। आपके रिश्तेदार कोरुनंद को भी निमंत्रण पहुँचा दिया है। मेरा निवेदन है कि आप भी इस बौद्ध सभा में अवश्य उपस्थित हों।"

पंडित यज्ञेश्वर भट्ट ने कहा, "हाँ प्रधानजी, कोरुनंद हमारे रिश्तेदार हैं। जब निमंत्रण मिला है, तो हम भी अवश्य आएँगे।"

कुमारिल ने उत्साहित एवं प्रसन्न होते हुए कहा, "जब मेरे बहन-बहनोई आएँगे तो मैं भी अवश्य जाऊँगा।"

अगले दिन प्रात: काल ही आस-पास के ग्राम निवासी अपने ग्राम के नजदीक ही एक उपवन में, जहाँ बौद्ध महासभा का आयोजन होना था, वहाँ पहुँचने लगे। उपवन में कुछ शिलाएँ भी थीं, वह बैठने के लिए उचित स्थान थे। बौद्ध आचार्यों हेतु काष्ठ के मंच भी बनाए गए थे। मंच पर कुछ मुख्य बौद्ध आचार्य ही उपस्थित हुए। अन्य बौद्ध भिक्षु भूमि पर ही बैठते हैं। कुछ मुख्य अतिथियों के लिए भी विशेष स्थान बनाए गए थे, जैसे राजा के मंत्री और धनि-मणि व्यापारियों व श्रेष्ठियों हेतु। धीरे-धीरे भारी संख्या में श्रद्धालु जन वहाँ एकत्र होने लगे। मुख्य अतिथिगण भी समय से आकर अपना अपना स्थान ग्रहण कर लेते हैं। बौद्ध सभा प्रारंभ होती है, एक-एक करके बौद्धाचार्य अपने

विचारो से जनमानस का ज्ञान वर्धन करते हैं। अंत में स्वयं मुख्य तथ्यों और प्रेरणाओं को प्रस्तुत करने हेतु आचार्य धर्मपाल सभा को संबोधित करते हैं।

आचार्य धर्मपाल जनमानस को संबोधित करते हुए कहते हैं, "हे तथागत प्रेमियो! आज हम तथागत की अनुकंपा से इस स्थान पर उपस्थित हुए हैं। आज से लगभग सहस्र वर्ष पहले जब जनमानस दिशाहीन था, किसी के पास शाश्वत शांति का मार्ग नहीं था, चारो तरफ अशांति व अराजकता थी, एक जनपद का राजा दूसरे जनपद को युद्ध में पराजित कर उनकी भूमि अधिकृत करने में लगा हुआ था। लोग स्वार्थ के वशीभूत एक दूसरे पर हिंसा करते थे। प्राचीन वेदों को मानने वाले लोग अपने यज्ञ में निरपराध वाणीहीन जीवों की बलि देते थे। वेदों की शिक्षा से अशांति फैल रही थी, तब ही शाक्य-मुनि बुद्ध का अवतार इस धरती पर होता है। बुद्ध करुणा अवतार थे, उनकी कृपादृष्टि जिस जीव पर पड़ी, वह कल्याण को प्राप्त हुआ। बुद्ध ने अहिंसा और सबसे प्रेम करने का उपदेश दिया। बुद्ध ने कहा, 'यह संसार दुःखमय है। सुख तो सम्यक ज्ञान में है! अष्टांगिक मार्ग को अपनाकर ही मनुष्य आनंदस्वरूप सुख व शांति का अनुभव कर सकता है।' बुद्ध ने कहा, यह संसार तो मिथ्या है, जो वास्तविक सत्य है, वह शून्य है। वेदों ने समाज को वास्तविक सत्य से दूर रखा और व्यर्थ के मिथ्या कर्मकांड में लिप्त कर दिया। वेदों की शिक्षा के कारण समाज में ईर्ष्या, द्वेष और हिंसा का प्रसार हो रहा था। हिंसा की अग्नि में जल रहे मानव-समाज को बुद्ध ने ज्ञान का अमृत पिलाया। प्रेम और अहिंसा का पाठ पढ़ाया, क्योंकि यह संसार तो मिथ्या है, संसार के कर्म भी मिथ्या ही हैं। मनुष्य व्यर्थ ही स्वयं को सुखी करने के चक्कर में दूसरों को दुःखी करता है! उसका यह सांसारिक सुख भी मिथ्या है। वेदों की शिक्षा से प्रभावित हो मनुष्य सुख-शांति प्राप्ति हेतु देवताओं को प्रसन्न करने में लगा हुआ था। लेकिन बुद्ध ने विपश्यना का मार्ग दिखाया, सत्य के साक्षात्कार का मार्ग दिखाया। (थोड़ा रुककर) लेकिन मैं देख रहा हूँ, द्रविड़ प्रदेश में अभी भी बहुत सारे लोग ऐसे हैं, जो बुद्ध के ज्ञानामृत से वंचित हैं। मैं आह्वान करता हूँ, उन सभी वंचित साधकों का, जो अभी भी वेदों के भ्रम से भ्रमित हैं। वह

वास्तिक सुख को नहीं जानते वह दु:खी और अशांत जीवन जीते हैं। उनके घर में कलह-क्लेश का वातावरण है। सांसारिक सुखों को सत्य मान दिशाहीन हो संसार में भटकते हैं। वह बौद्ध मार्ग का अनुसरण करें, प्रवज्या ग्रहण करें और जागृत् हो जन-मानस को भी जागृत् करें। विश्व-शांति हेतु हमें बुद्ध का मार्ग अपनाना ही पड़ेगा। अन्यथा मनुष्य का जीवन दु:खी और अशांत होता जाएगा। इस दु:खमय संसार में जीव अनेक कारणों से दु:खी ही रहता है। सांसारिक दु:ख रूप विष के समक्ष बुद्ध का ज्ञान अमृत समान है। मात्र बुद्ध का ज्ञान ही इन सांसारिक दु:खों से मुक्ति का मार्ग है। हे सभासदो! बुद्ध के प्रेमियो! शाक्यमुनि बुद्ध की कृपा आप पर बनी रहे! मैं अपने विचारों को इसी प्रेरणा के साथ विराम देता हूँ। बुद्धं शरणम् गच्छामि! धम्मं शरणं गच्छामि! संघं शरणम गच्छामि!

बौद्ध सभा समाप्त हो चुकी थी। कोरुनंद ने यज्ञेश्वर भट्ट से कहा, "तात! व्याख्यान तो बड़ा प्रभावशाली था।"

यज्ञेश्वर भट्ट ने कहा, "हाँ कोरुनंद! आओ चलो आचार्य धर्मपाल से मिलकर इसे और उत्तम बनाते हैं।"

कोरुनंद और यज्ञेश्वर भट्ट दोनों आचार्य धर्मपाल के पास गए और आचार्य से कहा, "आचार्य! हम आपके प्रवचन से बहुत प्रभावित हुए हैं।"

यज्ञेश्वर भट्ट ने पुनः टोकते हुए कहा, "लेकिन आचार्य एक बात स्पष्ट नहीं हुई। आपने शाक्यमुनि बुद्ध की महिमागान के लिए वेदों की निंदा का सहारा लिया, क्या वेदों की निंदा होगी, तभी शाक्यमुनि की महिमा सिद्ध होगी?"

आचार्य धर्मपाल ने कहा, "नहीं, ऐसा तो नहीं है! शाक्यमुनि स्वयं ही महिमावान हैं।"

यज्ञेश्वर भट्ट ने कहा, "आचार्य! फिर वेद निंदा की क्या आवश्यकता? आपने कहा वेदों के कारण समाज में हिंसा, द्वेष फैला हुआ था। क्या आपने स्वयं वेद-अध्ययन किया है?"

कोरुनंद ने टोकते हुए यज्ञेश्वर भट्ट के कान में धीरे से कहा, "तात!

अभी रहने दें इस विषय को तो उचित होगा! अभी राजा के मंत्री भी आसपास हैं।"

यज्ञेश्वर भट्ट ने प्रतिउत्तर में कहा, "कोरुनंद! तथ्य स्पष्ट होने चाहिए, तभी हम किसी निष्कर्ष पर पहुँचेंगे।"

आचार्य धर्मपाल ने उत्तर देते हुए कहा, "मैंने वेदों का अध्ययन तो नहीं किया, परंतु वेदों की विचारधारा से अवगत हूँ। उसमें तरह-तरह के कर्मकांड होते हैं, जिसमें हिंसा भी होती है।" आचार्य धर्मपाल की बात सुनकर यज्ञेश्वर भट्ट ने आचार्य धर्मपाल को उत्तर देते हुए कहा, "आचार्य! आपसे तर्क करना मेरा उद्देश्य नहीं है, परंतु मैं आपको एक परामर्श देना चाहूँगा कि आप वेद-अध्ययन अवश्य करें। आपको यह स्पष्ट हो जाएगा कि वेद हिंसा की बात करते हैं, या अहिंसा की! मेरे वेद-अध्ययन अनुभव के अनुसार वेद-शास्त्र वसुधैव-कुटुम्बकम्, विश्व-बंधुत्व, अहिंसा, कर्म, ज्ञान और उपासना की बात करते हैं।"

आचार्य धर्मपाल थोड़ा गंभीर होते हुए, थोड़ा चुनौतीपूर्ण ढंग से कहते हैं— "यज्ञेश्वर भट्ट! हमने तो यही जाना है कि वेद पाखंड का विस्तार करते हैं, हिंसा फैलाते हैं। और हमें वेद-अध्ययन की कोई आवश्यकता नहीं! हम जो जानते हैं उसी का प्रचार करेंगे।"

यज्ञेश्वर भट्ट ने फिर पूछा, "ठीक है आचार्य! क्या आप एक भी ऐसा प्रसंग बता सकते हैं, जहाँ स्वयं शाक्यमुनि ने वेदों का विरोध किया हो? आचार्य मैंने जहाँ तक शाक्यमुनि के बारे में सुना व अध्ययन किया है, उसके अनुसार शाक्यमुनि ने स्वयं अपने देह-त्याग के बाद अपना अंतिम-संस्कार वेद-रीति से किसी कुलीन ब्राह्मण के द्वारा करवाने की इच्छा प्रस्तुत की थी और हुआ भी उनकी इच्छा के अनुकूल था।"

आचार्य धर्मपाल फिर थोड़ा गंभीर हो चुनौतीपूर्ण ढंग से बोलते हैं, "यज्ञेश्वर भट्ट! हमने जिन बुद्ध विचारों का अध्ययन किया है, उसके अनुसार बुद्ध ने स्पष्ट तो वेदों की निंदा नहीं की, परंतु उनके विचारों से वेद विरोधी संकेत ही मिलते हैं, जिसको हम विस्तारपूर्वक समाज को बताते हैं।"

यज्ञेश्वर भट्ट ने कहा, "लेकिन आचार्य शाक्यमुनि वेद-विरोधी कैसे हो सकते हैं, जब उन्होंने स्वयं सांख्य-शास्त्र के वैदिक परंपरा के आचार्यों से ज्ञान प्राप्त किया था?"

आचार्य धर्मपाल ने पंडित यज्ञेश्वर भट्ट की आँखों में आँखें डालकर चुनौतीपूर्ण ढंग से बोला, "लेकिन हम तो वेद विरोधी प्रचार ही करते हैं और करते रहेंगे और इस संसार से वेद-मत का समूल विनाश करेंगे।"

यज्ञेश्वर भट्ट ने आचार्य धर्मपाल को विनम्रतापूर्वक प्रणाम करते हुए, परंतु व्यंग से कहा, "आपको शुभकामनाएँ हैं, आचार्य! लेकिन वेदों के मूल में स्वयं अग्निदेव का वास है! कहीं ऐसा न हो कि मूल नष्ट करने के चक्कर में संपूर्ण बौद्ध प्रपंच ही स्वाहा हो जाए!" ऐसा सुनते ही कोरुनंद ने यज्ञेश्वर भट्ट के कानों में जाकर कहा, "तात! यह शास्त्रार्थ का उचित स्थान नहीं, अत: अभी यहाँ से चलना ही ठीक होगा।"

यज्ञेश्वर भट्ट ने आचार्य धर्मपाल को नमस्कार करते हुए कहा, "ठीक है आचार्य, अनुमति दें! और कुछ चूक हो गई हो तो क्षमा करें! और हमें अपना कर्म करने दें। यह संसार कर्म-प्रधान ही है। हरी ॐ! चलो कोरुनंद!"

कोरुनंद ने चलते-चलते यज्ञेश्वर भट्ट से कहा, "तात! आप मेरे पितृव्य हैं। परंतु आचार्य धर्मपाल से इस प्रकार तर्क करने का यह उचित समय नहीं था। उनके समर्थन में राजा के मंत्री और त्रिमलय के धनी-मणि विशिष्ट व्यापारी और नागरिक भी थे।"

यज्ञेश्वर भट्ट ने कोरुनंद को समझाते हुए कहा, "कोरुनंद! आचार्य धर्मपाल व्यर्थ ही वेद-निंदा कर रहे थे। वह भी बिना अध्ययन के, बिना सत्य को जाने! अत: मुझे, उन्हें इस विषय में बताना उचित लगा।"

कोरुनंद ने यज्ञेश्वर भट्ट से कहा, "तात! मुझे लगता है, हमें सकारात्मक विषय-वस्तु को ग्रहण करना चाहिए।"

यज्ञेश्वर भट्ट ने कोरुनंद से कहा, "अगर कोई जानबूझकर सकारात्मक और नकारात्मक मिश्रित विषय को आडंबरपूर्ण ढंग से प्रस्तुत करे। तो क्या उसमें नकारात्मकता का निराकरण नहीं करना चाहिए? बस, मैंने उतना ही

किया है, वो भी विनम्रतापूर्वक। थोड़ा मुसकराते हुए चलो! छोड़ो इन बातों को, ये बताओ तुम्हारा नवजात शिशु कैसा है?" (यज्ञेश्वर भट्ट थोड़ा विनोद करते हुए बोले)

कोरुनंद, "स्वस्थ है तात।"(प्रसन्न होते हुए)

यज्ञेश्वर भट्ट, "क्या नाम रखा है तुमने उसका?"

कोरुनंद चलते हुए प्रसन्नता से बोले, "जी 'धर्मकीर्ति'"

यज्ञेश्वर भट्ट बोले, "सुंदर नाम है! जरा देखो, यह कुमारिल कहाँ चला गया? चलो उसको ढूँढ़ते हैं।"

कुमारिल बौद्ध भिक्षुओं के प्रति बहुत आकर्षित हुए थे। बौद्ध भिक्षुओं के मध्य जाकर वो अपनी बाल-जिज्ञासा को वार्त्तालाप के माध्यम से शांत कर रहे थे। कोरुनंद ने कुमारिल को बौद्ध भिक्षुओं से बात करते हुए देखा और यज्ञेश्वर भट्ट से कहा, "वो देखिए, कुमारिल बौद्ध भिक्षुओं के बीच बैठा हुआ है। और उनसे तरह-तरह के प्रश्न कर रहा है।"

यज्ञेश्वर भट्ट, "अरे ये बालक भी बड़ा चंचल है, चलो, इसे ले आते हैं।"

कुमारिल ने एक बौद्ध भिक्षु के वस्त्र पकड़कर कहा, "भंते! क्या मैं भी बुद्ध की शरण में आ सकता हूँ?"

भिक्षु ने कहा, "हाँ बालक! बुद्ध की शरण में बिना भेदभाव के कोई भी व्यक्ति आ सकता है।"

कुमारिल, "भंते! क्या मैं तुम्हारे जैसे वस्त्र धारण कर सकता हूँ?" भिक्षु ने उत्तर देते हुए कहा, "हाँ बालक! जब तुम प्रवज्या ग्रहण करोगे, तो तुम भी हमारे जैसे वस्त्रों को धारण कर सकोगे।"

इतने में कोरुनंद और यज्ञेश्वर भट्ट वहाँ पहुँच गए। यज्ञेश्वर भट्ट ने कुमारिल से कहा, "कुमारिल! अब घर चलो, तुम्हारी माता प्रतीक्षा कर रही होंगी! पर्याप्त समय व्यतीत हो चूका है, अब हमें चलना चाहिए।"

कुमारिल ने कहा, "पिताश्री बस, दो-चार प्रश्न और शेष हैं, मैं पूछकर चलता हूँ।"

यज्ञेश्वर भट्ट थोड़ा खीजते हुए बोले, "मैं अच्छे से जानता हूँ, तुम्हारे प्रश्नों की शृंखला! चलो, मैं तुम्हारे प्रश्नों का उत्तर दे दूँगा।" यज्ञेश्वर भट्ट ने कुमारिल को गोद में उठा लिया।

बौद्ध भिक्षुओं ने यज्ञेश्वर भट्ट के प्रति सम्मान व्यक्त करते हुए कहा, "आपका बालक बहुत ही कुशाग्र बुद्धि का है और बुद्ध-प्रेमी भी। कभी हो सके तो इसे नालंदा महाविहार में अवश्य लेकर आएँ।"

यज्ञेश्वर भट्ट ने थोड़ा सोचते हुए कहा, "जी…अभी तो यह बालक है, जब बड़ा हो जाएगा तो अवश्य विचार करेंगे आपके परामर्श पर! हरी ॐ!"

ऐसा कहकर यज्ञेश्वर भट्ट वहाँ से चल पड़े। कोरुनंद ने यज्ञेश्वर भट्ट को प्रणाम करके उनका आशीर्वाद प्राप्त किया और कुमारिल के मस्तक पर हाथ रख आशीर्वाद प्रदान करते हुए कहा, "तात! अब आज्ञा दें मैं भी प्रस्थान करूँ।"

कोरुनंद को आशीर्वाद प्रदान करके यज्ञेश्वर भट्ट अपने ग्राम जयमंगल की ओर प्रस्थान करते हैं। मार्ग में कुमारिल अपने पिता से बुद्ध और बौद्ध संप्रदाय के बारे में अनेक प्रश्न करते हैं। कुमारिल यज्ञेश्वर भट्ट से पूछते हैं, "पिताश्री! क्या मैं भी बुद्ध की शरण में जा सकता हूँ?" यज्ञेश्वर भट्ट ने समझाते हुए कहा, "नहीं पुत्र, तुम अभी बालक हो, अभी नहीं जा सकते।"

कुमारिल ने पूछा, "तो क्या बड़े होकर जा सकता हूँ?"

यज्ञेश्वर भट, "नहीं पुत्र, तुम बड़े होकर भी नहीं जाओगे, क्योंकि तुम कृष्णयजुर्वेदीय शाखा के ब्राह्मण-पुत्र हो।"

कुमारिल ने खीजते हुए कहा, "क्यों नहीं जाऊँगा? मुझे भिक्षुओं ने बताया है शाक्यमुनि के मुख्य शिष्य मुद्‌ग्लाना, सारिपुत्र व महाकश्यप आदि सभी कुलीन ब्राह्मण कुल से ही थे। आज भी नालंदा-महाविहार के बहुत से श्रेष्ठ बौद्धाचार्य ब्राह्मण कुल में जन्म लेकर बौद्ध बने हैं।"

यज्ञेश्वर भट्ट समझ रहे थे, कुमारिल के मन पर बौद्धाचार्य के विचारों का गहरा प्रभाव पड़ा है। यज्ञेश्वर भट्ट ने कुमारिल को शांत करने के लिए कहा, "ठीक है, पहले तुम बड़े हो जाओ, वेद-अध्ययन करो, फिर अपनी

प्रतिभा से जो करना चाहो वो कर लेना।"

कुमारिल ने कहा, "ठीक है, मतलब बड़े हो जाने पर आप मुझे नालंदा-महाविहार जाने से नहीं रोकेंगे! परंतु, मैं अभी बौद्ध भिक्षुओं की तरह ललित वस्त्रों को तो धारण कर ही सकता हूँ न?" यज्ञेश्वर भट्ट ने समझाते हुए कहा, "ठीक है, पहले घर चलो, फिर मैं तुम्हें सारे प्रश्नों के उत्तर दूँगा।"

कुमारिल के मन में बुद्ध के प्रति अनुराग विकसित हो चूका था। कुमारिल का चित्त बौद्ध आचार्यों एवं बौद्ध भिक्षुओं के प्रति आकर्षित था। बौद्ध भिक्षुओं के समूह ने वहाँ से जाते-जाते एक बुद्ध मूर्ति की स्थापना भी कर दी थी। कुमारिल अपने खेल-कूद से समय निकालकर बुद्ध की प्रतिमा के समक्ष बुद्ध जैसी मुद्रा में ही बैठकर साधना का अभ्यास करते थे।

□

वेद-प्रेम

पंडित यज्ञेश्वर भट्ट का अपना वैदिक गुरुकुल था, जिसमें कई छात्र वेद-अध्ययन हेतु आते थे। आंध्रिय क्षेत्र में मीमांसा-शास्त्र के विद्वानों में यज्ञेश्वर भट्ट की अच्छी ख्याति थी। यज्ञेश्वर भट्ट मीमांसा-सूत्रों को बहुत सरलता से समझाते थे। अत: उनके शिष्य उनके प्रति आकर्षित रहते हुए उनमें अपार श्रद्धा भी रखते थे। विलक्षण विद्वता, साधना एवं विनम्रता की प्रतिमूर्ति यज्ञेश्वर भट्ट द्रविड़ प्रदेश में वैदिक मत के एक स्तंभ के रूप में माने जाते थे।

बौद्ध महासभा के आयोजित हुए अब कुछ दिन बीत चुके थे। एक दिन संध्या के समय पंडित यज्ञेश्वर भट्ट अध्यापन कार्य से निवृत्त होकर अपने घर आए। घर में आकर अपने पुत्र कुमारिल को पुकारने लगे। कुमारिल के न दिखने पर यज्ञेश्वर भट्ट ने अपनी अर्धांगिनी देवी चंद्रगुणा से पूछा, "देवी चंद्रगुणा! पुत्र कुमारिल कहाँ है?" देवी चंद्रगुणा ने कहा, "निश्चय ही क्रीड़ा हेतु कहीं बाहर गया होगा। आज कल उस उपवन में जाता है, जहाँ बौद्ध महासभा का आयोजन हुआ था। आप चिंता न करें, मैं उसे बुला लाती हूँ।"

"रहने दो देवी, संध्या हो गई है, मैं ही चला जाता हूँ, उसे ढूँढ़ने।" पंडित यज्ञेश्वर भट्ट ऐसा कहकर स्वयं ही कुमारिल को ढूँढ़ने निकल पड़े।

पंडित यज्ञेश्वर भट्ट कुमारिल को ढूँढ़ते-ढूँढ़ते उपवन में पहुँच गए। अब वहाँ एक बुद्ध मूर्ति की स्थापना हो चुकी थी। यज्ञेश्वर भट्ट ने देखा, उपवन में कई और भी बच्चे खेल रहे हैं, परंतु वहाँ कुमारिल नहीं है। यज्ञेश्वर

भट्ट ने एक बालक से पूछा, "बालक, क्या तुमने कुमारिल को देखा है?" क्रीड़ा करते हुए बालक ने उत्तर दिया, "हाँ तात! वो बुद्ध मूर्ति के समक्ष बैठा हुआ है।" यज्ञेश्वर भट्ट जब बुद्ध मूर्ति के समीप पहुँचते हैं, तब कुमारिल को बुद्ध मूर्ति के ठीक सामने बुद्ध जैसी मुद्रा में ही साधना में बैठे हुए पाते हैं। यज्ञेश्वर भट्ट पहले तो इसे बचपना ही समझते हैं, परंतु फिर चिंता की रेखाएँ उनके मस्तक पर खिंचनी शुरू हो जाती हैं। यज्ञेश्वर भट्ट सोचने लग जाते हैं, 'क्या सचमुच मेरा पुत्र बौद्ध भिक्षु बनेगा? परंतु मैं ऐसा कदापि नहीं होने दूँगा।' कुमारिल बुद्ध मूर्ति के समक्ष नेत्र मूँदकर ध्यान में लीन बैठे हुए थे।

यज्ञेश्वर भट्ट ने सोचा, कुमारिल अभी बालक है, उचित व अनुचित को भलीभाँति नहीं जानता। कुमारिल को बलपूर्वक समझाने से कुमारिल के मस्तिष्क पर बुरा प्रभाव पड़ सकता है। वैसे भी बच्चे इस उम्र में उस कार्य के लिए ज्यादा आकर्षित होते हैं, जिस कार्य के लिए उन्हें रोका जाता है। ऐसा विचार करते हुए पंडित यज्ञेश्वर भट्ट ने धीरे से कुमारिल के कानो के पास जाकर कहा, "कुमारिल! कुमारिल! उठो पुत्र!" कुमारिल ने मुसकराते हुए धीरे से नेत्र खोले और जोर से 'पिताश्री' बोलते हुए अपने पिता के गले लग गया। यज्ञेश्वर भट्ट ने कहा, "कुमारिल, सूर्यास्त होने वाला है, अब घर चलो।"

दोनों पिता और पुत्र अपने घर की ओर चल पड़े। मार्ग में यज्ञेश्वर भट्ट ने कुमारिल से पूछा, "पुत्र! तुम वहाँ बुद्ध की मूर्ति के समक्ष क्या कर रहे थे?" कुमारिल ने उत्तर दिया, "पिताश्री! जब मैं खेलते हुए थक गया, तब मैं बुद्ध मूर्ति के समक्ष बैठकर साधना कर रहा था।" यज्ञेश्वर भट्ट ने कहा, "अच्छी बात है, अब घर चलकर भोजन करो और फिर विश्राम।"

घर पहुँचकर दोनों पिता-पुत्र संध्या भोजन ग्रहण करके विश्राम हेतु अपने शयन कक्ष में चले जाते हैं। कुमारिल के सो जाने पर यज्ञेश्वर भट्ट अपनी अर्धांगिनी देवी चंद्रगुणा से कहते हैं, "देवी! मैं कुमारिल को लेकर बहुत चिंतित रहता हूँ। कुमारिल बौद्ध महासभा में बौद्ध भिक्षुओं व बौद्धाचार्यों के प्रति बहुत आकर्षित हुआ था। और बुद्ध भिक्षुओं ने उसे बुद्ध के बारे में

बताया और नालंदा-महाविहार आने का निमंत्रण भी दिया था। अतः कुमारिल इन बातों के प्रभाव में रहता है। इसलिए हे देवी! मैंने एक निर्णय लिया है, कुमारिल अब छह वर्ष का होने वाला है, सोंचता हूँ अब उसका उपनयन संस्कार कर देना चाहिए, ताकि उसकी वैदिक शिक्षा-दीक्षा प्रारंभ हो सके। मैं यह कार्य प्रातः ही प्रारंभ करता हूँ।" देवी चंद्रगुणा ने कहा, "जी स्वामी! आप जैसा उचित समझें। कुमारिल कुशाग्र बुद्धि बालक है, छह वर्ष में उसका उपनयन संस्कार उचित ही होगा।"

अगले दिन प्रातः काल ही यज्ञेश्वर भट्ट उपनयन संस्कार की तैयारी में लग गए। कुमारिल अपने पिता को इस प्रकार व्यस्त देखकर पूछते हैं, "पिताश्री! आप इतने व्यस्त क्यों हैं? क्या किसी अनुष्ठान के आयोजन में लगे हुए हैं?"

यज्ञेश्वर भट्ट ने कहा, "हाँ पुत्र, मैं तुम्हारे उपनयन संस्कार की तैयारी में लगा हूँ।" कुमारिल ने अपने पिता से पूछा, "पिताश्री, यह उपनयन संस्कार क्या होता है?" यज्ञेश्वर भट्ट ने उत्तर देते हुए कहा, "उपनयन संस्कार से तुम्हारी वैदिक शिक्षा-दीक्षा प्रारंभ होगी, तुम गुरुकुल में आचार्य के निकट (निकट व नयन-आचार्य के पास जाना) रहकर शिक्षा-दीक्षा प्राप्त करोगे और यज्ञोपवित, ब्रह्मचारी वस्त्र एवं दंड धारण करोगे।"

कुमारिल ने फिर अपने पिता से कहा, "पिताश्री क्या मैं नालंदा महाविहार जाऊँगा शिक्षा-दीक्षा के लिए?" यज्ञेश्वर भट्ट ने उत्तर देते हुए कहा, "नहीं पुत्र! तुम यहीं त्रिमलय के गुरुकुल में ही शिक्षा-दीक्षा प्राप्त करोगे"

कुमारिल ने कहा, "लेकिन पिताश्री! मुझे तो बौद्धाचार्य ने नालंदा-महाविहार में प्रवेश हेतु निमंत्रण दिया था, आपको स्मरण तो होगा ही!" यज्ञेश्वर भट्ट ने कुमारिल के सिर पर प्यार से हाथ फेरते हुए कहा, "हाँ पुत्र, लेकिन नालंदा-महाविहार में प्रवेश हेतु तुम अभी बहुत छोटे हो। अभी गुरुकुल से शिक्षित हो जाओ, जब यहाँ सफलतापूर्वक उत्तीर्ण हो जाओगे और बड़े हो जाओगे, तो फिर नालंदा-महाविहार में प्रवेश में कोई कठिनाई नहीं आएगी।"

कुमारिल ने कहा, "जी पिताश्री, लेकिन पिताश्री मैं यहाँ गुरुकुल में

किन विषयों का अध्ययन करूँगा?" यज्ञेश्वर भट्ट ने कहा, "पुत्र, यहाँ तुम वेदाध्ययन करोगे।"

कुमारिल विस्मित एवं आश्चर्यचकित होकर अपने पिता की ओर देखते हुए बोला, "लेकिन पिताश्री, वेदों में तो हिंसा का पाठ पढ़ाया जाता है! बौद्धाचार्यों ने तो अपने प्रवचन में यही बताया था!" यज्ञेश्वर भट्ट कुमारिल के समक्ष बैठ उसके बराबर में आकर आँखों में आँखें डालकर पूछा, "पुत्र, क्या तुमने वेद पढ़े हैं?"

कुमारिल ने उत्तर दिया, "नहीं पिताश्री, मेरी तो अभी शिक्षा-दीक्षा शुरू ही नहीं हुई।"

यज्ञेश्वर भट्ट बोले, "फिर तुम्हें कैसे पता कि वेद हमें हिंसा सिखाते हैं?"

कुमारिल उत्तर देते हुए बोला, "वो तो बौद्धाचार्य अपने प्रवचन में कह रहे थे पिताश्री!" यज्ञेश्वर भट्ट ने फिर कुमारिल के बराबर में आकर कुमारिल से पूछा, "क्या उन बौद्धाचार्य ने वेद पढ़े थे? और पुत्र मैं तो बौद्ध नहीं हूँ, मैं तो वैदिक धर्म का ही पालन करता हूँ, क्या तुमने कभी मुझे कोई हिंसा करते हुए देखा?"

कुमारिल ने उत्तर देते हुए कहा, "शायद बौद्धाचार्य वेद पढ़े हों! परंतु पिताश्री मैंने कभी आपको हिंसा करते हुए नहीं देखा! यह प्रत्यक्ष है।"

यज्ञेश्वर भट्ट ने फिर कुमारिल को समझाते हुए कहा, "फिर पुत्र, जो प्रत्यक्ष है, वही तो श्रेष्ठ प्रमाण है। वेद क्या सिखाते हैं, ये तो वेदों का अध्ययन करके ही पता चलेगा। जब स्वयं अध्ययन करोगे, तब जान लोगे कि क्या सही और क्या गलत है। बात समझ में आई?"

कुमारिल, "जी पिताश्री, अब समझ आ गई।" यज्ञेश्वर भट्ट ने कुमारिल की पीठ थपथापाते हुए कहा, "समझदार हो पुत्र, इसीलिए ढाई वर्ष पूर्व ही तुम्हारा यज्ञोपवित हो रहा है।"

कुमारिल के मन में अब यज्ञोपवित संस्कार को लेकर प्रश्न नहीं थे। पंडित यज्ञेश्वर भट्ट ने अगले दिन शुभ मुहूर्त देखकर उपनयन संस्कार का

समय निश्चित कर लिया। अपने सगे संबंधियों को भी निमंत्रण दे दिया। पंडित यज्ञेश्वर भट्ट ने यज्ञवेदी का निर्माण आदि सारी व्यवस्थाएँ पहले ही कर ली थीं। यज्ञेश्वर भट्ट सर्वप्रथम पिता रूप में पूर्व दिशा की ओर मुख करके बैठ गए। आचमन, प्राणायाम करके हाथ में फल, फूल, अक्षत आदि द्रव्य को लेकर अपने गोत्र, देश, काल आदि का नाम लेते हुए संकल्प कर लिया।

फिर कुमारिल को समझाते हुए यज्ञेश्वर भट्ट ने कहा, "कुमारिल, इस संस्कार के बाद तुम द्विज ब्रह्मचारी एवं विद्यार्थी जीवन व्यतीत करोगे। यद्यपि मैं ही तुम्हारा आचार्य हूँ और पिता भी, लेकिन आज से मेरे तुम्हारे बीच गुरु-शिष्य संबंध की ही प्राथमिकता होगी। तुम अपने आचार्य और स्वयं के भरण-पोषण के लिए भिक्षाटन करोगे।"

कुमारिल उत्तरीय और वास पहनकर, सर के केश कटवाकर, मेखला और दंड धारण करके अपने आचार्य के सन्मुख बैठ गए। आचार्य ने कुमारिल का हाथ पकड़ अग्निहोत्र किया, फिर हंथेली में जल देकर ऋग्वेद के मंत्र पढ़े—

तत्सवितुर्वृन्निमाहे···

फिर मंत्र उच्चारण करते हुए यज्ञोपवित पहनाया।

यज्ञोपवीतम परम पवित्रं···

आचार्य यज्ञेश्वर भट्ट ने कुमारिल से कहा, "अब गायत्री का उच्चारण करो"

तत्सवितुर वरेण्यम भर्गो देवस्य धीमहि।
धियो यो नः प्रचोदयात॥

"हे कुमारिल! अब अग्निदेव को साक्षी मान आहुति देते हुए प्रार्थना करो—

हे अग्ने! मुझे अंतर्दृष्टि प्रदान करो, मुझे तेजस्वी एवं दीप्तिमान बनाओ।" ब्रह्मचारी कुमारिल भट्ट ने अपने कटिप्रदेश में मेखला बाँधते हुए कहा, "हे देवी! ये मेखला अपशब्दों (दुरुक्त) का निवारण करती है, यह मेरे वर्ण को शुद्ध एवं पवित्र रखती है। अतः मैं अपने कटिप्रदेश के चारों ओर बाँधता हूँ,

यह प्राण और अपान वायु को बल और शक्ति प्रदान करती है।"

इयं दुरुक्तं परिबाधमाना वर्णम पवित्रं पुनाति म आगात।
प्राणापनाभ्याम बलमादधाना स्वसा देवी सुभगा मेखलेयम॥

आचार्य यज्ञेश्वर भट्ट कुमारिल को कोपीन मेखला पहनाकर, ब्रह्मचारी के नियम एवं कर्तव्यों का आदेश देते हैं। और कुमारिल की विधिवत् वेद-शिक्षा प्रारंभ हो जाती है। कुमारिल सर्वप्रथम वेदों का पठन-पाठन और उच्चारण सीखते हैं। फिर मीमांसा शास्त्रानुकूल वेद-वाक्यों पर चिंतन भी करते हैं। ऋग्वेद के संज्ञान सूक्तों का अध्ययन करते हुए कुमारिल को अहिंसा, विश्व-शांति एवं सामाजिक समरसता का उपदेश देने वाले सूत्र भी मिल जाते हैं। कुमारिल अब समझने लगे थे कि वेद अहिंसा की बात करते हैं, न कि हिंसा की। वेद वसुधैव कुटुम्बकम् और विश्व-बंधुत्व का उपदेश देते हैं। वेद कर्मों को प्रधान मानते हैं, अत: इसलिए कर्मकांड का ज्ञान भी देते हैं। धीरे-धीरे कुमारिल की रुचि वेदाध्ययन में बढ़ने लगी। बहुत कम समय में उन्होंने वेदों का अध्ययन कर लिया। अब कुमारिल के मन में वेदों के प्रति प्रगाढ़ श्रद्धा भी आ गई थी। वेदाध्ययन अब उनके लिए सबसे रुचिकर कार्य था।

परंतु ऐसा नहीं था कि कुमारिल की श्रद्धा बुद्ध में न्यून हो गई हो! कुमारिल अभी भी थोड़ा समय निकालकर बुद्ध जैसी मुद्रा में बैठकर साधना करते थे। लेकिन कुमारिल का यह कार्य पिता यज्ञेश्वर भट्ट को सही नहीं लगता था। यज्ञेश्वर भट्ट कुमारिल को बुद्ध जैसी मुद्रा में साधना करते हुए देख यही समझते कि अभी कुमारिल का मन वेदों के प्रति समर्पित नहीं है। लेकिन इस बात की जाँच करनी होगी, क्योंकि साधना, ध्यान आदि कर्म तो वैदिक साधक भी करते हैं। लेकिन कुमारिल की यह साधना बौद्धों से प्रभावित ही जान पड़ती है! यज्ञेश्वर भट्ट अपनी समस्या को लेकर देवी चंद्रगुणा के पास जाकर बोले, "देवी, मुझे तो समझ ही नहीं आता कि तुम्हारा ये पुत्र आगे जाकर क्या करेगा? मीमांसा-आचार्य बनेगा या बौद्ध भिक्षु?" देवी चंद्रगुणा ने कहा, "मेरा पुत्र मीमांसा-आचार्य ही बनेगा, कुमारिल के मन में वेदों के प्रति प्रगाढ़ श्रद्धा है। आपको इस विषय में संशय नहीं होना चाहिए।"

यज्ञेश्वर भट्ट ने कहा, "हाँ देवी! लेकिन आज भी कभी-कभी मैं उसे बुद्ध जैसी मुद्रा में साधना करते हुए देखता हूँ, तो संशयग्रस्त हो जाता हूँ।" देवी चंद्रगुणा ने कहा, "स्वामी! आप चिंता न करें, इस बार जब वो घर आएगा तो मैं उसकी परीक्षा भली-भाँति ले लूँगी, जिससे यह स्पष्ट हो जाए कि उसे वेदों से प्रेम है या बुद्ध से!"

कुछ दिन बाद कुमारिल गुरुकुल से अपने घर अपनी माता से मिलने आए। अपने वैदिक ग्रंथ कुमारिल अपने साथ लेकर ही चलते थे। अपने पुत्र कुमारिल को देखकर देवी चंद्रगुणा बहुत प्रसन्न हुईं। अपने पुत्र को रुचिकर भोजन कराया और उसका मस्तक चूम उससे उसका कुशल-क्षेम जाना। कुमारिल के हाथ में पुस्तकों की थैली देखकर माता ने पूछा, "कुमारिल, ये क्या साथ लेकर आए हो?" कुमारिल ने उत्तर देते हुए कहा, "माँ! ये मेरे वैदिक ग्रंथ हैं।" माता ने फिर विस्मित ढंग से कहा, "तो क्या अब तुम यहाँ भी वेदाध्ययन करोगे? यह तो तुम्हारा घर है और अध्ययन के लिए तो गुरुकुल हुआ करते हैं!" कुमारिल ने मुसकराते हुए कहा, "हाँ माँ! लेकिन वेदाध्ययन किए बिना मेरा मन व्याकुल रहता है। संपूर्ण वेद-रहस्य को जब तक जान नहीं लूँगा, तब तक मैं शांति से नहीं बैठूँगा। अब मुझे समझ आ गया है, वेदों और बौद्ध मत की विचारधारा में मूल अंतर नहीं है, बस, बाहरी व्यवहारिक आचरण भिन्नता ही है। बौद्धाचार्य लोग अज्ञानतावश ही वेदों की निंदा करते हैं।" देवी चंद्रगुणा प्रसन्न होते हुए कहती हैं, "ये तो और भी अच्छी बात है पुत्र, कि तुमने यह मर्म जान लिया!"

कुमारिल ने अपने ग्रंथों को उठाते हुए कहा, "ठीक है माँ, अब मैं अपने कक्ष में बैठ संध्या तक वेदाध्ययन करूँगा और संध्या समय तुम्हारे हाथों से स्वादिष्ट भोजन करूँगा।"

माँ को इस प्रकार कह कुमारिल अपने कक्ष में बैठकर वेदाध्ययन करने लगे। कुछ समय बीत जाने के बाद संध्या से पूर्व माता अपने गृह-कार्यों से निवृत्त होकर कुमारिल के कक्ष में जाती हैं। वहाँ कुमारिल को देखकर देवी चंद्रगुणा बहुत ही आश्चर्यचकित होती हैं। कुमारिल अपने कक्ष में बुद्ध जैसी

मुद्रा में ध्यान कर रहे थे और कुमारिल के मुख पर एक अद्भुत तेज विद्यमान था। कुमारिल के ठीक सामने कुमारिल के वैदिक ग्रंथ भी रखे हुए थे। माता चंद्रगुणा ने सोचा, यह उचित समय है कुमारिल की परीक्षा लेने हेतु! माता दबे पैर कुमारिल के समीप पहुँचती हैं और कुमारिल के वैदिक ग्रंथों को वहाँ से उठाकर कहीं और छुपा देती हैं, जहाँ कुमारिल के लिए ढूँढ़ पाना संभव नहीं था। कुछ समय पश्चात् कुमारिल अपने नेत्र खोलते हैं। नेत्र खोलने पर वह यह पाते हैं कि उनके वैदिक ग्रंथ उनके समक्ष नहीं हैं। सोचते हैं, यहीं आस-पास कहीं रखे होंगे! कुमारिल ने बैठे-बैठे अपने चारों ओर देखा, लेकिन कुमारिल को अपने वेद कहीं नजर नहीं आए। कुमारिल धीरे-धीरे व्याकुल होने लगे। वह अपनी माता के पास जाकर पूछते हैं, "माँ! क्या आपने मेरे वेद ग्रंथों को देखा है?" माता चंद्रगुणा ने उत्तर देते हुए कहा, "नहीं पुत्र, वो तो तुम अपने साथ ही लेकर बैठे थे। मुझे नहीं पता कहाँ रखे हैं। कुमारिल का मन और व्याकुल हो गया। कुमारिल चारों तरफ घर में अपने वेद ग्रंथों को ढूँढ़ने लगे, लेकिन उन्हें उनके वेद नहीं मिले। बहुत प्रयास किया, लेकिन कुछ प्राप्ति नहीं हुई। सूर्यास्त होने लगा। सूर्य के साथ-साथ कुमारिल का हृदय भी अस्त हो रहा था। कुमारिल वेद-वियोग में व्याकुल हो रहे थे। सोच रहे थे कि उनके वेद कहाँ चले गए? वेदों का उनके जीवन में अब प्रथम महत्त्व था। लेकिन अपने वेदों को खोया हुआ देख कुमारिल बहुत व्याकुल और दु:खी थे। माता चंद्रगुणा ने कहा, "कुमारिल! भोजन तैयार है, भोजन ग्रहण करो।" पहले तो कुमारिल ने कहा, "ठीक है माँ", लेकिन कुमारिल की भूख अब मर चुकी थी, भोजन करने की जरा सी इच्छा भी कुमारिल के मन में नहीं थी। कुमारिल घर में और घर के बाहर भी कई स्थानों पर अपने वेद ग्रंथ ढूँढ़ते हैं, लेकिन कोई सफलता नहीं प्राप्त होती है। कुमारिल बिना भोजन किए ही अपने शयन कक्ष में चले जाते हैं। व्याकुलतावश और खाली पेट होने के कारण उन्हें नींद भी नहीं आ रही थी। मन में एक ही प्रश्न था, "मेरे वेद ग्रंथ कहाँ विलुप्त हो गए, किसने चुरा लिये, भूमि भक्षण कर गई या फिर वायु उड़ाकर ले गई?" कुमारिल को उस रात मुश्किल से थोड़ी निद्रा आई, और प्रात: जल्दी ही नींद

खुल गई। प्रातःकाल कुमारिल अपने कक्ष में थे। माता चंद्रगुणा कुमारिल के पास आती हैं, देखती हैं कुमारिल अपने कक्ष के कोने में बैठकर रो रहे हैं थे। माँ चंद्रगुणा ने पूछा, "पुत्र, क्या हुआ? क्यों विलाप कर रहे हो?" अपने पुत्र को माता चंद्रगुणा ने अपने गले लगाकर पूछा, "पुत्र, क्या हुआ?" रोते हुए कुमारिल ने कहा, "माँ! कल मेरे अनमोल वेद ग्रंथ खो गए और रात्रि में मैंने बहुत बुरा स्वप्न देखा। मैंने देखा कि बुद्ध तुषानल की अग्नि में समाधि में बैठे हुए हैं, उनका शरीर अग्नि की लपटों में जल रहा है। बहुत सारे बौद्ध भिक्षु उन्हें घेरे हुए खड़े हैं। माँ यह दृश्य देख मेरी निद्रा टूट गई और फिर मुझे अपने वेदों की याद आने लगी और तब से मैं रो रहा हूँ। मैं अपने वेदों के बिना जीवित नहीं रह सकता। लेकिन मैं कल से ढूँढ़ रहा हूँ, मुझे अपने वेद नहीं मिल रहे हैं। लगता है, वेद भगवान मुझसे नाराज हो गए हैं, या फिर वेदों के देवता मुझसे रुष्ट हैं! लगता है, भगवान् यज्ञनारायण मुझे किसी निषिद्ध कर्म का दंड दे रहे हैं। मुझे प्रायश्चित करना चाहिए था, जो मैंने नहीं किया।"

माता चंद्रगुणा ने कुमारिल को समझाते हुए कहा, "नहीं पुत्र, ऐसी कोई बात नहीं, तुमसे कोई निषिद्ध कर्म नहीं हुआ। तुम अपने वेद ढूँढ़ो और भगवान् यज्ञ नारायण से प्रार्थना करो, वो अवश्य तुम्हारी सहायता करेंगे। लेकिन उससे पहले चलो, कुछ भोजन कर लो, फिर वेदों को ढूँढ़ने का कार्य करना।"

कुमारिल ने अपनी माता से कहा, "नहीं माँ, जब तक मुझे मेरे वेद नहीं मिल जाएँगे, तब तक मैं अन्न-जल कुछ भी ग्रहण नहीं करूँगा।" माँ ने फिर आग्रह किया, "पुत्र, तुमने कल से कुछ नहीं खाया है, इस प्रकार तुम रुग्न हो जाओगे, इसलिए भोजन कर लो।" कुमारिल ने प्रतिज्ञावान होते हुए कहा, "नहीं माँ, जब तक मुझे मेरे वेद नहीं मिल जाएँगे, तब तक मैं भोजन ग्रहण नहीं करूँगा।"

संध्या हो गई, लेकिन कुमारिल ने अन्न का एक दाना और जल का एक घूँट भी ग्रहण नहीं किया। अब माता को चिंता होने लगी। संध्या के समय पंडित यज्ञेश्वर भट्ट आए और देवी चंद्रगुणा से सारा समाचार प्राप्त किया कि कुमारिल ने दो दिन से अन्न-जल ग्रहण नहीं किया है, क्योंकि उसके

वेद-ग्रंथ खो गए हैं। इस समाचार से यज्ञेश्वर भट्ट प्रसन्न भी थे और भावुक भी हो रहे थे, क्योंकि उनके पुत्र कुमारिल ने वेद-प्रेम में दो दिन से अन्न-जल ग्रहण नहीं किया! यज्ञेश्वर भट्ट मन-ही-मन प्रसन्न और गौरवान्वित हो रहे थे कि उन्होंने कुमारिल जैसे वेद-प्रेमी तेजस्वी, तपस्वी पुत्र को प्राप्त किया है। यज्ञेश्वर भट्ट कुमारिल के पास जाकर कहते हैं, "पुत्र, मैंने सुना है तुमने दो दिवस से भोजन ग्रहण नहीं किया! चलो, भोजन का समय हो गया है, मेरे साथ भोजन करो।" कुमारिल ने कहा, "नहीं, जब तक मेरे वेद मुझे नहीं मिल जाएँगे, तब तक मैं अन्न-जल ग्रहण नहीं करूँगा। अथवा मैं अपने प्राण ही त्याग दूँगा।" यज्ञेश्वर भट्ट ने कहा कि अगर तुम्हारे वेद तुम्हें मिल जाएँ तब तो भोजन ग्रहण करोगे, कुमारिल ने उत्तर देते हुए कहा, "जी पिताश्री, जब मुझे मेरे वेद प्राप्त हो जाएँगे, मैं तब ही भोजन ग्रहण करूँगा।" पंडित यज्ञेश्वर भट्ट ने कहा, "कुमारिल, समझों तुम्हारे वेद ग्रंथ प्राप्त हो चुके हैं। इसलिए आओ, भोजन कर लो।" माता चंद्रगुणा कुमारिल के वेद ग्रंथों को ले आती हैं। अपने वेद ग्रंथ को देख कुमारिल के नेत्रों से बह रही अविरल अश्रुधारा रुकती है। पिता कहते हैं, "पुत्र, अब तो भोजन कर लो!" कुमारिल कहते हैं, "नहीं पिताश्री, मैं पहले वेद भगवान् की पूजा करूँगा, फिर अन्न-जल ग्रहण करूँगा।" कुमारिल ने वेद ग्रंथों को देव-स्थान प्रदान कर वेद विधि से पहले पूजा की और फिर जाकर अपने पिता के संग बैठकर भोजन ग्रहण किया।

समय के बीतने के साथ कुमारिल वेदाध्ययन में पारंगत होते गए। त्रिमलय क्षेत्र में उन्होंने कई विद्वानों को शास्त्रार्थ में पराजित किया। बड़े होकर कुमारिल मीमांसा शास्त्र के प्रकांड विद्वान् हुए। वर्णाश्रम धर्म के अनुसार कुमारिल गुरुकुल में अपनी शिक्षा-दीक्षा-प्राप्ति काल को समाप्त होने पर वर्णाश्रम धर्म के अनुकूल विवाह करके गृहस्थ आश्रम में प्रवेश करते। कुमारिल अब गुरुकुल के आचार्य के रूप में भी प्रतिष्ठित हो चुके थे। अब वो द्रविड़ प्रदेशों में आचार्य कुमारिल भट्ट के नाम से प्रसिद्ध थे। कुमारिल अपने गृहस्थ जीवन में एक पुत्ररत्न की प्राप्ति भी करते हैं।

द्रविड़ प्रदेश में कुमारिल न्याय, वैशेषिक, सांख्य और वेदांत के विद्वानों

को शास्त्रार्थ में पराजित करके मीमांसा-शास्त्र ध्वजारोहण करते हैं। उस समय मीमांसा मत का प्रचार बड़ी तेजी से होने लगता है। नालंदा महाविहार के आचार्य इस बात से फिर चिंतित होने लगते हैं कि द्रविड़ प्रदेश में बहुत सारे बौद्ध अनुयायी फिर से वेद अनुयायी बन रहे हैं। बौद्धाचार्य आपसी बैठक-चर्चा से ये निश्चित करते हैं कि दक्षिण भारत में बौद्ध अनुयायियों की संख्या बढ़ाने के लिए कोई बड़ा और प्रभावशाली कदम उठाने की आवश्यकता है। □

बहरूपिया

कोरुनंद त्रिमलय की बौद्ध महासभा से बहुत प्रभावित हुए थे। बाद में भी वो बौद्ध विचारधारा को समझने हेतु बौद्ध आचार्यों के संपर्क में रहते थे। उनका पुत्र धर्मकीर्ति बड़े होकर बौद्ध प्रवज्या को धारण करता है और नालंदा महाविहार में एक बौद्ध भिक्षु के रूप में प्रवेश प्राप्त कर वहाँ बौद्ध दर्शन का ज्ञान प्राप्त करता है। यद्यपि धर्मकीर्ति की शिक्षा-दीक्षा ब्राह्मण कुल के अनुसार वैदिक रीति से ही हुई थी, लेकिन निरंतर बौद्ध-संपर्क में रहने के कारण वो बौद्ध विचारों से प्रभावित थे। अत: धर्मकीर्ति अपनी वैदिक शिक्षा-दीक्षा को बीच में ही छोड़कर बौद्ध भिक्षु बन जाते हैं। तर्क-प्रवीण और कुशाग्र बुद्धि के होने के कारण धर्मकीर्ति ने शीघ्र ही नालंदा के बौद्ध समाज में प्रतिष्ठित स्थान प्राप्त कर लिया था। द्रविड़ प्रदेश से संबंधित होने के कारण भी नालंदा महाविहार में उनका विशेष महत्त्व था। द्रविड़ प्रदेश में बौद्ध मत के प्रचार हेतु धर्मकीर्ति नालंदा में प्रतिष्ठित थे।

एक दिवस नालंदा के आचार्यों ने धर्मकीर्ति को साथ लेकर एक बैठक की। बैठक में चर्चा का मुख्य उद्‌देश्य था—'द्रविड़ प्रदेश में बौद्ध मत का प्रचार कैसे हो'? सभी आचार्यों ने द्रविड़ प्रदेश में बौद्ध मत के प्रचार को लेकर अपनी चिंता व्यक्त की। सबने अपना मत रखा कि द्रविड़ प्रदेश में बौद्ध मत के प्रचार हेतु बौद्ध भिक्षुओं को भेजा जाना चाहिए, ताकि वहाँ बौद्ध अनुयायियों की संख्या बढ़ाई जा सके। लेकिन बौद्धाचार्यों के समक्ष द्रविड़ प्रदेश में वैदिक मत का प्रचार ज्यादा होने के कारण, यह एक बहुत बड़ी

चुनौती थी। जब तक वैदिक आचार्यों के मत का खंडन नहीं होगा, तब तक दक्षिण प्रदेशों में बौद्ध मत का बृहद् प्रसार संभव नहीं है।

सभी बौद्धाचार्यों ने युवा आचार्य धर्मकीर्ति को देखते हुए कहा, "आचार्य धर्मकीर्ति, आप स्वयं आंध्रिय ब्राह्मण कुल से हैं। आपने स्वयं भी वैदिक शिक्षा प्राप्त की होगी, इसीलिए हम समझते हैं कि दक्षिण प्रदेशों में बौद्ध मत के प्रचार हेतु आपसे उत्तम कोई और नहीं हो सकता। आप बौद्ध शास्त्रों के भी विद्वान् हैं और ब्राह्मण कुल से होने के कारण वैदिक शास्त्रों का ज्ञान भी आपको होगा ही।" ऐसा सुनकर धर्मकीर्ति ने कहा, "आदरणीय आचार्यों! यह सत्य है कि मैं ब्राह्मण कुल से हूँ, लेकिन मैंने वैदिक अध्ययन बहुत न्यून ही किया है। अतः वैदिक आचार्यों को शास्त्रार्थ में पराजित करने हेतु जितना वैदिक ज्ञान मुझे होना चाहिए, उतना नहीं है। इसलिए द्रविड़ क्षेत्र में बौद्ध मत के प्रचार हेतु हमें योजनाबद्ध विधि से कार्य करना होगा। अतः हम पहले अपनी कार्य प्रणाली निश्चित करेंगे, फिर योजनाबद्ध तरीके से अपने कार्य को पूर्ण करेंगे; क्योंकि द्रविड़ प्रदेश में चरण रखते ही हमारे विरुद्ध वैदिक आचार्यों का दुष्प्रचार प्रारंभ हो जाता है। अतः दुष्प्रचारों से बचते हुए निश्चित योजना के अनुकूल ही कार्य करना होगा। अतः कुछ आचार्यों को मिलकर एक उत्कृष्ट योजना बनानी होगी।"

धर्मकीर्ति के प्रस्ताव के अनुसार स्वयं धर्मकीर्ति एवं अन्य आचार्यों ने एक योजना बनाई। योजना के अंतर्गत आचार्यों के मतानुसार सर्वप्रथम इस बात पर विचार किया गया कि दक्षिण प्रदेशों में इस समय कौन से वैदिक आचार्य सबसे अधिक प्रतिष्ठावान एवं ख्यातिवान है? क्योंकि ऐसे प्रतिष्ठित वैदिक आचार्य को लक्ष्य बनाकर शास्त्रार्थ में पराजित करने से बौद्ध मत का प्रचार सरल हो जाएगा और सामान्य जनमानस आसानी से बौद्ध मत को बेझिझक स्वीकार कर लेंगे। अतः सर्वसम्मति से द्रविड़ प्रदेश में, जो सबसे प्रभावशाली वैदिक आचार्य थे, वो थे मीमांसा आचार्य कुमारिल भट्ट! उस समय आचार्य कुमारिल भट्ट की ख्याति द्रविड़ प्रदेश में बहुत अच्छी थी। बौद्धाचार्यों ने निश्चित किया कि कुमारिल भट्ट को शास्त्रार्थ में पराजित कर

देने से उनका कार्य बहुत सरल हो जाएगा। सबने ईसी लक्ष्य को अपनाने का प्रस्ताव आचार्य धर्मकीर्ति के समक्ष रखा।

परंतु आचार्य धर्मकीर्ति के समक्ष एक बड़ी समस्या भी थी, क्योंकि आचार्य कुमारिल भट्ट उनके पितृव्य लगते थे। अपने किसी पितृव्य से शास्त्रार्थ करना इतना सरल नहीं होता! लेकिन बौद्धाचार्यों के समक्ष धर्मकीर्ति के आलावा दूसरा कोई विकल्प भी नहीं था। अत: इस कार्य हेतु जाना तो आचार्य धर्मकीर्ति को ही पड़ेगा!

धर्मकीर्ति ने इस विषय में गहन चिंतन प्रारंभ कर दिया। वो सोचने लगे कि वो आचार्य कुमारिल भट्ट का सामना कैसे करेंगे? धर्मकीर्ति ने मन-ही-मन सोचा, 'अगर बौद्धाचार्य के रूप में जाऊँगा तो कुमारिल भट्ट मुझसे शास्त्रार्थ करेंगे ही नहीं और मुझे बौद्ध भिक्षु के वेश में देख मुझे फटकार भी लगाएँगे। अत: मुझे अपने क्षेत्र की साधारण वेषभूषा में जाना उचित होगा। वो मेरे मातुल हैं, तो मैं उनका भाँजा बनकर ही जाऊँगा। वेश बदलकर सबसे पहले मैं उनसे वेदों का गूढ़ ज्ञान प्राप्त करूँगा और फिर अपने बौद्धाचार्यों के समूह के साथ उन्हें शास्त्रार्थ का निमंत्रण दूँगा। वैसे भी जब तक मैं वैदिक ज्ञान के रहस्य को नहीं जान लूँगा, तब तक मीमांसा आचार्य कुमारिल भट्ट को पराजित करना सरल नहीं होगा।' धर्मकीर्ति मन-ही-मन सोचकर प्रसन्न भी होते हैं कि यदि वो इस अभियान में सफल हो गए, तो विश्वस्तरीय प्रतिष्ठा को प्राप्त करेंगे!

धर्मकीर्ति अपनी सारी योजना अपने सहयोगी बौद्धाचार्यों के समक्ष रखते हैं। सभी बौद्धाचार्य इस योजना को सुनकर प्रसन्न हो जाते हैं और कहते हैं, "आचार्य धर्मकीर्ति! इस प्रकार आप निश्चित ही अपने उद्देश्य में सफल हो पाएँगे।" धर्मकीर्ति ने प्रसन्न होते हुए कहा, "अगर योजनाबद्ध तरीके से सबकुछ हुआ तो निश्चित ही हमें सफलता मिलेगी।"

बौद्धाचार्य धर्मकीर्ति ने अब प्रस्थान की तैयारी शुरू कर दी। बौद्ध भिक्षु का वेश त्यागकर धर्मकीर्ति ने एक साधारण आंध्रिय ब्राह्मण का वेश धारण कर लिया और जयमंगल ग्राम की यात्रा पर निकल गए। उस समय

स्वयं नालंदा के बहुत सारे बौद्ध भिक्षुओं को ये ज्ञात नहीं था कि बौद्धाचार्य धर्मकीर्ति ने ऐसा वेश क्यों धारण किया? अर्थात् बौद्धाचार्य धर्मकीर्ति ने संपूर्ण योजना को अत्यंत गोपनीय बनाया हुआ था। त्रिमलय क्षेत्र में पहुँचकर धर्मकीर्ति को पता चला कि पूरे द्रविड़ प्रदेश में कुमारिल भट्ट का नाम बहुत ऊँचा था। जयमंगल ग्राम में पहुँचकर धर्मकीर्ति ने आचार्य कुमारिल भट्ट के गुरुकुल का दर्शन किया। आचार्य कुमारिल भट्ट का गुरुकुल द्रविड़ प्रदेश के अन्य गुरुकुलों से बड़ा था। आचार्य कुमारिल भट्ट के गुरुकुल में पाँच सौ से अधिक छात्र वैदिक मीमांसा-शास्त्र का अध्ययन करते थे। गुरुकुल में नियमित अग्निहोत्र व यज्ञादि कर्मकांड चलते रहते थे। गुरुकुल की गौशाला में सौ से अधिक संख्या में गाय थीं। आचार्य कुमारिल भट्ट का गुरुकुल पूर्णतः एक सुसज्जित एवं संपन्न गुरुकुल था। राज्य के राजा द्वारा भी आचार्य कुमारिल के गुरुकुल को संरक्षण प्राप्त था। यह सब देखकर धर्मकीर्ति के मन में पहले तो ईर्ष्या भाव भी उत्पन्न हुआ। एक बार तो धर्मकीर्ति के मन में यह भी आया कि 'जयमंगल ग्राम में किसी बौद्ध अनुयायी परिवार को ढूँढ़ता हूँ, पहले उनसे संपर्क बनता हूँ, फिर आचार्य कुमारिल भट्ट से मिलूँगा।' लेकिन अगले ही क्षण धर्म कीर्ति के मन में विचार आया, 'अगर बौद्ध अनुयायियों से मिलूँगा तो आचार्य कुमारिल भट्ट को मुझ पर संदेह भी हो सकता है। अतः मन से भेद को निकाल मुझे सीधा आचार्य कुमारिल भट्ट से ही मिलना चाहिए, जिससे आचार्य कुमारिल भट्ट को मुझ पर ज्यादा संदेह करने का कोई आधार नहीं मिले।' ऐसा विचार करके धर्मकीर्ति आचार्य कुमारिल भट्ट के गुरुकुल में प्रवेश करते हैं।

धर्मकीर्ति गुरुकुल के एक शिष्य से मिल उसे अपना परिचय देकर आचार्य कुमारिल भट्ट से मिलने की इच्छा व्यक्त करते हैं। वह शिष्य आचार्य कुमारिल भट्ट के समक्ष धर्मकीर्ति के आगमन की सुचना देते हुए बोला, "आचार्य, त्रिमलय से कोरुनंद के पुत्र धर्मकीर्ति आए हैं, वो आपसे मिलने के इच्छुक हैं।" आचार्य कुमारिल भट्ट ने उत्तर देते हुए कहा, "उनसे जाकर कहो, यह मेरे विश्राम का समय है, दोपहर हो चुकी है और मैं उनसे संध्या पूर्व अवश्य

मिलूँगा। उनको जलपान कराकर उन्हें गुरुकुल के कक्ष में ही विश्राम करने की व्यवस्था करवा दो।" शिष्य ने धर्मकीर्ति के पास आकर आचार्य कुमारिल भट्ट की आज्ञा सुना दी। धर्मकीर्ति ने मन-ही-मन सोचा, "चलो मैं आचार्य कुमारिल को जितना कठोर हृदय समझता था वो ऐसे हैं नहीं। प्रारंभ तो सुखमय ही हो रहा है, स्वादिष्ट भोजन और विश्राम कक्ष की प्राप्ति भी हो रही है!"

अपने वचन अनुसार संध्या से पूर्व आचार्य कुमारिल भट्ट अपने एक शिष्य के माध्यम से धर्मकीर्ति को अपने कक्ष में मिलने हेतु निमंत्रण देते हैं। धर्मकीर्ति अविलंब आचार्य कुमारिल भट्ट के कक्ष में प्रवेश करते हैं। आचार्य कुमारिल के समक्ष पहुँच उन्हें विधिवत् प्रणाम करते हैं। धर्मकीर्ति को देखते ही आचार्य कुमारिल भट्ट ने कहा, "अरे! धर्मकीर्ति! आज यहाँ हमारे घर इतने वर्षों बाद रास्ता भूलकर आ गए क्या?" धर्मकीर्ति ने थोड़ा लजाते हुए कहा, "नहीं आचार्य, बस, आपके दर्शन की तीव्र इच्छा जागृत् हुई तो बस, आपके दर्शानार्थ ही आया हूँ।" आचार्य कुमारिल ने फिर से कहा, "अरे भाई धर्मकीर्ति, तुम ये वैदिक ब्राह्मण वेश में कैसे? तुम तो बौद्ध भिक्षु बन गए थे, नालंदा-महाविहार में बौद्ध दर्शन का अध्ययन कर रहे थे! हमें तो यही समाचार प्राप्त हुआ था!" धर्मकीर्ति फिर थोड़ा नजरें चुराते हुए कहता है, "जी आचार्य, लेकिन मेरा वहाँ मन नहीं लगा। इसलिए आचार्य, आज आपकी शरण में आया हूँ।"

आचार्य कुमारिल भट्ट ने धर्मकीर्ति की ओर देखते हुए कहा, "अरे! ऐसा कैसे हो गया? नालंदा-महाविहार के ऐश्वर्य में क्या इतना आकर्षण नहीं कि किसी वैदिक ब्राह्मण को रोक सके?" धर्मकीर्ति ने कहा, "आचार्य, नालान्दा-महाविहार में तो अब इतना आकर्षण है कि पूरे विश्व से ज्ञान पिपासुओं को अपनी ओर आकर्षित कर रहा है। लेकिन जैसे चंद्रमा में भी दाग होता है, वैसे ही नालंदा महाविहार में भी एक कमी है कि वहाँ आपके जैसा कोई मीमांसा शास्त्र के विद्वान् आचार्य नहीं हैं। अत: मीमांसा शास्त्र का ज्ञान प्राप्त करने हेतु मैं आपके प्रति आकर्षित हो आज जयमंगल ग्राम में चला आया।"

आचार्य कुमारिल भट्ट ने धर्मकीर्ति से कहा, "अच्छा! तो तुम मीमांसा शास्त्र का ज्ञान प्राप्त करने यहाँ आए हो?"

धर्मकीर्ति बोले, "जी आचार्य! आप मीमांसा शास्त्र के श्रेष्ठ आचार्य हैं और मेरे पितृव्य भी, तो आप से बेहतर मेरे लिए दूसरा कौन हो सकता है? अत: मुझे अपना शिष्य स्वीकार करें आचार्य।"

धर्मकीर्ति ने सोचा था कि जब आचार्य कुमारिल भट्ट को पता चलेगा कि मैं मीमांसा शास्त्र का ज्ञान प्राप्त करने हेतु नालंदा-महाविहार को त्यागकर उनके पास आया हूँ तो वो निश्चित ही मुझे अपना शिष्य स्वीकार करने में गर्व अनुभव करेंगे, परंतु आचार्य कुमारिल भट्ट ने ऐसी कोई प्रतिक्रिया नहीं दी।

आचार्य कुमारिल भट्ट ने कहा, "देखो धर्मकीर्ति, तुम मीमांसा शास्त्र के अध्ययन हेतु आए हो, ये बहुत अच्छी बात है, परंतु तुम्हारे कई बौद्धाचार्य यहाँ आते हैं, व्यर्थ ही बौद्ध-प्रचार हेतु समाज में वेदों की मिथ्यालोचना करते हैं। क्या शाक्य मुनि के मार्ग पर चलने हेतु वेद-निंदा भला आवश्यक क्यों हो गई? यह सब बस, एक प्रपंच ही नजर आता है। ऐसा लगता है, बौद्धाचार्यों को विश्व-शांति में कम और राजनीति में रुचि ज्यादा होती जा रही है!"

धर्मकीर्ति ने फिर थोड़ा नजर बचाते हुए कहा, "जी आचार्य, अब इतना ज्ञान मुझे बौद्धाचार्यों का भी नहीं, नालंदा-महाविहार इतना विशाल है कि हजारों छात्र और सैकड़ों आचार्य वहाँ रहते हैं, अब मैं सबसे तो परिचित नहीं। अत: कौन, कैसी विचारधारा रखते हैं, मुझे इसका सही ज्ञान नहीं है। आचार्य मैं तो बस, आपसे मीमांसा शास्त्र का ज्ञान प्राप्त करने आया था। आप मुझे अपना शिष्य स्वीकार करें तो बड़ी कृपा होगी।"

आचार्य कुमारिल भट्ट ने धर्मकीर्ति की जिज्ञासा शांत करते हुए कहा, "देखो धर्मकीर्ति, यहाँ जयमंगल के गुरुकुल में प्रवेश प्राप्त करना इतना सरल नहीं है। और जब कोई नालंदा महाविहार से आया हो तो उसके लिए प्रवेश तो और भी कठिन है। और साथ ही मेरा भाँजा हो तो उसके लिए मुश्किल थोड़ी और बढ़ जाती है। इसलिए अभी तो मैं तुम्हें अपना शिष्य स्वीकार करने वाला नहीं। कुछ समय बाद आओ, फिर विचार करेंगे।"

धर्मकीर्ति आचार्य कुमारिल भट्ट को प्रणाम करके कक्ष से बाहर आ जाते हैं। धर्मकीर्ति मन-ही-मन विचार करते हैं कि 'आचार्य कुमारिल भट्ट के इस गुरुकुल में प्रवेश प्राप्त करना इतना आसान नहीं। लेकिन मैं भी हार नहीं मानने वाला! आचार्य कुमारिल भट्ट को आज नहीं तो कल मुझे अपने गुरुकुल में प्रवेश देना ही पड़ेगा।' धर्मकीर्ति ऐसा निश्चय करके गुरुकुल में ही रुक जाते हैं।

अगले दिन आचार्य कुमारिल भट्ट अपने नित्य कर्मों से निवृत्त होकर गुरुकुल के परिसर में भ्रमण कर रहे होते हैं, तभी उनकी नजर अपने शिष्यों के मध्य खड़े धर्मकीर्ति पर पड़ती है। धर्मकीर्ति को देख आचार्य कुमारिल भट्ट धर्मकीर्ति से पूछते हैं, "धर्मकीर्ति, अभी तक तुम गए नहीं? मैंने तो तुम्हें अभी जाने के लिए ही कहा था!"

धर्मकीर्ति दोनों हाथ जोड़कर विनती भाव से आचार्य कुमारिल भट्ट को प्रणाम करते हुए कहता है, "जी आचार्य, लेकिन मेरा मन नहीं हुआ जाने का। आचार्य! मैं संकल्प करके आया हूँ, आपका शिष्य बनना है। बस, आपकी कृपा दृष्टि की प्रतीक्षा है।" आचार्य कुमारिल भट्ट ने धर्मकीर्ति की उपेक्षा करते हुए कहा, "धर्मकीर्ति, अभी कुछ नहीं हो सकता, कुछ समय बाद ही आओ, फिर विचार करेंगे।" धर्मकीर्ति ऐसा सुनते हीं आचार्य कुमारिल भट्ट के चरणों में गिर पड़ता है और चरण पकड़ प्रार्थना करते हुए बोलता है, "आचार्य, मैं सबकुछ छोड़कर आपकी शरण में आया हूँ, मैं गरीबी व धनाभाव से भी गुजर रहा हूँ। अगर आप मुझे अपना शिष्य स्वीकार नहीं कर सकते तो मुझे अपना नौकर ही बना लीजिए!" आचार्य कुमारिल भट्ट ने दया भाव से देखते हुए कहा, "अच्छा, तो फिर ठीक है, आज फिर मुझे संध्यापूर्व मेरे कक्ष में मिलो।"

संध्या पूर्व आचार्य कुमारिल फिर अपने कक्ष में बैठते हैं। उनका यह कक्ष एक सभागार के सामान था, जिसमें एक साथ कई छात्र बैठ सकते थे। यहाँ बैठकर कुमारिल भट्ट अपने छात्रों की समस्याएँ सुनते थे। आचार्य की आज्ञा अनुसार धर्मकीर्ति भी उस कक्ष में उपस्थित होते हैं। कुछ छात्रों

को सुन लेने के बाद धर्मकीर्ति का भी अवसर आया। आचार्य ने धर्मकीर्ति से कहा, "धर्मकीर्ति, बताओ क्या कहना चाहते हो?" धर्मकीर्ति ने फिर से विनम्रतापूर्वक याचक भाव से कहा, "आचार्य, मेरी इच्छा थी कि आप मुझे अपने गुरुकुल का शिष्य स्वीकार करें, अगर नहीं तो आप मुझे अपने गुरुकुल के सेवा कार्यों में लगा लें, मुझे अपना नौकर बना लें।" अभिनय करते हुए याचक बन चरणों में गिरकर धर्मकीर्ति ने आचार्य कुमारिल भट्ट से कहा, "मैं सबकुछ छोड़ आपकी शरण में आया हूँ, आचार्य, मैं बहुत गरीब बालक हूँ, मुझ पर दया करें गुरुवर!"

आचार्य कुमारिल भट्ट ने धर्मकीर्ति को इस प्रकार गिड़गिड़ाते हुए देखकर कहा, "धर्मकीर्ति, वैसे तो मैं बौद्धों पर विश्वास नहीं करता, लेकिन जब तुमने बौद्ध मत का त्याग कर दिया है, तो भी मैं तुम्हें अपना शिष्य स्वीकार नहीं कर सकता। हाँ, तुम्हें अपने नौकर के काम में लगा सकता हूँ। अगर तुमने ये कार्य अच्छे से किया, तो फिर तुम्हें अपना शिष्य बनाने पर विचार करेंगे।"

धर्मकीर्ति सोचने लगा कि उसने आचार्य कुमारिल भट्ट के गुरुकुल में प्रवेश जितना सरल समझा था, उतना सरल था नहीं। अब धर्मकीर्ति को अपना लक्ष्य पूर्ण करने में अधिक समय लगना था। लेकिन धर्मकीर्ति ने भी निश्चय कर लिया था, 'चाहे जो हो जाए जिस लक्ष्य पर निकले हैं, अब उसे पूर्ण करके ही वापसी होगी, मेहनत का फल मीठा ही होगा।' धर्मकीर्ति ने यह तो सोंच लिया कि मेहनत का फल मीठा होगा, परंतु यह नहीं सोच पाया कि अंततः विजय धर्म की ही होगी और पराजय अधर्म की! धर्मकीर्ति ने आचर्य कुमारिल भट्ट का नौकर बनना स्वीकार कर लिया। गुरुकुल की साफ-सफाई एवं गौशाला की देखभाल करना, ये मुख्य कार्य धर्मकीर्ति को सौंपे गए।

आचार्य कुमारिल भट्ट के गुरुकुल में धर्मकीर्ति नौकर बनकर रहने लगा। धर्मकीर्ति पूरी लगन से अपने सेवा कार्यों को पूर्ण करता था। एक दिन सेवा करते हुए धर्मकीर्ति को आचार्य कुमारिल भट्ट ने बुलाया। धर्मकीर्ति से

पूछा, "धर्मकीर्ति, क्या तुम्हारा विवाह संस्कार हो गया?" धर्मकीर्ति ने उत्तर देते हुए कहा, "जी नहीं आचार्य, नालंदा महाविहार में जो बौद्ध भिक्षु बनते हैं, उनका विवाह संस्कार नहीं होता, वो संन्यासी ही रहते हैं। इसलिए मैं भी अभी अविवाहित हीं हूँ।" आचार्य कुमारिल भट्ट ने थोड़ा गंभीर होते हुए पूछा, "तुम विवाह करोगे कि नहीं?" धर्मकीर्ति थोड़ा सकुचाते हुए बोला, "आचार्य, मेरी निजी इच्छा तो विवाह में नहीं है।" आचार्य ने टोकते हुए बोला, "लेकिन धर्मकीर्ति मीमांसा शास्त्र के सिद्धांतों के अनुसार विवाह संस्कार तो अनिवार्य है। वेदों के अनुसार बिना गृहस्थी के संन्यास की स्वीकृति नहीं है। ब्रह्मचर्य, गृहस्थ एवं वानप्रस्थ के बाद ही संन्यास आश्रम में प्रवेश करना चाहिए।" थोड़ा रुकते हुए आचार्य ने पुनः कहा, "अब तुम जब मीमांसा शास्त्र का अध्ययन करना चाहते हो तो मीमांसा शास्त्र के अनुकूल तुम्हें विवाह भी करना पड़ेगा।" धर्मकीर्ति ने आचार्य को प्रणाम कर सर झुकाते हुए कहा, "जी आचार्य, जब आपका शिष्य बन जाऊँगा, तो जो आपके अनुकूल होगा, वो मुझे स्वीकार्य होगा।" आचार्य ने कहा, "ठीक है धर्मकीर्ति, तुम अपने सेवा कार्यों में लगो, अगर मुझे लगा कि तुम वेदों के प्रति निष्ठावान हो, तो निश्चय ही मैं तुम्हें अपना शिष्य बनाऊँगा।" धर्मकीर्ति आचार्य कुमारिल के समक्ष अपना सर हिलाते हुए सोचता है, 'मुझे तो बस, उसी घड़ी की प्रतीक्षा है, जब आचार्य संपूर्ण मीमांसा रहस्य मेरे समक्ष प्रगट करेंगे, फिर मैं उनके मीमांसा शास्त्र का आधार लेकर ही उन्हें शास्त्रार्थ में पराजित करूँगा।'

समय बितने लगा, धर्मकीर्ति निरंतर आचार्य कुमारिल भट्ट को प्रसन्न करने में सेवारत रहता। धर्मकीर्ति ने अपनी सेवा से दिन-रात एक करके रखा था। आचार्य जिस समय बुलाएँ उस समय हाजिर रहता। सात-सात आदमियों का काम वो अकेला ही कर देता। बाद में वह पचास आदमियों का कार्य अकेले ही कर देता। उसको इस प्रकार मेहनत करता हुआ देख आचार्य कुमारिल भट्ट की धर्मपत्नी गुरु माता ने दया भाव के वशीभूत हो आचार्य से कहा, "आचार्य, कोरुनंद का पुत्र धर्मकीर्ति कितना काम करता है! पचास नौकरों का काम वो अकेले ही कर देता है! कुछ भी हो। है तो वो हमारे पुत्र

सामान ही! अब आप उस पर दयादृष्टि करें और उसे अपना शिष्य स्वीकार करें, तो अच्छा होगा।" अपनी अर्धांगिनी के वचन सुनकर और उसको इस प्रकार मेहनत करता हुआ देख आचार्य कुमारिल भट्ट भी द्रवित होने लगे। और एक दिन करुणावश आचार्य कुमारिल भट्ट ने धर्मकीर्ति को अपने कक्ष में बुलाया। धर्मकीर्ति को अपने समक्ष बिठाकर आचार्य ने कहा, "धर्मकीर्ति, तुम सारे कार्य बहुत अच्छे से करते हो, लेकिन आज से तुम्हारे लिए मैं मात्र गौ-सेवा ही निश्चित करता हूँ। गौशाला की पूरी जिम्मेदारी तुम्हें सौंपता हूँ। गौशाला की साफ-सफाई के साथ गौओं का चारा आदि तैयार करना, यह तुम्हारा कार्य रहेगा।" धर्मकीर्ति ने पूछा, "लेकिन आचार्य मैं खाली समय में क्या करूँगा?" आचार्य कुमारिल भट्ट ने कहा, "खाली समय में तुम वेदाध्ययन करोगे।" धर्मकीर्ति ने प्रसन्न होते हुए कहा, "अर्थात् आचार्य आप मुझे अपना शिष्य स्वीकार करने के लिए तैयार हैं!" आचार्य कुमारिल भट्ट ने कहा, "हाँ, मैंने तुम्हारी सेवा निष्ठा देख तुम्हें अपना शिष्य बनाना स्वीकार कर लिया है। कल प्रातः से ही मैं तुम्हें वेदों की शिक्षा देना प्रारंभ कर दूँगा।"

अगले दिन प्रातःकाल धर्मकीर्ति स्नान-ध्यान करके आचार्य कुमारिल के समक्ष उपस्थित हो गया। आचार्य कुमारिल ने 'ॐ' का उच्चारण करके वैदिक मंत्रों का उच्चारण प्रारंभ कर दिया। पीछे-पीछे धर्मकीर्ति भी मंत्रों का उच्चारण करता गया। आचार्य ने समझाते हुए धर्मकीर्ति से कहा—

यज्ञेन यज्ञमयजन्त देवास्तानि धर्माणि प्रथमान्यासन्।
ते ह नाकं महिमानः सचन्त यत्र पूर्वे साध्याः सन्ति देवाः॥

अर्थात् श्रेष्ठ धर्मपरायण देवों ने, यज्ञ से यज्ञरूप विराट् सत्ता का यजन किया। यज्ञीय जीवन जीनेवाले धार्मिक महात्माजन पूर्वकाल के साध्य देवताओं के निवास, स्वर्गलोक को प्राप्त करते हैं। अतः यज्ञ ही प्रथम धर्म है। ॐ शांतिः शांतिः शांतिः॥

धर्मकीर्ति ने अनुसरण करते हुए मंत्र उच्चारण किया और आचार्य के द्वारा बताए गए अर्थों पर मनन किया।

इस प्रकार धर्मकीर्ति का वेदाध्ययन विधिपूर्वक प्रारंभ हो जाता है।

धर्मकीर्ति ने इस प्रकार छद्मवेश धारण करके मीमांसा शास्त्र का ज्ञान आचार्य कुमारिल भट्ट से प्राप्त किया। बहुत शीघ्र ही उसने अपनी पहचान विद्वान् शिष्य के रूप में बना ली। अब वह आचार्य कुमारिल भट्ट के गुरुकुल का श्रेष्ठ शिष्य बन चुका था। एक दिन वेदाध्ययन के उद्देश्य से धर्मकीर्ति प्रात: सूर्योदय से काफी पहले ही उठ गया। तब गुरुकुल के अन्य शिष्य अपनी विश्राम अवस्था में ही थे। धर्मकीर्ति आचार्य के कक्ष के समीप पहुँचा। उसने देखा कि कक्ष के बाहर एक शिलाखंड पर पद्मासन लगाए ध्यानावस्था में आचार्य कुमारिल भट्ट बैठे हुए हैं। उनके मुखारबिंद पर एक अद्भुत तेज आलोकित हो रहा है। परंतु मुख पर कोई भाव नहीं है, जैसे भावातीत अवस्था में हों। मेरुदंड बिल्कुल सीधा। छाती विहंगम की भाँति चौड़ी थी। ललाट पर अद्भुत तेज देखकर धर्मकीर्ति को स्वयं शाक्य-मुनि ही स्मरण हो आए। धर्मकीर्ति, आचार्य कुमारिल भट्ट की ऐसी ध्यानावस्था देखकर बहुत आश्चर्यचकित था और भयभीत भी था। धर्मकीर्ति सोचने लगा, 'आचार्य इस विद्या में भी निपुण हैं, ये पहले ज्ञात क्यों नहीं हुआ? ऐसी अवस्था में तो मैंने किसी बौद्ध भिक्षु को भी नालंदा में नहीं देखा! साधना का अभ्यास सब करते हैं, लेकिन ऐसी अवस्था प्राप्त योगी वर्तमान में नहीं हैं। नालंदा के तत्कालीन इतिहास में मात्र आचार्य नागार्जुन के विषय में ऐसी ध्यानावस्था को प्राप्त करते हुए सुना गया है। लेकिन वर्तमान में ऐसा कोई होगा, यह ज्ञात नहीं। क्या इतने उच्च कोटि के योगी आचार्य को शास्त्रार्थ में पराजित करना सरल हो पाएगा?' धर्मकीर्ति के मन में अपने विजय अभियान को लेकर संशय उत्पन्न होने लगा। धर्मकीर्ति ने सोचा कि कुछ व्यवधान उत्पन्न कर आचार्य कुमारिल भट्ट को ध्यान से उठा दे, इससे उनकी थोड़ी परीक्षा भी हो जाएगी! ऐसा निश्चय कर धर्मकीर्ति ने कुछ ध्वनि करनी शुरू कर दी, परंतु उस ध्वनि व्यवधान से आचार्य पर कोई प्रभाव नहीं पड़ा। ध्वनि से अशांत हो गुरुमाता अपने कक्ष से बाहर आईं और धर्मकीर्ति को अनावश्यक ध्वनि करते हुए देख बोलीं, "धर्मकीर्ति, तुम यह क्या कर रहे हो? शांति बनाए रखो पुत्र! यह आचार्य के ध्यान-योग का समय है।" धर्मकीर्ति शांत हो गया, लेकिन एक

भय उसके मन में बस गया कि "अगर आचार्य कुमारिल भट्ट एक सिद्ध योगी हैं तो उन्हें शास्त्रार्थ में पराजित करना कठिन ही नहीं, असंभव भी होगा। लेकिन अब जिस पथ पर चल चुके हैं, उससे पीछे हटना भी ठीक नहीं होगा। धैर्यपूर्वक अपने लक्ष्य की ओर बढ़ना ही उचित होगा।'

मीमांसा शास्त्र का ज्ञान प्राप्त करने के बाद धर्मकीर्ति अन्य वैदिक शास्त्रों (न्याय, वैशेषिक, वेदांत और सांख्य आदि) का ज्ञान प्राप्त करने में भी निरंतर प्रयासरत रहता था। वैदिक दर्शन विषयों का भलीभाँति ज्ञान प्राप्त कर धर्मकीर्ति ने द्रविड़ क्षेत्र में अन्य वैदिक विद्वानों का द्वार खटखटाना शुरू कर दिया। धीरे-धीरे धर्म कीर्ति ने अन्य वैदिक आचार्यों को शास्त्रार्थ हेतु चुनौती देना प्रारंभ किया। धर्मकीर्ति ने इस प्रकार वैशेषिक शास्त्र के कणाद गुप्त नामक एक आचार्य को शास्त्रार्थ में पराजित किया। फिर उसने अन्य शास्त्रों के आचार्यों को भी शास्त्रार्थ में पराजित किया। इस प्रकार दक्षिण क्षेत्र में धर्मकीर्ति ख्याति प्राप्त करने लगा।

एक दिन धर्मकीर्ति आचार्य कुमारिल भट्ट के संध्यापूर्व बैठक में उनके समक्ष उपस्थित हुआ। आचार्य के समक्ष बैठ धर्मकीर्ति ने आचार्य को प्रणाम करते हुए कहा, "आचार्य, मैंने आपकी कृपा से न्याय, वैशेषिक आदि वैदिक शास्त्रों के आचार्यों को शास्त्रार्थ में पराजित कर दिया है।" आचार्य प्रसन्न होते हुए बोले, "कल्याणमस्तु पुत्र! तुमने अपना और इस गुरुकुल का नाम ऊँचा किया है। अब बताओ, भविष्य में क्या करने की सोंच रखते हो?"

धर्मकीर्ति ने थोड़ा सकुचाते हुए लेकिन आत्मविश्वास से कहा, "आचार्य, मैं आपसे शास्त्रार्थ करना चाहता हूँ, अत: मैं आपको शास्त्रार्थ हेतु निमंत्रण देता हूँ।" वहाँ बैठे हुए सारे शिष्य धर्मकीर्ति की ओर आश्चर्यचकित हो देखने लगे। एक समकक्ष शिष्य ने बोला, "धर्मकीर्ति, यह धृष्टता है! चुप हो जाओ! आचार्य के साथ शास्त्रार्थ अशोभनीय है।" आचार्य कुमारिल भट्ट ने बीच में हस्तक्षेप करते हुए कहा, "शांत हो जाओ, धर्मकीर्ति ने जो कहा, मुझे उससे कोई आपत्ति नहीं। लेकिन धर्मकीर्ति, मैं इस शास्त्रार्थ परंपरा में बहुत विश्वास नहीं करता। मैं इसे भी एक प्रकार की हिंसा ही मानता हूँ। अपने न्यून ज्ञान

अहंकार को संतुष्ट करने का माध्यम मात्र है यह।"

धर्मकीर्ति ने विनम्रतापूर्वक कहा, "आचार्य, मेरा उद्देश्य तो बस, अपना ज्ञान-वर्धन करना था। जो मैं आपकी कक्षाओं से प्राप्त नहीं कर पाया, वो संभवतः शास्त्रार्थ से कर पाऊँ!" आचार्य कुमारिल भट्ट ने धर्मकीर्ति को समझाते हुए कहा, "देखो धर्मकीर्ति, मैं शास्त्रार्थ आदि विषयों में रूचि नहीं रखता, परंतु तुम मेरे प्रिय शिष्य और इस गुरुकुल के प्रतिष्ठित छात्र हो, इसलिए मैं तुम्हारा निमंत्रण स्वीकार करता हूँ। कल प्रातः स्नान-ध्यान आदि नित्य कर्म करने के बाद समस्त शिष्यों की उपस्थिति में यह आयोजन होगा। सभी शिष्यों को यह सूचना पहुँचा दी जाए कि कल सभी अपना नित्य कर्म करने के उपरांत इस आयोजन में उपस्थित रहें।"

अगले दिन प्रातः काल सभी अपने नित्य कर्मों से निवृत्त होने के बाद गुरुकुल के मध्य स्थल में जहाँ शास्त्रार्थ का आयोजन होना था, वहाँ एकत्र होने लगे। पूर्व ही गुरुकुल के छात्रों द्वारा वहाँ सभी शिष्यों के बैठने की व्यवस्था की जा चुकी थी। आचार्य कुमारिल भट्ट भी अपने नित्य कर्मों से निवृत्त हो शास्त्रार्थ सभा में उपस्थित होते हैं। वहाँ बहुत सारे गुरुकुल के छात्र पहले से ही उपस्थित थे। आचार्य कुमारिल भट्ट ने सब की ओर देखते हुए कहा, "आप सभी अपना-अपना स्थान ग्रहण करें।" सभी शिष्य आचार्य को प्रणाम करते हुए अपना-अपना स्थान ग्रहण करने लगे। वहाँ धर्मकीर्ति को उपस्थित न देख आचार्य ने शिष्यों से पूछा, "धर्मकीर्ति कहाँ है?" एक शिष्य ने उत्तर देते हुए कहा, "आचार्य धर्मकीर्ति अभी नहीं आए हैं। प्रातः काल ही वो गुरुकुल से बाहर ये कहकर गए कि शीघ्र ही लौट आएँगे, लेकिन अभी तक वापिस नहीं लौटे।" आचार्य कुमारिल भट्ट ने कहा, "कम-से-कम समय का तो ध्यान रखना चाहिए था, धर्मकीर्ति को। चलो कोई बात नहीं, मैं अपने कक्ष में जा रहा हूँ, जब वो आ जाए तो मुझे सूचित कर देना।"

कुछ समय बीत जाने पर एक शिष्य आचार्य के कक्ष में प्रवेश करता है। आचार्य के चरणों में प्रणाम करते हुए थोड़ा चिंतित और घबराते हुए कहता है, "आचार्य, नालंदा-महाविहार के तीन बौद्धाचार्य आए हुए हैं।" आचार्य

ने प्रश्न करते हुए कहा, "बौद्धाचार्य! इस समय! क्यों आए हैं वो?" शिष्य ने घबराते, सकुचाते हुए कहा, "आचार्य, वो आपको शास्त्रार्थ की चुनौती देने आए हैं।" आचार्य आश्चर्यचकित होते हुए कहते हैं, "अरे! शास्त्रार्थ तो धर्मकीर्ति से होना था! ये बौद्धाचार्य कहाँ से आ गए?" शिष्य ने सर झुकाकर दुःखी मन से (जैसे ठगा गया हो) कहा, "आचार्य, इन तीन बौद्धाचार्यों में एक धर्मकीर्ति स्वयं है।" आचार्य कुमारिल भट्ट को और आश्चर्य हुआ, लेकिन शांत मुद्रा में उन्होंने कहा, "अच्छा! अर्थात् धर्मकीर्ति अपने वास्तविक रूप में आ गया! चलो कोई बात नहीं, यह तो एक दिन होना ही था। तुम चलो, मैं आता हूँ। उन बौद्धाचार्यों को सम्मान सहित बिठाओ और जलपान करवाओ।"

धर्मकीर्ति अपनी योजना अनुसार अपने वास्तविक रूप में आ गया था। वैदिक ब्राह्मण का वेश त्यागकर उसने बौद्ध भिक्षु का वेश धारण कर लिया था। हाथ में भिक्षा पात्र और शरीर पर लाल वस्त्र लपेटे हुए था। उसे बहुत दिनों से आज के दिवस की हीं प्रतीक्षा थी। आज के दिवस के लिए धर्मकीर्ति ने बहुत धैर्य रखा था, लगभग तीन वर्षों तक। अब समय आ गया था कि वो नालंदा विद्यापीठ और बौद्ध संप्रदाय के प्रति अपनी निष्ठा को प्रमाणित करे और विजयी हो अपनी विश्व ख्याति की महत्त्वाकांक्षा को सिद्ध करे।

आचार्य कुमारिल भट्ट फिर से शास्त्रार्थ सभा में उपस्थित होते हैं। बौद्धाचार्यों के समक्ष उपस्थित हो आचार्य कुमारिल भट्ट ने बौद्धाचार्यों से सम्मानपूर्वक प्रश्न किया "अतिथि देवो भवः! आप सभी हमारे अतिथि हैं और मीमांसा शास्त्र के अनुसार अतिथि भी देवता सामान होते हैं। अतः आप यहाँ उपस्थित बौद्धाचार्यों, अपना परिचय देते हुए अपनी उपस्थिति का प्रयोजन बताएँ।"

तब धर्मकीर्ति ने आचार्य कुमारिल भट्ट को उत्तर दते हुए कहा, "मेरी बाँई ओर खड़े नालंदा महाविहार से 'आचार्य गौतमपुत्र' हैं, मेरे दाहिनी तरफ 'आचार्य धर्मपूर्ण' हैं और मुझसे तो आप परिचित ही हैं, आचार्य। 'आचार्य ने धर्मकीर्ति को टोकते हुए कहा, "ना–ना, मैं आपसे बिल्कुल परिचित नहीं

हूँ, हाँ, आपका रूप, रंग वाणी मेरे भागनिए धर्मकीर्ति से अवश्य मिलती-जुलती है, वो भी पहले नालंदा में ही बौद्ध भिक्षु था, लेकिन अब वह वैदिक अनुयायी बन चुका है।" धर्मकीर्ति ने बीच में टोकते हुए कहा, "आचार्य, मैं वही धर्मकीर्ति हूँ, नालंदा महाविहार के कुलपति धर्मपाल का शिष्य, योगाचार मत से विज्ञानवाद का आचार्य, मैं 'आचार्य धर्मकीर्ति' हूँ।" आचार्य कुमारिल भट्ट ने गंभीर शांत मुद्रा से कुछ समय तक धर्मकीर्ति को देखा, जैसे वो किसी अपराधी को देख रहे हों। जयमंगल ग्राम के इस गुरुकुल का वातावरण काफी गंभीर हो चुका था। सारे शिष्यों के चेहरे पर उदासी, प्रश्न और क्रोध का भाव भी था। शिष्य समुदाय सोच रहा था, यह धृष्टता व निर्लज्जता की हद है! बहरूपिया धर्मकीर्ति इतना निर्लज्ज निकलेगा, ये किसी ने नहीं सोंचा था। आचार्य कुमारिल भट्ट ने धर्मकीर्ति को देखते हुए कहा, "बोलिए आचार्य धर्मकीर्ति, आप यहाँ किस प्रयोजन से आए हैं?" धर्मकीर्ति ने अभिमान भरी ध्वनि में बोला, "आचार्य, मैं आपको शास्त्रार्थ की चुनौती देने यहाँ आया हूँ। अत: आप हम तीनों से शास्त्रार्थ करें अथवा अगर आप शास्त्रार्थ से पीछे हटते हैं तो अपनी लिखित पराजय स्वीकार करें।" आचार्य कुमारिल भट्ट ने कहा, "आचार्य धर्मकीर्ति, शास्त्रार्थ का वचन तो हमने पहले ही वैदिक ब्राह्मण धर्मकीर्ति को दे दिया था, अब उनकी जगह बौद्धाचार्य धर्मकीर्ति आ गए हैं, तो उन्हें भी हम निराश नहीं करेंगे, बस, अंतर यह है कि पहले निमंत्रण प्राप्त हुआ था और अब चुनौती मिल रही है। यद्यपि यह सत्य है कि शास्त्रार्थ परंपरा में हमारी कोई रूचि नहीं है, फिर भी आज शास्त्रार्थ कर ही लेते हैं।"

आचार्य कुमारिल भट्ट आहत थे, उनकी अर्धांगिनी गुरुमाता भी आहात थीं सोच रही थीं कि जिसे पुत्र सामान समझा, आज उसने ही वेश बदलकर धोखा दिया! आचार्य कुमारिल ने धर्मकीर्ति से कहा, "अपना स्थान ग्रहण करें आचार्य धर्मकीर्ति।" धर्मकीर्ति और उसके सहयोगी आचार्यों ने शास्त्रार्थ सभा में अपना स्थान ग्रहण कर लिया। फिर आचार्य कुमारिल भट्ट ने भी अपना स्थान ग्रहण किया। आचार्य कुमारिल भट्ट के स्थान ग्रहण करने के उपरांत धर्मकीर्ति बोला, "आचार्य, इस शास्त्रार्थ का एक निश्चित नियम होगा, जो

पराजित होगा, वो विजेता का धर्म स्वीकार करेगा। अगर आप पराजित हुए, तो आपको बौद्ध भिक्षु बनना पड़ेगा और अगर मैं अपने सहयोगियों सहित पराजित होता हूँ तो हम आपके गुरुकुल के शिष्य बनेंगे।" साथ ही धर्मकीर्ति ने साक्षी रूप में निर्णयों को निश्चित करने हेतु राजा के विद्वान् मंत्रियों को भी बुला लिया था।

आचार्य कुमारिल भट्‌ट गंभीर मुद्रा में सोंचने लगे कि 'ये वर्तमान बौद्ध प्रपंच निर्लज्जता की सारी सीमा पार कर चुका है। यह बौद्ध आडंबर स्वयं ही शाक्यमुनि बुद्ध की छवि को धूमिल एवं विकृत करने में लगा हुआ है। अब इस बौद्ध आडंबर का विनाश न हुआ तो आर्यावर्त की पवित्र भूमि से धर्म-कर्म खत्म हो जाएगा। जनमानस व्यभिचार का अनुसरण करने लगेगा। छल-कपट ही लोगों के गुण आभूषण बन जाएँगे। नालंदा से आया एक धर्मकीर्ति इतना निर्लज्ज हो सकता है तो न जाने इसके जैसे कई वहाँ बैठे होंगे! अब तो लगता है, नालंदा पहुँचकर ही इनके उन्मूलन की गाथा लिखनी होगी! वैसे भी बचपन में अनभिज्ञतावश मेरी नालंदा जाने की तीव्र इच्छा थी, लेकीन वेदाध्ययन के साथ-साथ वो इच्छा समाप्त हो गई थी। लगता है, अब उस इच्छा के पूर्ण होने का समय निकट है। इसी बहाने बौद्ध दर्शन का ज्ञान भी प्राप्त हो जाएगा।' आचार्य कुमारिल भट्‌ट के मन में एक संकल्प दृढ हो रहा था।

आचार्य कुमारिल भट्‌ट की चिंतनधारा में हस्तक्षेप करते हुए धर्मकीर्ति ने कहा, "आचार्य, आप कहाँ खो गए! आपने कोई उत्तर नहीं दिया।" आचार्य कुमारिल भट्‌ट ने अपना ध्यान चिंतन से हटा धर्मकीर्ति से कहा, "जी आचार्य, मुझे आपका यह नियम स्वीकार्य है, जो पराजित होगा, वो विजेता का धर्म स्वीकार करेगा।" धर्मकीर्ति ने कहा, "ठीक है आचार्य, अब हम शास्त्रार्थ प्रारंभ कर सकते हैं।" आचार्य कुमारिल भट्‌ट ने कहा, "शास्त्रार्थ की चुनौती आप लोगों ने दी है, विशेष इच्छा आप लोगों की है। अतः आप बौद्धाचार्य ही इसका श्रीगणेश करें।"

धर्मकीर्ति—"आचार्य क्या आप शाक्यमुनि बुद्ध का विरोध करते हैं?"

आचार्य कुमारिल भट्ट—"नहीं, मैं उनके प्रति श्रद्धा भाव ही रखता हूँ।"

धर्मकीर्ति—"फिर आप द्रविड़ प्रदेश में बौद्ध मत का विरोध क्यों करते हैं?"

आचार्य कुमारिल—"क्योंकि मुझे ऐसा लगता है कि बौद्ध संप्रदाय का पतन हो रहा है। द्रविड़ प्रदेश में आने वाले बौद्धाचार्य व्यर्थ ही वेद-निंदा करते हैं। और राजनैतिक उद्देश्य हेतु अपना निर्णय बदलते रहते हैं।"

धर्मकीर्ति—"यह आपका भ्रम मात्र है, आचार्य, अगर निर्णय बदलना होता तो आज मैं दृढ़तापूर्वक आपके समक्ष बौद्धाचार्य के रूप में नहीं उपस्थित होता। रही बात वेद-निंदा की, तो वेद-निंदा उचित ही है, क्योंकि वेद सत्य का ज्ञान नहीं करवाते। और जो सत्य का ज्ञान न करवाए, वो विद्या मिथ्या है और मिथ्या को मिथ्या कहना कोई अपराध नहीं। वैसे आचार्य, आप स्वयं बताएँ आपके अनुसार सत्य क्या है— इहलोक या परलोक?"

आचार्य कुमारिल भट्ट—"यह संपूर्ण चराचर जगत्, जिसका अनुभव हम कर पाते हैं, वो सत्य ही है। हमारे जीवन की प्रसन्नता, सुख-दुःख, सबकुछ इस जगत् की अनुभूति के कारण ही है। यह संसार कर्म बंधन में रहता है। अतः उचित कर्मों के द्वारा ही सुख की प्राप्ति होती है। अतः कर्मकांड का अनुष्ठान भी सत्य है। कर्मों के कारण ही इहलोक और परलोक में सुख-शांति प्राप्त होती है। इस संसार में कर्मों की सत्ता सत्य है, यह संसार भी सत्य है।"

धर्मकीर्ति—"आचार्य कुमारिल भट्ट, हमारे मतानुसार यह संसार असत्य है। विज्ञानवाद बाह्य पदार्थ के अस्तित्व को अस्वीकार करता है। हम जो कुछ भी बाहर देखते हैं, वास्तव में वो हमारे मन में है। उनका बाहरी अस्तित्व नहीं। ज्ञान से भिन्न वस्तु का कोई अस्तित्व नहीं है। यह संसार मिथ्या है। संसार परिवर्तनशील व अनित्य है। कर्मों की सत्ता भी मिथ्या है। आचार्य, आप यह कैसे मानते हैं कि संसार सत्य है?"

आचार्य कुमारिल भट्ट—"क्योंकि यह हमें अनुभूत होता है। हमारे जीवन का सुख-दुःख संसार में होने वाली अनुभूतियों पर निर्भर है। हमारा

जीवन इस संसार में किए हुए कर्मों का फल है। इसलिए कर्मों की अनदेखी करना स्वयं अपने जीवन के प्रति लापरवाही है। बिना पञ्च कर्मों का निष्काम भावना से अनुष्ठान किए न स्वर्ग संभव है और न ही निर्वाण। अतः इस संसार में कर्मों के प्रति जागरूक रहकर ही उच्च आध्यात्मिक अवस्था को प्राप्त किया जा सकता है।"

धर्मकीर्ति—"नहीं आचार्य, यह संसार मिथ्या है। हम जिस वस्तु को देख रहे हैं, वास्तव में वो वस्तु ऐसी है नहीं। वह हमारे मन में ही वैसा रूप धारण कर रही है। अगर किसी वास्तु का रंग नीला है तो यह ज्ञान अथवा छवि मात्र हमारे मन में है। अर्थात् वह वस्तु और उस वस्तु का ज्ञान दोनों अलग-अलग अस्तित्व नहीं रखते हैं। वस्तु का अस्तित्व वस्तु के ज्ञान से भिन्न नहीं है। जिस प्रकार स्वप्न में बाहरी मालूम होने वाली वस्तुएँ मन के अंदर ही होती हैं, उसी प्रकार साधारण जाग्रत अवस्था में बाहर मालूम होने वाले पदार्थ मन में ही रहते हैं। और इन नेत्रों से तो भ्रम भी हो सकता है। तो क्या हम भ्रम को ही सत्य मान लेंगे? मैं अगर किसी वस्तु को एक दृष्टि से देखूँ तो जरूरी नहीं कि दूसरा व्यक्ति भी उसी दृष्टि से देखेगा। फिर उसी वस्तु के प्रति मेरा और उसका ज्ञान भिन्न हो जाएगा। अर्थात् वस्तु का अस्तित्व मन में है। फिर इस भ्रामक मिथ्या संसार में कर्मों की क्या सार्थकता? इस संसार की मिथ्या अनुभूतियों के चक्कर में ही जीव दुःखी है। बुद्ध, मनुष्य को इन अनुभूतियों से मुख मोड़ना सिखाते हैं। तभी वो आर्य सत्य को जान पाएगा। यह मन ही संपूर्ण संसार का आलय है। मन से बाहर इस संसार का कोई अस्तित्व नहीं। मन की दिशा व दशा बदल जाने से यह संसार भी बदल जाएगा, जैसे बाल्यावस्था में हमारी संसार के प्रति दृष्टि और फिर युवा अवस्था में वही दृष्टि परिवर्तित हो जाती है। अतः इस संसार में विभिन्न सुखों की कामना से किए गए कर्मानुष्ठान भी मिथ्या और व्यर्थ हैं। प्राप्त होने वाले सुख-दुःख भी मिथ्या ही हैं। आचार्य, आप अपना मत रखें।"

आचार्य कुमारिल भट्ट शांत थे। गंभीर मुद्रा में थे। धर्मकीर्ति ने शास्त्रार्थ करते समय ऐसे बहुत सारे विषयों को नहीं उठाया, जिनको लेकर बौद्ध और

वैदिक मतों में मतभेद था, जैसे—यज्ञ में पशु बलि जैसी हिंसाएँ, जिसका विरोध स्वयं शाक्य मुनि ने भी किया था, क्योंकि आचार्य कुमारिल भट्ट के गुरुकुल में रहते हुए उसने उन प्रश्नों का उत्तर पहले ही प्राप्त कर लिया था। आचार्य कुमारिल भट्ट के पास उनका सटीक तर्क विद्यमान था, इसकी जानकारी धर्मकीर्ति को पहले से थी। धर्मकीर्ति यह भी जानता था कि आचार्य को बौद्ध शास्त्रों से किन विषयों की कितनी जानकारी है! धर्मकीर्ति का वेश बदलकर मीमांसा शास्त्र के अध्ययन के पीछे जो उद्देश्य था, वो पूर्ण हो रहा था। आचार्य कुमारिल भट्ट शांत थे, गंभीर थे, निरुत्तर थे, लेकिन मुख पर पश्चताप का भाव नहीं था, परंतु थोड़े दुःखी अवश्य नजर आ रहे थे।

धर्मकीर्ति ने पूछा—"आचार्य, आपने कोई उत्तर नहीं दिया! इसका अर्थ हम क्या समझें? क्या आप पराजय स्वीकार करते हैं? आचार्य आपके पास तर्क अवश्य होंगे, आप अपने विचार प्रस्तुत करें।"

धर्मकीर्ति जानता था कि आचार्य कुमारिल भट्ट असाधारण बौद्धिक क्षमता रखते हैं। वो इतनी शीघ्रता से पराजित नहीं होंगे। लेकिन फिर क्या कारण था कि वे शांत गंभीर बैठे हुए हैं? आचार्य कुमारिल ने अपना मुख खोला और कहा, "हाँ, मैं पराजय स्वीकार करता हूँ। आचार्य धर्मकीर्ति का यह तर्क कि संसार मिथ्या है! मुझे स्वीकार है। मैं धर्मकीर्ति के धर्म को अपनाने के लिए तैयार हूँ।"

आचार्य कुमारिल भट्ट के इन वचनों को सुन सारी सभा हतप्रभ थी। आचार्य कुमारिल भट्ट अपने पाँच सौ शिष्यों के साथ बैठे हुए थे। सारे शिष्य आश्चर्यचकित थे। जो आचार्य के प्रिय शिष्य थे, उनके लिए तो यह घटना एक हृदय-घात के समान थी। लेकिन सभी शांत थे। कुछ शिष्यों ने खड़े होकर हस्तक्षेप करना चाहा, परंतु आचार्य ने उन्हें अपने संकेत से ही रोक दिया। आचार्य ने कहा, "धर्मकीर्ति, मैं अब बौद्ध धम्म को स्वीकार करने के लिए तैयार हूँ।"

धर्मकीर्ति ने सकुचाते हुए कहा—"आचार्य, मैंने सोचा था यह शास्त्रार्थ लंबा चलेगा, परंतु आप पहले ही निरुत्तर हो गए! कोई बात नहीं आचार्य, हम

आज ही नालंदा की ओर प्रस्थान करेंगे, और वहीं जाकर आपको प्रवज्या ग्रहण करना होगा। आपको अब आगे बौद्ध भिक्षु का जीवन व्यतीत करना होगा। प्रस्थान से पूर्व आप अपने परिजनों, मित्रों और शिष्यों से मिल सकते हैं और आवश्यक वार्त्तालाप कर सकते हैं।"

आचार्य उठकर धर्मकीर्ति से आज्ञा ले अपने कक्ष में चले जाते हैं। आचार्य अपने कक्ष में हीं अपने प्रिय एवं विद्वान् शिष्यों को बुलाते हैं। आचार्य कुमारिल भट्ट के विद्वान् शिष्यों में प्रभाकर मिश्र और भवभूति प्रधान थे। आचार्य के प्रिय शिष्यों ने आचार्य से कहा, "आचार्य, आप इस प्रकार हमें छोड़कर के चले जाएँगे तो हमारा सारा जीवन अवसाद से ग्रस्त हो जाएगा!" आचार्य ने अपने पुत्र सामान शिष्यों को समझाते हुए कहा, "तुम सब मेरे पुत्र सामान हो और गुरु-शिष्य का संबंध कभी खंडित नहीं होता, इसलिए चिंतित न हों। मुझे पता है, आज जो घटना इस गुरुकुल में घटी है, वो तुम सब को निराश करने वाली है। परंतु निराश मत होना, ये बात सर्वदा स्मरण रखना कि मेरा जीवन वेदों को समर्पित हैं। अत: अनुकूल समय की प्रतीक्षा करना। और उससे पूर्व गुरुकुल की मर्यादाओं को बनाए रखना, नियमित अग्निहोत्र आदि क्रियाओं को करते रहना और गौशाला का ध्यान रखना।"

आचार्य ने प्रभाकर मिश्र को विशेष रूप से समझाते हुए कहा, "प्रभाकर, मेरी अनुपस्थिति में तुम मेरे द्वारा लिखित शबरभाष्य पर टीका लिखोगे। साथ ही नालंदा से मिलने वाली सूचनाओं पर ध्यान रखोगे। जब कोई ऐसी सूचना मिले, जिससे तुम्हें लगे कि तुम्हें नालंदा आना चाहिए, तुम तभी नालंदा प्रस्थान करोगे। उसके पूर्व गुरुकुल में रहोगे। अगर कोई मेरे बारे में अथवा आज के शास्त्रार्थ के बारे में पूछे तो यही बताना कि मैं शास्त्रार्थ में पराजित होकर बौद्ध भिक्षु बन चुका हूँ।"

ऐसा समझाते हुए आचार्य कक्ष से बाहर निकलने लगे। बाहर निकलते देख उनकी अर्धांगिनी गुरुमाता उनके चरणों में गिर रोने लगी, "स्वामी! यह दिन भी देखना पड़ेगा, कभी सोंचा नहीं था, जिसे अपना पुत्र समझा, वो ही बहरूपिया निकला! आचार्य, आपके बौद्ध संन्यासी बनने के बाद मेरा क्या

होगा प्रभु ?" आचार्य ने गुरुमाता को समझाते हुए कहा, "हे भामिनी, तुम क्यों चिंतित होती हो, इस संसार में तो मिलना-बिछुड़ना लगा ही रहता है। तुम पुत्र जयमिश्र के शिक्षा-दीक्षा का ध्यान रखना। और प्रभाकर, भवभूति आदि शिष्य भी तो तुम्हारे पुत्र जैसे हैं। हाँ, मेरी अनुपस्थिति में थोड़ी जिम्मेदारी अवश्य बढ़ जाती है। हाँ, मेरे पराजय की घटना सुन ऐसा हो सकता है कि त्रिमलय राज्य के राजा द्वारा प्रदान कराई गई सुविधाओं को वापिस ले लिया जाए, फिर भी तुम्हारे पास किसी वस्तु की कमी नहीं होगी। अपने पुत्रों से जो कहोगी, वो तुम्हें लाकर देंगे।" ऐसा कहते हुए आचार्य कक्ष से बाहर निकलकर धर्मकीर्ति के समक्ष उपस्थित हो गए।

आचार्य कुमारिल ने धर्मकीर्ति से कहा, "आचार्य धर्मकीर्ति, अब मैं नालंदा प्रस्थान हेतु तैयार हूँ।" धर्मकीर्ति ने कहा, "जी आचार्य, अब हम बुद्ध मंत्रों का उच्चारण करते हुए यहाँ से प्रस्थान करेंगे। आचार्य कुमारिल भट्ट, आप भी हमारे साथ-साथ उच्चारण करें।"

बुद्धं शरणम गच्छामि !
धम्म शरणम् गच्छामि !
संघं शरणम् गच्छामि !

धर्मकीर्ति और उसके दो सहयोगी बौद्ध भिक्षु आचार्य कुमारिल भट्ट को साथ लेकर बुद्ध मंत्रों का उच्चारण करते हुए जयमंगल ग्राम की सीमा पार करके दूसरे ग्राम में पहुँच गए। आचार्य कुमारिल भट्ट के पराजय होने का समाचार त्रिमलय क्षेत्र में आग की तरह फैल रहा था। आचार्य कुमारिल भट्ट को मार्ग में परिचित ग्रामवासियों की प्रतिक्रियाओं का सामना भी करना पड़ रहा था। कोई दुःख व्यक्त करता तो कोई व्यंग भी कर देता। विजेता घोषित होने के कारण धर्मकीर्ति बहुत प्रसन्न नजर आ रहा था और उसके मुख पर एक संतोष भी प्रगट हो रहा था। दूसरे ग्राम में पहुँचकर धर्मकीर्ति ने भट्टाचार्य से कहा, "आचार्य, अब मुझे द्रविड़ प्रदेश के अन्य दक्षिणी क्षेत्रों की यात्रा पर निकलना है, अतः मैं नालंदा तक आपका साथ नहीं निभा पाऊँगा। मेरे दोनों सहयोगी बौद्धाचार्य नालंदा महाविहार तक आपके संग जाएँगे। आप चिंतित न

हो आचार्य, नालंदामहा विहार में आपकी प्रतिष्ठा के अनुकूल ही आपके साथ व्यवहार होगा, अत: अब मुझे अनुमति दें।"

आचार्य कुमारिल भट्ट ने प्रसन्न मुद्रा में धर्मकीर्ति से कहा, "आचार्य, बस एक प्रश्न था मेरा, आपकी आज्ञा हो तो पूछूँ?" धर्मकीर्ति ने स्वीकृति देते हुए 'हाँ' में सिर हिलाते हुए कहा, "अवश्य पूछिए"। कुमारिल भट्टाचार्य ने धर्मकीर्ति से कहा, "आचार्य धर्मकीर्ति! आप बड़े प्रसन्न और संतुष्ट नजर आ रहे हैं! निश्चय ही शास्त्रार्थ में विजेता हुए और आपकी कीर्ति भी फैल रही है, इसलिए ही प्रसन्न होंगे।"

धर्मकीर्ति ने पुन: 'हाँ' में सिर हिला दिया और भट्टाचार्य ने प्रश्नमुद्रा में प्रश्न करते हुए कहा, "आचार्य धर्मकीर्ति, मेरे प्रश्न का उत्तर दें, ये बताएँ कि आपके शून्यवाद या विज्ञानवाद के अनुसार यह संसार तो मिथ्या है, फिर आपने जो शास्त्रार्थ किया, क्या वो सत्य था या मिथ्या? आप शास्त्रार्थ में विजयी हुए, यह सत्य हुआ या मिथ्या? जब संसार ही मिथ्या है, तो फिर यह शास्त्रार्थ सत्य कैसे और आपका विजयी होना भी सत्य कैसे सिद्ध होगा? यह सब तो बस, स्वप्न के मानिंद आपके मन में ही तो घट रहा! फिर धर्मकीर्ति महोदय, ये बताओ कि आपके चेहरे पर जो विजयोत्सव का भाव दिख रहा है, जो प्रसन्नता और संतोष नजर आ रहा है, वो सत्य के वशीभूत है या मिथ्या के वशीभूत?"

कुमारिल भट्टाचार्य का प्रश्न सुनते ही धर्मकीर्ति के चेहरे की हवा उड़ गई। वो सोचने लगा कि अगर भट्टाचार्य शास्त्रार्थ कर सकते थे, तो उन्होंने पराजय क्यों स्वीकार की? भट्टाचार्य ने फिर व्यंगात्मक ढंग से कहा, "आचार्य महोदय, ज्यादा सोंचिए मत, विज्ञानवादियों को अधिक नहीं सोंचना चाहिए। आप विजेता हैं और मैं पराजित, यही सत्य है। अत: फिर से प्रसन्न हो जाइए और दक्षिणापथ की यात्रा पर निकलिए और मैं निकलता हूँ नालंदा महाविहार की ओर।" भट्टाचार्य नालंदा की ओर आगे बढ़े और धर्मकीर्ति दक्षिण की ओर; लेकिन धर्मकीर्ति का मन अशांत था, वो सोच रहा था, 'आखिर भट्टाचार्य, ने अपनी पराजय क्यों स्वीकार कर ली? कहीं उनका

पराजय स्वीकार करना किसी बहुत बड़े योजना का अंग तो नहीं? ये ब्राह्मण निश्चय ही शांति से नहीं बैठने वाला।"

आचार्य कुमारिल भट्ट दो बौद्ध भिक्षुओं के संग आगे बढ़ते हैं। मार्ग में उन्हें राजा के महल के नजदीक से गुजरना पड़ता है। राजा के महल के नजदीक पहुँचते हीं उन्हें किसी स्त्री की आवाज में कुछ प्रश्नवाचक शब्द सुनाई दिए। भट्टाचार्य ने अपना सिर ऊपर उठाकर देखा, तो राजमहल की एक अट्टालिका की छत पर स्वयं राजकुमारी बड़ी व्याकुलता से पूछ रही थी—"को वेदान् उद्धरिश्यति?, को वेदान् उद्धरिश्यति?" अर्थात् ऐसे समय में वेदों का उद्धार कौन करेगा? कौन करेगा? राजकुमारी वेद अनुयायी थी, श्रद्धावान थी। एक प्रसिद्ध वैदिक ब्राह्मण को बौद्ध भिक्षुओं के साथ जाता देख वेदों के प्रति श्रद्धावश पूछने लगी, "को वेदान् उद्धरिश्यति?"

आचार्य कुमारिल भट्ट पुत्री समान ऐसी बालिका के मुख से व्याकुलता पूर्वक ऐसा प्रश्न सुनकर अपने आगे बढ़ते कदमों को बढ़ने न दे सके। उस व्याकुल आर्त्त ध्वनि ने श्री भट्टाचार्य के बढ़ते हुए कदमों को वहीं रोक दिया। राजकुमारी के करुणास्वर को सुनकर आचार्य ने कहा, "मा रुदिहि वरारोहे भट्टाचार्योऽस्मि भूतले।" "अर्थात् हे बालिके! उदास मत होवो! वेद-उद्धार हेतु मैं भट्टाचार्य अभी इस पृथ्वी पर विद्यमान हूँ।" ऐसा उद्घोष कर आचार्य अपने कदम पुनः नालंदा की ओर बढ़ा देते हैं।

□

नालंदा

वेदों की सत्ता में दृढ़ विश्वास और साथ-ही-साथ बुद्ध के प्रति श्रद्धा भी मन में थी, लेकिन एक असंतोष बौद्ध-प्रचार के प्रति घेरे रहता था। बौद्ध-प्रचार ने ऐसा रूप धारण कर लिया था कि जिसमें अपने अनुयायियों की संख्या बढ़ाने की अंधी दौड़ थी। 'वैदिक आचार्यों ने कभी इस तरह से अपना प्रचार करने का प्रयास नहीं किया था। धर्म का प्रचार राजनैतिक महत्त्वाकांक्षाओं की पूर्ति हेतु ये कैसा घृणित कार्य है!' भट्टाचार्य अनवरत चिंतन करते हुए आगे बढ़ रह थे। दोनों बौद्ध भिक्षु कुमारिल भट्टाचार्य के व्यवहार पर विशेष ध्यान बनाए रखते थे। भट्टाचार्य के मुखारबिंद पर कोई पराजय का भाव नहीं था। उनके आगे बढ़ते हुए पग-ध्वनि को सुनकर ऐसा लग रहा था, जैसे वो किसी अभियान पर निकले हों। भट्टाचार्य दोनों बौद्धाचार्यो के संग मगध की सीमा में प्रवेश कर चुके थे। एक ग्राम में प्रवेश कर के भिक्षाटन करके, भिक्षा में प्राप्त भोजन को ग्रहण करने के बाद आचार्य कुमारिल भट्ट बौद्धाचार्यों के संग विश्राम करने लगे। दोनों बौद्धाचार्य उनके व्यवहार से बहुत प्रसन्न थे।

"आचार्य! हम मगध की सीमा में प्रवेश कर चुके हैं, कुछ घड़ियों की पद-यात्रा और फिर हम नालंदा-महाविहार के परिसर में होंगे। आचार्य, यहाँ आकर आप कैसा अनुभव कर रहे हैं?" बौद्धाचार्य ने पूछा। भट्टाचार्य ने उत्तर देते हुए कहा, "मेरे बचपन का स्वप्न पूर्ण हो रहा है, इसलिए मैं अति प्रसन्न हूँ आचार्य। अगर आपका विश्रामकाल पूर्ण हो गया हो, तो मैं आगे

बढ़ने हेतु उत्सुक भी हूँ।" बौद्धाचार्य ने कहा, "ठीक है, आचार्य कुमारिल! हम शीघ्र ही यात्रा पुनः प्रारंभ करते हैं।"

कुछ मील की यात्रा पूर्ण करने के बाद भट्टाचार्य दोनों बौद्धाचार्यों के साथ नालंदा महाविहार के द्वार पर खड़े थे। नालंदा महाविहार किसी सम्राट् के भव्य महल से कम नहीं था। चहुँ ओर से नालंदा की भव्यता देखते बनती थी। आचार्य कुमारिल भट्ट ने वास्तुकला के चमत्कार का यह नमूना पहले नहीं देखा था। पूरा नालंदा महाविहार एक बहुत बड़े किले के सामान था। चारों तरफ सुरक्षा सैनिक तैनात थे। राजा ने पूरी एक सेना की टुकड़ी ही सुरक्षा हेतु दे रखी थी। नालंदा की भव्यता और संपन्नता देख कई दूसरे प्रदेशों के अथवा विदेशी राजा नालंदा को अपने अधिकार में करने अथवा लूटने हेतु प्रयासरत रहते थे। नालंदा महाविहार के चारों तरफ ऊँची दीवार का घेरा था। घेरे के अंदर जैसे एक नगर ही बसा हुआ था। कई अट्टालिकाएँ और भव्य भवन बने हुए थे। सबसे विराट् और भव्य वहाँ का पुस्तकालय था। पुस्तकालय अपने आप में एक गगनचुंबी इमारत थी। इस नौ मंजिले अट्टालिका में हर विषय के ग्रंथ संग्रहित थे। लगभग तीन लाख पुस्तकें थीं। यह पुस्तकालय 'रत्नरंजक', 'रत्नोदधि' और 'रत्नसागर' नामक भवनों में विभाजित था।

ज्यादातर बड़े-बड़े भवन और कक्ष महाविहार के पूर्वी क्षेत्रों में बने हुए थे। जिसमें आचार्य अपने शिष्यों को बिठाकर उपदेश करते थे। पूर्वी क्षेत्र में हीं छात्रावास था। छात्रावास हेतु 300 कक्ष बनाए हुए थे। प्रत्येक कक्ष में छात्रों की उपयोगी वस्तुएँ जैसे पुस्तक, दीपक इत्यादि रखने के लिए आले बने हुए थे। छात्रावास के मध्य क्षेत्र में एक आँगन था, वहाँ बुद्ध की मूर्ति स्थापित थी। यह साधना व प्रार्थना कक्ष के रूप में प्रयोग होता था। उत्तर से दक्षिण की ओर मठों की कतार थी और उनके सामने कई भव्य स्तूप और मंदिर थे। मंदिरों में भी बुद्ध की मूर्तियाँ थीं। नालंदा महाविहार में अलग-अलग स्थानों पर कई छोटे-बड़े सरोवर भी थे, जो महाविहार के सौंदर्य में वृद्धि कर रहे थे। फुलवारी, पीपल के वृक्ष और उपवन भी महाविहार की भव्यता और सुंदरता को निखार रहे थे।

भट्टाचार्य महाविहार के मुख्य द्वार से प्रवेश करते हैं और दोनों बौद्ध भिक्षु उन्हें लेकर कुलपति के समक्ष प्रस्तुत होते हैं। महाविहार का संपूर्ण नियंत्रण कुलपति के हाथ में होता था। कुलपति महाविहार की सारी व्यवस्था महाविहार में बनी दो मुख्य समितियों के सहयोग से देखते थे। दो परामर्शदात्री मुख्य समितियों में एक समिति शिक्षा तथा पाठ्यक्रम संबंधी कार्य देखती थी तथा दूसरी समिति आर्थिक एवं प्रशासनिक व्यवस्थाओं को देखती थी। महाविहार को महाराज हर्षवर्धन के द्वारा 200 गाँव दान में दिए गए थे, जिसकी उपज से महाविहार का दाना-पानी चलता था। इसी से छात्रों के भोजन, कपडे व आवास की व्यवस्था पूर्ण होती थी। कुलपति के कक्ष के द्वार पर हमेशा दो सशस्त्र सैनिक द्वारपाल के रूप में खड़े रहते थे।

नालंदा महाविहार के कुलपति बौद्धाचार्य धर्मपाल के समक्ष प्रस्तुत होकर बौद्ध भिक्षुओं ने उनका परिचय कुमारिल भट्टाचार्य से करवाया। धर्मकीर्ति से हुए शास्त्रार्थ और भट्टाचार्य की विद्वता का गुणगान भी किया। भिक्षुओं ने भट्टाचार्य की बौद्ध दर्शन के प्रति तीव्र जिज्ञासा की महिमा भी गाई। कुलपति धर्मपाल ने आचार्य कुमारिल भट्ट से पूछा, "कुमारिल भट्ट! क्या आप बौद्ध दर्शन के प्रति जिज्ञासु हैं?" भट्टाचार्य ने उत्साहपूर्वक उत्तर देते हुए कहा, "जी आचार्य, वर्षों की जिज्ञासा है, बाल्यावस्था से ही उत्सुक हूँ, नालंदा आने और बौद्ध ग्रंथों का अध्ययन करने हेतु।"

"लेकिन कुमारिल भट्ट, तुम्हें इसके लिए प्रवज्या ग्रहण करना होगा। आजीवन भिक्षु बने रहने और बौद्ध मार्ग पर चलने का संकल्प लेना होगा।" आचार्य धर्मपाल ने कहा। भट्टाचार्य प्रसन्न होकर कहते हैं, "अवश्य आचार्य, मैं इसके लिए तैयार हूँ।"

आचार्य धर्मपाल भट्टाचार्य की तीव्र जिज्ञासा देख अति प्रसन्न होते हैं। प्रसन्नता पूर्वक भट्टाचार्य से कहते हैं, "कुमारिल भट्ट, मैं तुम्हारी उत्सुकता देख बहुत प्रसन्न हूँ, मैं स्वयं अपने निरीक्षण में तुम्हारी शिक्षा-दीक्षा प्रारंभ करवाऊँगा। कल प्रात: बौद्ध सभा में मेरे समक्ष उपस्थित रहना, उसी समय तुम्हारा मुंडन होगा और तुम्हें चीवर दिए जाएँगे और भिक्षा पात्र धारण कर

तुम्हें शपथ ग्रहण करना होगा। जाओ तब तक नालंदा महाविहार में भ्रमण कर लो और अन्य आचार्यों से मिलो-जुलो।"

आचार्य कुमारिल भट्ट कुलपति की आज्ञा प्राप्त करके नालंदा-भ्रमण पर निकल पड़ते हैं और अन्य आचार्यों एवं छात्रों से वार्त्तालाप का अवसर भी प्राप्त होता है। उस समय नालंदा विश्वविद्यालय में कुल 10,000 छात्र पढ़ते थे और 2000 आचार्य उन छात्रों को पढ़ाते थे। उस समय तक महाविहार में छात्रों और आचार्यों के मध्य यह समाचार प्रसारित हो चुका था कि आचार्य कुमारिल भट्ट, आचार्य धर्मकीर्ति से शास्त्रार्थ में पराजित होकर आए हैं। कुछ आचार्य कुमारिल भट्ट से उन्हें एक पराजित समझकर ही मिलते और कुछ उन्हें विद्वान् समझकर मिलते; लेकिन जो भी उनसे मिलता, उनसे प्रभावित हुए बिना नहीं रह पाता। कुछ आचार्य देखकर बहुत हैरान भी थे कि भट्टाचार्य के मुख पर पराजय का कोई भाव नहीं था! उनके व्यक्तित्व से उत्साह और प्रेम की तरंगे प्रवाहित हो रही थीं। उनके वाणी में ओज और मस्तक पर तेज था, जो प्रत्येक मिलने वाला देख पाता था। आचार्य कुमारिल भट्ट स्वयं भी नालंदा के शांत एवं शुद्ध वातावरण से प्रभावित थे। उनका मन-हृदय भी चिरकाल से नालंदा-दर्शन के लिए व्याकुल था। मिलने वाले आचार्य और छात्र भी अपने व्यवहार में बहुत शांत और शालीन थे। भट्टाचार्य मन-ही-मन सोंच रहे थे कि जयमंगल ग्राम में मिलने वाले बौद्ध भिक्षुओं के आचरण और नालंदा में रहने वाले बौद्ध भिक्षुओं के आचरण में बहुत अंतर है। भट्टाचार्य को नालंदा का परिवेश बिल्कुल बौद्ध विचारधारा के अनुकूल दिखाई पड़ रहा था। नालंदा महाविहार में प्रवेश के पूर्व भट्टाचार्य के मन में जो नकारात्मक विचार थे, वो अब नालंदा के पवित्र वातारण में विलुप्त हो चुके थे। अब हृदय में बौद्ध-धम्म के प्रति श्रद्धा और संकल्प विकसित चुका था। लेकिन फिर भी मन रूपी कक्ष के किसी कोने में एक प्रश्न दबा छुपा उपेक्षित अवस्था में अवश्य पड़ा हुआ था कि आखिर वो कौन सा कारण है, जो बाहर घुमने वाले बौद्ध प्रचारक इतने दंभी और कपटी हो जाते हैं? भट्टाचार्य के मन में यह प्रश्न ईसी प्रकार से था, जैसे विवाह के उपरांत विवाह के वस्त्र और आभूषण

आलमारी के किसी कोने में दबाकर रख दिए जाते हैं कि जब अगली बार घर–परिवार में कोई विवाह आयोजन हुआ तो इसे निकालेंगे, लेकिन रखे तो बड़े सँभालकर ही जाते हैं! भट्टाचार्य का मन भी चुपचाप, बिना कोई प्रतिक्रिया दिए अपने प्रश्नों का उत्तर ढूँढ़ रहा था। लेकिन साथ ही भट्टाचार्य की आत्मा आध्यात्मिक साधना की प्यासी थी, जो नालंदा के आध्यात्मिक स्पंदन में आकर तृप्त हो रही थी। बौद्ध संप्रदाय में जो भी विकृतियाँ विकसित हो रही थीं, नालंदा उसका साक्षी था। सम्राट् अशोकवर्धन से हर्षवर्धन तक के इतिहास का साक्षी था, नालंदा हर काल–परिस्थिति में निष्पक्ष खड़ा था।

अगले दिन प्रातः काल कुलपति के सभागार में मुख्य आचार्यों की उपस्थिति में भट्टाचार्य बौद्ध धम्म में प्रवज्या ग्रहण करते हैं। भिक्षु वेश धारणकर और हाथ में भिक्षा पात्र लेकर आजीवन भिक्षु बने रहने और बौद्ध मत के अनुयायी बने रहने की शपथ लेते हैं। अब भट्टाचार्य के समक्ष एक महान् लक्ष्य था—बौद्ध शास्त्रों का अध्ययन। भट्टाचार्य ने मीमांसा के साथ सभी वैदिक शास्त्र सांख्य, योग, न्याय, वैशेषिक और वेदांत का गंभीर अध्ययन किया था, लेकिन वो मुख्य रूप से मीमांसा शास्त्र के ही आचार्य थे। अब अवसर था, बौद्ध ग्रंथ सागर में डुबकी लगाने और और बौद्ध दर्शन सार को समझने का। एक–एक करके भट्टाचार्य कई बौद्धाचार्यों से अलग–अलग विषयों पर अध्ययन प्रारंभ करते हैं। यद्यपि सर्वप्रथम बौद्ध मत की मूल विचारधारा का अध्ययन कुलपति आचार्य धर्मपाल से ही करते हैं। अतः उस समय स्वयं धर्मपाल ही भट्टाचार्य के गुरु माने जाते हैं। आचार्य धर्मपाल महायान परंपरा के योगाचार मत से निरालंबनवाद के आचार्य थे।

संपूर्ण बौद्ध दर्शन का अध्ययन मात्र एक वाक्य से प्रारंभ होता था कि, "यह संसार दुःखमय है।" लेकिन मीमांसकों का विचार था कि संसार मात्र दुःखमय नहीं, अपितु सुखमय भी है और पुण्य कर्मों से इसे और अधिक सुखमय और उत्कृष्ट बनाया जा सकता है। ऐसा नहीं कि कुमारिल भट्ट ने यह वाक्य पहली बार सुना था। सांख्य शास्त्र अध्ययन में सांख्य आचार्यों से भी यह वाक्य उन्होंने सुना था। सांख्य शास्त्र के अनुसार भी संसार को

दुःखमय बताया गया है और निवृत्ति के द्वारा कैवल्य-प्राप्ति से दुःखों का अंत बताया गया है (सांख्य सूत्र १/१)। प्रारंभ में कुमारिल भट्ट को बौद्ध विचारधारा और सांख्य विचारधारा में समानता नजर आई। लेकिन भट्टाचार्य यह जानते थे कि बौद्ध मत और वैदिक मत एक-दूसरे के परस्पर विरोधी हैं, तो निश्चित ही विचारधारा में भी भिन्नताएँ होंगी। अब भट्टाचार्य का लक्ष्य उन विभिन्नताओं को ही गंभीरता से ढूँढ़ना था। और भट्टाचार्य अपने इस अनुसंधान में एक-एक करके सभी बौद्ध-दर्शन ग्रंथों का अध्ययन प्रारंभ कर देते हैं। इस बीच कौन उनसे कैसा व्यवहार करता है और कौन प्रेम देता है और कौन द्वेष, इन सब बातों से चित्त को मुक्त करके भट्टाचार्य अपनी सारी एकाग्रता अध्ययन में लगा देते हैं। बौद्ध भला वेद विरोधी क्यों हैं? ऐसी कौन सी विचारधारा है, जो बौद्धों को वेद विरोधी बनाती है? भट्टाचार्य बौद्ध और वैदिकों के मध्य मतभेद का समाधान ढूँढ़ने में लग जाते हैं। इस प्रकार से भट्टाचार्य को नालंदा-महाविहार में तीन वर्ष बीत गए।

इन तीन वर्षों में भट्टाचार्य ने तीन पिटकों, हीनयान परंपरा के वैभाषिक मत से बाह्यार्थ प्रत्यक्षवाद और सौतांत्रिक मत से बह्यार्थानुमेयवाद, महायान परंपरा के योगाचार मत से विज्ञानवाद और माध्यमिक मत से शून्यवाद का अध्ययन किया।

विचारधारा के अधार पर बौद्ध संप्रदाय में दो मुख्य शाखाएँ थीं—हीनयान और महायान। वैशाली के द्वितीय बौद्ध संगीति में विरोधी विचारधारा के लोगों को थेरवादियों ने बाहर निकाल दिया। बाहर निकलने वालों ने स्वयं के संगठन को 'महायान' कहा और और पहले से उपस्थित संगठन को 'हीनयान' कहा। नालंदा में मुख्य रूप से महायान संप्रदाय का ही वर्चस्व था। जो वैसे भी बुद्ध की मूल विचारधारा के विरोधी माने जाते थे, लेकिन विदेशों में महायान का प्रचार ही अधिक हुआ। महायानियों ने ही बुद्ध को भगवान् का रूप दिया और उनकी प्रार्थना पूजा शुरू कर दी। उससे पहले हीनयानी, जो बुद्ध के काल से ही चले आ रहे थे, उन्होंने बुद्ध को सर्वदा एक योगी व उपदेशक के रूप में स्वीकार किया। महायान समर्थकों ने ही बुद्ध को

मंदिर में बिठा उनकी पूजा प्रार्थना शुरू करवाई, प्रार्थना हेतु स्तूपों का निर्माण करवाया, जो कि बुद्ध की मूल विचारधारा के विरुद्ध था। महायान समर्थकों ने ही अवतारवाद को भी मान्यता दी। बाद में आचार्य नागार्जुन ने 'माध्यमिक' और असंग ने 'योगाचार' मत की स्थापना कर महायान को थोड़ा विकसित रूप प्रदान किया। परंतु यह सब बहुत द्वंद्वात्मक था और बुद्ध की मूल साधना पद्धति से बहुत भिन्न हो गया था।

धीरे-धीरे काल-परिवर्तन के साथ महायान संप्रदाय से एक और शाखा विकसित हो गई और वो थी वज्रयान। वज्रयान के माध्यम से कई निषिद्ध कर्मकांड भी शुरू हो गए। मारण, मोहन, वशीकरण, उच्चाटन और ताड़न जैसी कई तामसी तांत्रिक क्रियाओं का प्रयोग भी शुरू हो गया। और भी कई विकृत प्रचलन और प्रथाओं ने भिक्षु समाज में स्थान बना लिया था। तीन वर्षों में भट्टाचार्य ने यह सब देख लिया था और बहुत कुछ अध्ययन भी कर लिया था। भट्टाचार्य के मन में बौद्ध दर्शन के प्रति अब पहले की भाँति श्रद्धा नहीं रह गई। बौद्ध दर्शन विषयों का अध्ययन करने के बाद आचार्य कुमारिल अब अच्छी तरह से समझ गए थे कि बौद्ध दर्शन का कोई भी विषय वेदों से अलग नहीं है। वैदिक सूत्रों के माध्यम से सभी विषयों को रखा जा सकता है। परंतु, बौद्धाचार्य वर्ग जानबूझकर स्वार्थवश ही वेदों की निंदा करते थे। साथ ही बौद्ध आचार्यों के जीवन में राजनितिक महत्त्वाकांक्षा, विलासिता और दंभ भी नजर आता था।

एक दिन भट्टाचार्य किसी गंभीर विषय पर अध्ययन कर रहे थे। अचानक महाविहार के प्रांगन में कोलाहल का माहौल पैदा हो गया, जैसे कुछ लोग आपस में झगड़ रहे हों। भट्टाचार्य अपने कक्ष से बाहर आए और देखने लगे, कुछ लोग एक आचार्य को अपमानित कर रहे थे और उनके साथ मार-पीट भी कर रहे हैं, फिर सब ने मिलकर आचार्य महोदय के मुख पर कालिख पोत दी। ऐसा व्यवहार किसी आचार्य के साथ हो, ये उचित नहीं है। भट्टाचार्य ने अपने कक्ष-साथी से कहा, "चलो आचार्य की सहायता करें और उनसे सारा प्रकरण जानें।"

भट्टाचार्य ने आचार्य महोदय को सहारा देते हुए पूछा, "आचार्य, आपके साथ ऐसा व्यवहार क्यों किया गया?" उस समय आचार्य बहुत हताश, निराश, अपमानित हो विक्षिप्त अवस्था में थे। भट्टाचार्य ने उनकी सहायता करते हुए उनके मुख को धोया और वस्त्रों को भी धोया। आचार्य को विधिवत् स्नान करवाकर आचार्य को सम्मानपूर्वक सामान्य मानसिक अवस्था में आने के लिए थोड़ा समय दिया। आचार्य जब सामान्य अवस्था में आ गए तो भट्टाचार्य ने उनसे पूछा, "आचार्य, आप तो हीनयान परंपरा से प्रत्यक्षवाद के आचार्य हैं। फिर आपके साथ ऐसा व्यवहार क्यों? आपको इतना अपमानित क्यों किया गया? क्या आपसे कोई अपराध हुआ है? क्या आपने कोई चोरी की है, या फिर परस्त्री-गमन जैसा कोई पाप किया है?"

"हाँ कुमारिल भट्ट, मैं प्रत्यक्षवाद का आचार्य धर्ममित्र हूँ। मैंने कोई पाप नहीं किया है कुमारिल और किसी पाप कर्म के लिए नालंदा में ऐसे दंड देने का कोई प्रावधान नहीं है, जैसे मुझे दिया गया। चोरी करना, परस्त्री-गमन जैसे अपराधों के लिए यहाँ ऐसे दंड नहीं दिया जाता। ऐसे मामलों में दंड देने का अधिकार यहाँ के प्रशासन को है। लेकिन जो प्रशासन के चापलूस और चाटूकार हैं, वो तो सारे पाप करके भी बड़े आराम और सम्मान से जीवन व्यतीत करते हैं! मेरा अपराध तो बस, इतना है कि मैं शास्त्रार्थ में पराजित हुआ हूँ और वो भी छलपूर्वक! उलटे-सीधे तर्क देकर सामने वाले को कैसे नीचा दिखाया जाए, बस यहीं तक नालंदा के शास्त्रार्थ की सीमा होती है। जो इस कार्य में जितना निपुण है, वह उतना ही प्रतिष्ठित आचार्य है। जो तीन विषयों की व्याख्या कर पाते हैं, उन्हें कई सेवक और वाहन के रूप में एक हाथी दिया जाता है। जो छह विषयों की व्याख्या करते हैं, उन्हें सशस्त्र रक्षक दल और वाहन हेतु कई हाथी, घोड़े दिए जाते हैं। जो इनसे भी आगे हों, तर्क-वितर्क में बहुत निपुण हों, शास्त्रार्थ विजयी हों, उन्हें और अधिक सुविधाओं के साथ स्वर्ण, चाँदी, हीरे और माणिक आदि रत्नों के आभूषण भी दिए जाते हैं। क्या तुमने देखा नहीं, यहाँ कई प्रतिष्ठित आचार्य स्वर्ण आदि रत्नों के भारी-भरकम आभूषण पहने होते हैं! कभी-कभी आत्मचिंतन करने

से लगता है, जैसे हम कभी उस धम्म से जुड़ ही नहीं पाए, जिसके संस्थापक स्वयं शाक्यमुनि थे! नालंदा महाविहार में तो ऐसा प्रतीत होता है, जैसे सारे बुद्ध विरोधी बुद्ध जैसा वेश धारण करके समाज को लूटने में लगे हुए हैं! (थोड़ा रुक कर, लंबी साँस लेते हुए), इसलिए हे कुमारिल भट्ट! तुम्हारी ख्याति मैंने मीमांसा आचार्य के रूप में सुनी है। आज तुमने जो मुझे सम्मान और सहायता प्रदान की है, मैं उसके लिए ऋणी रहूँगा। अब और अधिक समय मैं यहाँ रुकना नहीं चाहता। मुझे अनुमति दो, अब मैं नालंदा महाविहार का त्यागकर कहीं और जाकर बुद्ध के बताए साधनापथ में लीन होना चाहता हूँ।"

आचार्य धर्ममित्र ऐसा कहते हुए नालंदा के त्याग हेतु अग्रसर होते हैं। परंतु, भट्टाचार्य उन्हें रोकते हुए कहते हैं, "लेकिन आचार्य, आप अपनी शिकायत प्रशासनिक अधिकारीयों को भी तो कर सकते हैं कि आप के साथ ऐसा दुर्व्यवहार हुआ है! (आचार्य धर्ममित्र 'ना' में सिर हिलाते हुए अपने कदमों को तेजी से आगे बढ़ाते हैं।) "तनिक रुकिए आचार्य! अगर प्रशासनिक अधिकारी नहीं तो स्वयं कुलपति महोदय आचार्य धर्मपाल के समक्ष अपनी उलाहना प्रस्तुत कर सकते हैं। मुझे पूर्ण विश्वास है कि वो अवश्य न्याय करेंगे। अगर आप कहेंगे तो मैं भी आपके साथ चल पड़ूँगा"

आचार्य धर्ममित्र व्यंगात्मक रूप से हँसते हुए बोले, "अच्छा सुझाव है तुम्हारा! अगर साँपों और बिच्छुओं से बचना हो तो अजगर की शरण में चले जाओ! और वो अजगर मुझे ऐसा निगलेगा कि कुमारिल, तुम मेरी अस्थियाँ भी ढूँढ़ोगे तो नहीं मिलेंगी। मुझे कहाँ गायब कर दिया जाएगा, तुम्हें लाख प्रयास करने पर भी पता नहीं चलेगा। कुमारिल भट्ट, तुम अभी यहाँ नए हो। और जब से आए हो, तब से अध्ययन में ही लगे हुए हो। निश्चित ही तुम भी कोई प्रस्तिष्ठित आचार्य बनना चाहते हो। तुम्हें मेरी बातें अभी समझ में नहीं आएँगी, थोड़ा समय अभी और व्यतीत होने दो। तुमने अभी नालंदा की फुलवारी और सरोवर देखें हैं, यहाँ के पुस्तकालय और छात्रावास देखें हैं, परंतु नालंदा में कुछ काली और गुमनाम गलियाँ भी हैं, जिसके बारे में सब नहीं जानते।" कुमारिल भट्ट ने टोकते हुए कहा, "लेकिन आचार्य, मुझे

आचार्य धर्मपाल पर विश्वास है। मैं नित्य उनसे मिलता रहता हूँ। इतने बड़े पद पर आसीन होने पर भी उनमें दंभ नहीं है। वो सर्वदा मुझे पर्याप्त समय देते हैं। मुझे पूर्ण विश्वास है कि मुझे अपनी बात उनके समक्ष रखने में कोई कठिनाई नहीं होगी।"

आचार्य धर्ममित्र ने फिर व्यंग्यात्मक रूप से हँसते हुए कहा, "अच्छा! हा हा हा! तो कुमारिल, तुम्हें लगता है कि आचार्य धर्मपाल तुम से प्रेम करते हैं और तुम से प्रभावित भी हैं, जो तुम्हें विशेष समय देते हैं? अरे मुर्ख! वो तुम पर संदेह करते हैं, इसलिए तुम्हारी गतिविधियों पर ध्यान बनाए रखने के लिए तुम्हें समय देते हैं। और तुम्हें लगता है कि यह गुरु-शिष्य का प्रेम है! क्या तुम भूल गए कि धर्मकीर्ति ने किस प्रकार छल और कपट से तुम्हें शास्त्रार्थ में पराजित किया था? वो भी तो धर्मपाल का ही परम शिष्य है!"

धर्ममित्र ने एक लंबी गहरी साँस भरी और साँस छोड़ते हुए उदासीन भाव से बोले, "कुमारिल, अभी तुम बहुत भोले हो, तुम्हें अभी बहुत कुछ जानना है। इससे पहले कि मेरे साथ कोई दूसरी अनहोनी हो, मैं यहाँ से दूर निकल जाना चाहता हूँ। हाँ, मेरे जाने के बाद तुम्हें मेरे बारे में बहुत कुछ सुनने को मिलेगा। लेकिन मैं उनके बारे में चिंतित नहीं होता। मेरा हृदय भलीभाँति जानता है कि मैंने कितने पाप किए हैं और कितने पुण्य! इसलिए मैं अपने साधना पथ पर आगे बढ़ना चाहता हूँ।" आचार्य धर्ममित्र ऐसा कहते हुए शीघ्रता से नालंदा महाविहार के बाहर जाने लगे और जाते हुए कुमारिल भट्टाचार्य के मन में हजारों प्रश्न छोड़ गए।

आचार्य कुमारिल भट्ट बहुत गंभीरता से सोचने लगे कि आचार्य धर्ममित्र बहुत भयभीत थे, इतने भयभीत, जैसे उनकी हत्या होने वाली हो! आखिर क्या है ये सब? और क्यों है? कुमारिल भट्ट के मन में बहुत सारे प्रश्न थे। नालंदा में आने के बाद कुमारिल का मन बौद्ध धम्म के प्रति सकारात्मक हो गया था। और वो स्वयं को भाग्यशाली समझ रहे थे कि उन्हें बौद्ध दर्शन का गहन अध्ययन करने का अवसर प्राप्त हुआ! और नालंदा महाविहार में इस प्रकार के अध्ययन हेतु सकारात्मक वातावरण है। परंतु अब कुमारिल भट्ट

को नालंदा महाविहार का कुछ नकारात्मक दृश्य भी दिखना शुरू हो गया था। भट्टाचार्य के मन में बौद्धाचार्यों के प्रति जो नकारात्मकता पहले थी, वो बस, कौतुहलवश ही थी। लेकिन नालंदा में मिले प्रेम और मान–सम्मान ने उस नकारात्मकता को नष्ट कर दिया था। उनके मन में नालंदा के प्रति अब बहुत ही सम्मान था। उन्हें लगता था कि नालंदा के आचार्य और छात्र उनका बहुत सम्मान करते हैं। स्वयं कुलपति महोदय उनका सम्मान करते हैं और उन्हें पर्याप्त समय देते हैं। जब वो कोई विचार प्रस्तुत करते हैं, तो लोग उनकी अवहेलना नहीं करते। लेकिन अब एक संशय का काँटा था, फिर जो धर्ममित्र बताकर गए, वो सब क्या है?

अब तक आचार्य कुमारिल भट्ट बौद्ध दर्शन के छह विषयों पर अध्ययन कर चुके थे। भट्टाचार्य का मन अब नालंदा में लग गया था, परंतु वेदों की प्रतिष्ठा स्थापित करना ही तो उनका लक्ष्य था और यह उनको सदा स्मरण रहता था। बौद्ध दर्शन विषयों का अध्ययन करने के बाद आचार्य कुमारिल भट्ट अच्छे से समझ गए थे कि बौद्ध विचारधारा वेदों से अलग नहीं है। लेकिन बौद्धाचार्य उसे बुद्ध की विचारधारा बताकर पढ़ाते हैं और वेदों का नाम तक नहीं लेते! भट्टाचार्य सोच रहे थे कि वो एक ग्रंथ की रचना करेंगे, जिसमें बौद्ध दर्शन और वैदिक शास्त्रों के बीच एकरूपता होगी और उस ग्रंथ से यह प्रमाणित हो जाएगा कि वेदों से परे कुछ भी नहीं! फिर बिना वेदों का गहन अध्ययन किए वेदों की निंदा उचित नहीं है। उस समय भट्टाचार्य को लग रहा था कि वो अपने विचार नालंदा के बौद्धाचार्यों के समक्ष रखेंगे और उनके विचारों को सहजता से स्वीकार कर लिया जाएगा। आचार्य कुमारिल भट्ट को नालंदा की रहस्यमयी स्थिति का तब कोई भान नहीं था।

अगले ही दिन प्रातः काल छात्रों और आचार्यों की एक सभा बुलाई गई। स्वयं आचार्य धर्मपाल इस सभा को संबोधित कर रहे थे। धर्मपाल ने भाषण देना शुरू किया, “प्रिय छात्रो और आचार्यो, आज पुनः हम सब को समझने की आवश्यकता है कि नालंदा विश्वविद्यालय का छात्र होना बहुत सौभाग्य की बात है और आचार्य होना तो उससे भी अधिक सौभाग्य की बात है।

लेकिन अगर कोई इस सौभाग्य को प्राप्त करने के बाद भी महाविहार की छवि को धूमिल करने का प्रयास करे। तो वो स्वयं को ही कलंकित करेगा और वह व्यक्ति नालंदा का शत्रु ही माना जाएगा। आज एक आचार्य धर्ममित्र ने कुछ ऐसा ही प्रयास किया है। धर्ममित्र ने नालंदा महाविहार जैसे पवित्र स्थान पर रहते हुए आचार्य पद पर प्रतिष्ठित होकर भी उसने मद्यपान, परस्त्री-संग जैसे घृणित पाप कर्म किए। अगर वो अपना दोष मान लेता तो हम उसे क्षमा कर देते, परंतु उसका पाप मात्र यहीं तक सिमित नहीं था, उसने शाक्य मुनि बुद्ध का भी विरोध किया। उस दुष्ट पापी ने हमारे आराध्य बुद्ध के लिए अपशब्दों का प्रयोग किया। उसने भगवान् बुद्ध के मंदिरों और मूर्ति स्थापना का भी विरोध किया। बुद्ध स्वयं बड़े-से-बड़े पापी को क्षमा दान देते थे, उसे सुधरने का अवसर देते थे। बुद्ध के उपदेशों का अनुसरण करते हुए हमने भी कईयों को क्षमा दान दिया है। परंतु अगर कोई बुद्ध विरोधी हो जाए, गुरु-द्रोही हो जाए, तो भला ऐसे पापी को कैसे क्षमा किया जाए? लेकिन फिर भी हमने बहुत प्रयास किया, उसे बार-बार अवसर दिया, लेकिन उस मूर्ख ने हमारी विनम्रता को हमारी कमजोरी समझ लिया। (धर्मपाल अत्यधिक उत्तेजना और क्रोध में बोल रहे थे) तो अब हम क्या करें कैसे क्षमा कर दें ऐसे महापापी को? उस निर्लज्ज ने बुद्धमूर्ति पर चढ़े स्वर्ण आभूषणों की चोरी की। अब आप ही बताएँ कैसे क्षमा कर दें ऐसे अपराधी को? उसे कठोर से कठोर दंड मिलना चाहिए कि नहीं?"

धर्मपाल के उत्तेजक भड़काऊ भाषण को सुन सबका मन धर्ममित्र के प्रति घृणा भाव से भर गया और धर्मपाल के चापलूस छात्रों का समूह और आचार्य वर्ग एक स्वर में बोल उठा, "मृत्यु दंड! मृत्यु दंड! मृत्यु दंड!"

धर्मपाल ने फिर पूरे आवेश के साथ बोलना शुरू किया—"लेकिन हम बुद्ध के अनुयायी हैं, अहिंसा मार्गी हैं, हम ऐसा कदम नहीं उठा सकते और उस दुष्ट, अक्षम्य ने तो नालंदा का ही त्याग कर दिया। हम उसे कोई दंड सुनाएँ, उससे पूर्व ही वह भगोड़ा भाग चुका है। और बाहर जाकर नालंदा विश्वविद्यालय, यहाँ के प्रशासन और कुलपति के विरोध में अपशब्द बोल

रहा है। मुझे सूचना मिली है कि वह अक्षम्य अपराधी, महापापी बुद्ध-निंदा भी कर रहा है। बुद्ध के अहिंसा उपदेशों ने हमारे हाथ बाँध रखे हैं (और उत्तेजित होते हुए), लेकिन मुझे पूर्ण विश्वास है। आज नहीं तो कल, बुद्ध प्रेमियों के हृदय को आहत करने वाले उस महापापी को उसके अपराध का दंड अवश्य मिलेगा।"

फिर सब एक साथ बोल पड़े, "अवश्य मिलेगा! अवश्य मिलेगा! अवश्य मिलेगा!"

"नमो बुद्धाय! नमो बुद्धाय! नमो बुद्धाय!"

कहकर धर्मपाल ने सभा को विसर्जित किया।

अहिंसा के नाम पर हिंसा कैसे फैलानी है, इस विद्या में धर्मपाल पुर्णतः निपुण थे। अपने भड़काऊ भाषण से धर्मपाल ने ऐसा माहौल बना दिया कि अगर कोई आचार्य धर्ममित्र की हत्या भी कर दे, तो पूरा समूह उस हत्यारे के समर्थन में खड़ा हो जाए! आचार्य कुमारिल भट्ट यह सब सुनकर बहुत आहत थे। धर्मपाल के भाषण को सुनकर उनका मन भी मानने लगा था कि आचार्य धर्ममित्र निश्चित ही अपराधी रहे होंगे! लेकिन विवेक और बुद्धि इस बात को पूर्णतः स्वीकार करने के लिए तैयार नहीं थी। कुमारिल भट्ट मन-ही-मन गंभीर चिंतन में खो गए। सोचने लगे, स्वयं से ही बातें करने लगे, 'चाहे कुछ भी हो आचार्य धर्मपाल के भाषण में एक बात तो पूर्णतः मिथ्या है कि आचार्य धर्ममित्र ने बुद्ध मंदिर से बुद्ध को अर्पित स्वर्ण आभूषणों की चोरी की है। मैंने स्वयं उन्हें महाविहार से बाहर जाते हुए देखा है। उनके साथ मात्र उनके मैले-कुचैले वस्त्रों के अलावा कुछ भी नहीं था। उनके पास तो कोई भिक्षा पात्र भी नहीं था, वो खाली हाथ ही जा रहे थे। फिर ऐसा भी हो सकता है कि उनके माथे पर जितने भी आरोप मढ़े जा रहे हों वो सब भी झूठे ही रहे हों।"

लेकिन अगले ही क्षण कुमारिल भट्ट के मन में विचार आया, 'नहीं, ऐसा भी नहीं हो सकता! कुलपति के पद पर आसीन हो आचार्य धर्मपाल कभी ऐसा नहीं करेंगे। हाँ, ये हो सकता है कि उन्होंने कुछ बातों को बढ़ा-चढ़ा

के बोला हो! लेकिन पूर्णतः मिथ्या भाषण दिया हो, ऐसा कोई नहीं मानेगा। लेकिन आचार्य धर्मपाल ने जो कुछ भी बोला, वह बहुत भड़काऊ था और श्रोताओं के मन में हिंसा और घृणा की भावनाओं को पैदा करने वाला था।'

कुमारिल भट्ट अब बहुत बड़े उलझन में उलझ चुके थे। उन्हें अब कुछ भी स्पष्ट समझ में नहीं आ रहा था। कभी आचार्य धर्ममित्र अपराधी लगते, तो कभी आचार्य धर्मपाल अपराधी लगते! एक मास बाद कुमारिल भट्ट को एक समाचार प्राप्त हुआ कि आचार्य धर्ममित्र की मृत्यु हो चुकी है। उनका शव राजगृह के जंगलो में मिला है। बताया गया कि उनकी मृत्यु सर्प दंश से हुई है। अब यह सर्प दंश था या कोई षडयंत्र, यह निश्चित करना भट्टाचार्य के लिए कठिन कार्य था।

भट्टाचार्य के समक्ष उनका लक्ष्य भी था। वो एक ऐसी ग्रंथ रचना में लगे हुए थे जिससे यह सहजतापूर्वक प्रामाणित हो जाए कि बौद्ध दर्शन की विभिन्न विचारधारा वेदों से ही निकली हैं, लेकिन बौद्धाचार्य और बौद्ध भिक्षु अज्ञानतावश ही वेदों का विरोध या वेदों की निंदा करते हैं। कुमारिल भट्ट ने अपना ध्यान नकारात्मक विषयों से हटाकर अपनी ग्रंथ रचना के कार्य में लगा लिया। आचार्य कुमारिल भट्ट, यह भली-भाँति जानते थे कि अगर इस ग्रंथ रचना में उन्हें सफलता मिलती है, तो भारतीय समाज में एक नई क्रांति आ जाएगी।

□

षड्यंत्र

नालंदा महाविहार में रहते हुए आचार्य कुमारिल भट्ट को अब चार वर्ष बीत चुके थे। इन चार वर्षों में उन्होंने बौद्ध दर्शन का गहन अध्ययन किया था। साथ-ही-साथ बौद्ध दर्शन और वैदिक शास्त्रों के मध्य समन्वय भी स्थापित कर लिया था। भट्टाचार्य निरंतर उस ग्रंथ को लिखने में व्यस्त रहते, जिसके माध्यम से उन्हें यह प्रमाणित करना था कि बौद्ध विचारधारा भी वेदों से ही निकली है। वेद सबसे पुराने ग्रंथ हैं और अपौरुषेय हैं। ऐसा कोई विषय नहीं, जिसके ऊपर वेदों में चर्चा नहीं मिलती हो। कुमारिल भट्ट चाहते थे कि बौद्धों को यह बात समझाई जाए। उन्हें पूरा विश्वास था कि नालंदा के बौद्धाचार्य और छात्र भी उनकी बात अवश्य सुनेंगे। कुमारिल भट्ट ने नालंदा में एक विद्वान् और सद्चरित्र बौद्ध भिक्षु की छवि बनाने में सफलता प्राप्त कर ली थी। वो एक अच्छे लेखक और कुशल वक्ता के रूप में भी जाने जाते थे। कुलपति आचार्य धर्मपाल से समीपता भी उन्हें छात्रों और आचार्यों के मध्य विशेष स्थान प्रदान करती थी। कुमारिल भट्ट के मन में भी आचार्य धर्मपाल के प्रति विशेष सम्मान था, क्योंकि आचार्य धर्मपाल ने प्रारंभ से ही कुमारिल भट्ट को अपने सान्निध्य में रखा था। बौद्ध दर्शन के अध्ययन हेतु आवश्यक पुस्तकें और आवश्यक वस्तुएँ स्वयं आचार्य धर्मपाल ने ही उपलब्ध करवाई थीं। आचार्य धर्मपाल यही चाहते थे कि कुमारिल भट्ट बौद्ध दर्शन का गहन अध्ययन करके बौद्ध मत के प्रचार हेतु विदेश-यात्रा पर जाएँ। नालंदा में कई विदेशी छात्र भी पढ़ते थे, जैसे चीन, मंगोलिया, तुर्क, फारस,

कोरिया, जापान और इंडोनेशिया के छात्र। कई बार इन देशों के शासक वर्ग के प्रतिनिधि और व्यापारी भी पर्यटक के रूप में नालंदा घूमने आते थे। और इस कारण से नालंदा के आचार्यों और कुलपति के संबंध इन विदेशी लोगों से भी रहते थे। नालंदा की यह विशेषता नालंदा को एक राजनीतिक सामर्थ्य भी प्रदान करती थी। साथ-ही-साथ नालंदा की यह विशेषता भारतीय राजनीति के लिए एक संकट भी पैदा करने का सामर्थ्य रखती थी। यद्यपि नालंदा का छात्र-समूह एवं साधारण आचार्य-समूह इन सब तथ्यों से अनभिज्ञ ही रहता था। अगर कोई इन विषयों पर जानकारी प्राप्त करने का प्रयास करे, तो उसे समझा दिया जाता था कि "तुम्हें इन राजनीति और प्रशासन की बातों से क्या मतलब, तुम तो निर्वाण प्राप्त करने आए हो, तुम तो बुद्धत्व प्राप्त करने आए हो, अपने लक्ष्य की ओर ध्यान दो। जो जैसे चल रहा है, चलने दो, तुम अपनी साधना पर ध्यान दो।" बड़े-बड़े सिद्धांतों की आड़ में नालंदा में ऐसा बहुत कुछ चल रहा था, जो अनुचित था, षड्यंत्रकारी था।

इन सब के बीच आचार्य कुमारिल भट्ट बौद्ध दर्शन का गहन अध्ययन भी कर रहे थे और साथ-ही-साथ नालंदा की सारी व्यवस्था और परिस्थितियों को समझने का प्रयास भी कर रहे थे। कुछ-कुछ समझ पा रहे थे और कुछ-कुछ समझ पाना बाकी था। आचार्य कुमारिल भट्ट अब योजना बना रहे थे कि किस प्रकार वो बौद्ध विचारों के संदर्भ में अपने वैदिक विचारों को प्रस्तुत करें! नालंदा के वरिष्ठ बौद्धाचार्यों अथवा कुलपति के समक्ष प्रस्तुत करने से पूर्व उन्होंने निर्णय लिया कि वो अपने विचारों को बौद्ध छात्रों के समक्ष प्रस्तुत करेंगे। ऐसा विचार कर भट्टाचार्य ने बौद्ध छात्रों की समूह-बैठक में बैठना प्रारंभ कर दिया। छात्र कई बार समूह में बैठकर कई दार्शनिक विषयों पर चर्चा किया करते थे। इन बैठकों में कुमारिल भट्ट भी अपने विचारों को प्रस्तुत करते थे।

एक दिवस छात्रों की बैठक में एक चर्चा छिड़ गई। चर्चा का विषय था, "स्वयं बुद्ध को ज्ञान कैसे प्राप्त हुआ?"

कुछ छात्रों ने उत्तर देते हुए कहा, "बुद्ध को ज्ञान स्वयं से ही हो गया।"

उनके प्रतिउत्तर में कुछ छात्रों ने कहा, "बुद्ध को ज्ञान अपनी साधना तपस्या से हुआ।"

कुछ अन्य छात्रों ने कहा, "नहीं, बुद्ध को ज्ञान देवी सुजाता के द्वारा खीर खाने से हुआ।"

कुछ छात्रों ने और विचार करके कहा, "बुद्ध को ज्ञान उनके गुरुओं ऋषि आलारकलाम एवं रुद्रक रामापुत्र के द्वारा बताए गए साधना पद्धति पर चलकर हुआ, बाद में जैन मत के प्रभाव में आकर तथागत ने अन्न-जल सब त्याग दिया था, परंतु देवी सुजाता की खीर को खाकर, मझ-मार्ग के उपदेश को अनुसरण कर साधना करने से बुद्ध को परा-ज्ञान की उपलब्धि हुई, बोद्धिसत्व प्राप्त हुआ।"

यह उत्तर सुन कुमारिल भट्ट ने भी कहा, "हाँ! मेरा मत भी यही है, बुद्ध को ज्ञान आलारकलाम और रामपुत्र के द्वारा बताए गए सांख्य योग के मार्ग पर चलकर ही हुआ है। ऋषि आलारकलाम सांख्य मत के ही सिद्ध योगी थे और सांख्य शास्त्र की उत्त्पति वेदों से हुई है। अतः यह कहना भी अनुचित नहीं होगा कि बुद्ध को ज्ञान वैदिक माध्यम से ही प्राप्त हुआ। अतः बुद्ध की विचारधारा वेदों से भिन्न नहीं है।"

कुमारिल भट्ट के इस वक्तव्य को सुनकर कुछ छात्रों ने तत्क्षण ही 'हाँ' में हामी भर दी। कुछ छात्रों ने कहा, "हाँ, ऐसा कहा जा सकता है।" परंतु आधे छात्रों ने कुछ भी नहीं कहा। कुमारिल भट्ट बड़े ध्यान से सभी छात्रों की भाव-भंगिमा को समझने का प्रयास कर रहे थे। कुछ छात्र कुमारिल भट्ट को टेढ़ी आँखों से देखते हुए चले गए। कुछ छात्र कुमारिल भट्ट के समीप आकर बोले, "आपके विचार हमें अच्छे लगे, आपसे वार्त्तालाप करने में और मित्रता करने में हमें आनंद आएगा।" इस प्रकार कुमारिल भट्ट के मित्रों की संख्या भी नालंदा में बढ़ने लगी। कुछ छात्र निरंतर उनसे मिलने लगे और बौद्ध मत के साथ-ही-साथ वेदों पर चर्चा भी प्रारंभ हो गई। शीलभद्र, सिद्धार्थ, राहुलआर्य और विनयमित्र जैसे कई छात्र कुमारिल के मित्र बन गए। कुमारिल के मित्र बनने वाले छात्रों में तीन प्रकार के छात्र थे। प्रथम, वो जिनके मन में अभी भी

वेदों के प्रति श्रद्धा बची हुई थी। दूसरे, वो जो हीनयान की परंपरा से जुड़े हुए थे; क्योंकि नालंदा में हीनयानियों को सम्मान प्राप्त नहीं था। महायान का ही वर्चस्व था, फिर कुछ वज्रयानी भी अपना रहस्य छुपाकर कुमारिल के मित्र बन गए। वज्रयानी स्वयं को महायानी ही कहते थे, क्योंकि प्रारंभ में वज्रयानियों के तंत्र-मंत्र की क्रियाओं पर नालंदा में रोक थी। अतः वो महायानियों के मध्य रहकर ही अपना कार्य करते थे और स्वयं को महायानी ही कहते थे। कुछ वज्रयानी कुमारिल भट्ट से वैदिक कर्मकांडों और वैदिक विधानों की जानकारी लेने हेतु मित्रता बढ़ाते हैं। महायान के भिक्षु-गण हीनयानियों से द्वेष ही रखते थे और उनकी विचारधारा की आलोचना करते थे। हीनयान बुद्ध की मूल विचारधारा से संबंध रखता था, जहाँ बुद्ध एक उपदेशक थे। हीनयानियों के अनुसार, बुद्ध ने कहा था, "अगर ज्ञान के मार्ग पर चलते हुए मार्ग में मैं भी मिलूँ तो मेरे प्रति आसक्त मत होना। मुझे छोड़ आगे बढ़ जाना।" लेकिन इसके विपरीत महायानियों ने बुद्ध की मूर्ति और मंदिर बनाकर बुद्ध की पूजा प्रार्थना शुरू कर दी! बुद्ध को 'भगवान् बुद्ध' के नाम से पहचान महायानियों ने ही दी। इस कारण से हीनयानी बौद्ध भिक्षु और महायानी बौद्ध भिक्षु एक दुसरे से मतभेद रखते थे। और एक-दूसरे को गलत प्रमाणित करने के प्रयास में लगे रहते थे। आचार्य कुमारिल भट्ट चार वर्षों से नालंदा में रहते हुए हीनयान और महायान के इस भेद को भलीभाँति समझते थे। लेकिन इस मतभेद में कुमारिल भट्ट की कोई रूचि नहीं थी। कुमारिल भट्ट को जिस लक्ष्य के लिए कार्य करना था, वो उसी लक्ष्य की ओर अग्रसर थे। दूसरा, वो कुलपति आचार्य धर्मपाल के निकटतम शिष्य थे, इस कारण से भी वो मतभेदों से दूर रहते थे। लेकिन कुमारिल भट्ट को ये पूर्ण विश्वास था कि जब वो अपने बौद्ध एवं वैदिक विचारधारा पर किए गए अनुसंधान को बौद्धाचार्यों के समक्ष प्रस्तुत करेंगे तो बौद्धाचार्य उनकी बातों और तर्कों पर अवश्य ध्यान देंगे।

छात्रों की बैठक में तो कुमारिल भट्ट ने अपना कार्य प्रारंभ कर दिया था। अब वो लगभग हर छात्र-बैठक में बौद्ध विचारधारा को वैदिक आधार देकर प्रमाणित करने हेतु कोई-न-कोई तर्क अवश्य देते थे। कई छात्र, जो उनसे

सहमत होते, वो उनके साथ हो जाते। फिर धीरे-धीरे नालंदा में छात्रों का एक ऐसा समूह भी तैयार हो रहा था, जो बौद्ध सिद्धांतों का आधार वेदों को मानने लगा था। यद्यपि नालंदा के मूल संविधान के अनुसार, नालंदा में दार्शनिक अथवा आध्यात्मिक अभिव्यक्ति की स्वतंत्रता थी। लेकिन अगर कोई बुद्ध का अपमान करे या बुद्ध के सिद्धांतों की काट करे तो वो अपराधी ही कहलाएगा। हालाँकि, कुमारिल भट्ट की यह नव-विचारधारा इन आक्षेपों से सर्वदा मुक्त थी, परंतु फिर भी नालंदा में एक बहुत बड़ा समुदाय था, जिसे कुमारिल भट्ट के इस वैदिक-बौद्ध विचारधारा से समस्या हो रही थी। कुमारिल का हर छात्र सभा में वेदों पर विचार रखना कुछ छात्रों और बौद्धाचार्यों को खटकता था। धीरे-धीरे कुमारिल भट्ट के कदम बढ़ते ही जा रहे थे। धीरे-धीरे कुमारिल भट्ट की विचारधारा से प्रभावित एक समूह ही नालंदा में विकसित हो रहा था। कुछ महायान और हीनयान परंपरा के बौद्धाचार्य इस बात को लेकर चिंतित थे कि दार्शनिक अभिव्यक्ति की स्वतंत्रता का लाभ उठाकर अब वज्रयान की तरह एक और नए संप्रदाय का निर्माण हो जाएगा, जो बुद्ध की विचारधारा को वेदों के आधार पर समझाएगा! परंतु नालंदा का वर्तमान प्रशासन ऐसी विचारधारा का विरोधी ही था, क्योंकि प्रशासन के संपूर्ण अधिकार महायानियों के पास थे और महायान संप्रदाय ने प्रारंभ से वेदों का कट्टर विरोध किया था। स्वयं कुलपति आचार्य धर्मपाल महायान परंपरा से योगाचार मत के आचार्य थे। आचार्य धर्मपाल के कानों में यह बात अब तक पहुँच चुकी थी कि कुमारिल भट्ट नालंदा में छात्रों की बैठक में बैठकर वेदों का समर्थन और प्रचार कर रहे हैं। आचार्य धर्मपाल के लिए यह असहनीय ही था कि कोई उनकी नाक के नीचे बैठकर उनका विरोध करने जैसा कोई कार्य करे! धर्मपाल वेदों के कट्टर विरोधी थे, क्योंकि उनका संपूर्ण व्यापार ही इस कट्टर विरोध पर निर्भर था। अब नालंदा के संवैधानिक आधार पर तो कुमारिल भट्ट को सीधा प्रतिबंधित करना संभव नहीं था, अतः आचार्य धर्मपाल किसी वैकल्पिक मार्ग की खोज में लग गए, जिससे यह सब रोका जा सके।

जैसे-जैसे समय आगे बढ़ रहा था, वैसे-वैसे नालंदा में भट्टाचार्य के

वैदिक बौद्ध मत का प्रचार भी बढ़ रहा था। कुछ बौद्धाचार्यों ने आचार्य धर्मपाल के साथ बैठक करके उन्हें सूचित करते हुए कहा, "आचार्य! कुमारिल भट्ट का यह वेद प्रचार नालंदा में बढ़ते जा रहा है, अगर इसे सही समय पर नहीं रोका गया तो यह समस्या विकट रूप धारण कर लेगी। आचार्य हम तो बस, इसलिए चुप हैं, क्योंकि कुमारिल भट्ट आपका निकटतम शिष्य है। आपकी गरिमा के कारण उसका विरोध नहीं कर रहे हैं। फिर भी एक-दो बार उसे समझाने का प्रयास किया है, लेकिन लगता नहीं कि वो हमारे समझाने से मानने वाला है! अतः आचार्य! आपको ही उचित कदम उठाने होंगे। आचार्य! शीघ्र ही कुछ करें, अन्यथा पानी सिर से ऊपर चला जाएगा तो समस्या हो जाएगी।"

आचार्य धर्मपाल बौद्धाचार्यों को समझाते हुए कहते हैं, "चिंता मत करो! कुमारिल भट्ट का नियंत्रण मेरे हाथों में है। इसलिए सर्वदा मैंने उसे अपने समीप रखा है। कुमारिल भट्ट बहुत ही विद्वान्, धैर्यवान और कुशाग्र बुद्धि का साधक है। ब्राह्मणों में वह विशेष रूप से सम्मानित रहा है। अगर हमारे पक्ष में रहा तो हमारे लिए अत्यंत लाभकारी होगा, अन्यथा हमारा परम शत्रु भी बन सकता है। चार वर्ष तक नालंदा में रहने के बाद और सारे बौद्ध ग्रंथों का अध्ययन करने के बाद, अब वेद प्रचार करना, वो भी नालंदा महाविहार के परिसर में, यह थोड़ा आश्चर्यजनक लगता है। लेकिन आप लोग चिंता ना करें, मैं इस समस्या का समाधान शीघ्र ही निकाल लूँगा।"

कुलपति आचार्य धर्मपाल का उत्तर प्राप्त कर सभी बौद्धाचार्य संतुष्ट हो वहाँ से चले गए। बौद्धाचार्यों ने कुमारिल भट्ट को तो कुछ नहीं कहा, परंतु अन्य छात्रों को समझाना और भयभीत करना शुरू कर दिया, जिससे वो कुमारिल भट्ट का संग छोड़ दें।

अब अगले दिन कुलपति धर्मपाल ने एक घोषणा करवा दी, जिसमें कुछ छात्रों की सूची जारी की गई, जिसमें कुमारिल भट्ट और उनके मित्रों का भी नाम था और कुछ अन्य छात्रों का भी। घोषणा-पत्र में लिखा गया था कि अगले दिन से प्रातः काल की कक्षा इन प्रतिभाशाली छात्रों हेतु स्वयं कुलपति आचार्य धर्मपाल लेंगे।

अगले दिन सुबह-सुबह आचार्य धर्मपाल ने सभी चुने हुए छात्रों को बुला लिया। सभी चुने गए छात्र आचार्य धर्मपाल की कक्षा में बैठ गए। आचार्य धर्मपाल आचार्य-शिला पर उपस्थित होकर बोले, "तुम सब के मन में ये प्रश्न होगा कि तुम सब को इस विशेष कक्षा में क्यों बुलाया गया है? तुम सब महाविहार के सबसे होनहार छात्र हो। सभी विषयों का तुम सबने गहन अध्ययन किया है; परंतु एक कुशल बौद्ध विद्वान् प्रचारक बनने के लिए कुछ और जानना अनिवार्य है। अतः कुछ अनिवार्य विषयों की शिक्षा प्रदान करने हेतु मैंने स्वयं इस कक्षा की योजना बनाई, जिससे सभी होनहार छात्र मेरी नजरों के सामने इस विशेष कक्षा में कुछ विशेष विषयों का अध्ययन कर सकें। और उन विषयों को भलीभाँति समझकर एक कुशल बौद्धाचार्य बन सकें। अतः किसी को बौद्धाचार्य बनाने का निर्णय मुझे ही लेना होता है, तो इस विशेष कक्षा के विषयों पर व्याख्यान भी मैं ही दूँगा और परीक्षाएँ भी मैं ही लूँगा। क्या तैयार हैं आप सभी?" आचार्य धर्मपाल ने उत्साहित होते हुए पूछा। सबने एक साथ उत्तर देते हुए कहा, "जी आचार्य! हम तैयार हैं।"

आचार्य धर्मपाल अपने व्याख्यान में बुद्ध के जीवन और उपदेशों पर प्रकाश डालते हुए कुछ विशेष तथ्यों को उजागर करते हुए कह रहे थे, "बुद्ध ने अपना संपूर्ण जीवन ज्ञान की खोज में समर्पित कर दिया। अपना घर-परिवार, राजमहल का सुख सबकुछ त्यागकर बुद्ध ज्ञान की खोज में निकलते हैं। आज हम जिस नालंदा-महाविहार में जिनकी कृपा से रह रहे हैं, वो बुद्ध ही हैं। बुद्ध ने जिस दुर्लभ ज्ञान को अपनी कठोर तपस्या से प्राप्त किया, आज वह ज्ञान का मार्ग बुद्ध की कृपा से हमें सुलभ है। अतः आज प्रत्येक बौद्ध भिक्षु को यह समझना जरूरी है कि बुद्ध ने ज्ञान की खोज हेतु क्या कुछ नहीं किया! अगर हमारे जीवन का थोड़ा सा अंश भी बुद्ध के जीवन-संघर्ष को धारण कर ले तो हमारा कल्याण निश्चित ही हो जाएगा। परंतु, ऐसा नहीं हो पाता, क्योंकि हमारा मन बहुत चंचल है और हम मन को एकाग्रचित्त करने में असफल हो जाते हैं। हमारे मन में अनेक संकल्प-विकल्प और अनावश्यक जिज्ञासाएँ उठती रहती हैं, जो हमें बुद्ध के मार्ग से दूर ले जाती हैं। मेरे प्रिय

शिष्यों बुद्ध ने जो कुछ भी बताया, वो पूर्ण अनुसंधान करके बताया। उसके ऊपर हमें कोई अनुसंधान करने की आवश्यकता नहीं है। हमारे लिए सबसे अधिक आवश्यक है कि हम सब उनके बताए हुए मार्ग का अनुसरण कर सकें। बुद्ध ने यह मार्ग बहुत संघर्षों से प्राप्त किया था। प्रारंभ में बुद्ध ने ज्ञान-प्राप्ति के जितने माध्यम थे, उन सब पर अनुसंधान किया। गुरुकुल में जाकर उन्होंने वेदों का ज्ञान भी प्राप्त किया, परंतु मानव-जाती का कल्याण करने वाली, जो विद्या वो जानना चाहते थे, वो उन्हें वेदों से प्राप्त नहीं हो पाई। राजमहल का सुख छोड़ बुद्ध आलारकलाम के आश्रम में गए, फिर वहाँ से रामापुत्रा के पास गए, लेकिन फिर भी पूर्ण ज्ञान प्राप्त नहीं हुआ। बुद्ध ने शरीर उत्पीड़न-ताप किया, फिर उरुबेला ग्राम में जाकर तप करते हैं और उन्हें बोद्धिसत्व प्राप्त होता है। बुद्ध ने जन-जन को उपदेश देना प्रारंभ किया। (थोड़ा रुककर सबको समझाते हुए धर्मपाल बोले), लेकिन एक विशेष बात, कि बुद्ध ने कभी नहीं कहा कि उन्हें यह ज्ञान वेदों से प्राप्त हुआ हो! बुद्ध तो कहा करते थे कि वेदों में तो ज्ञान की कोई बात है ही नहीं। बुद्ध ने वेदों की सर्वदा निंदा की थी। वेदों ने हिंसा को फैलाया। वेदों में बहुत सारी बातें हैं, जो पशुओं के साथ हिंसा करने की प्रेरणा देती हैं। वेद मानव को मानव से जोड़ते नहीं, अपितु तोड़ते हैं। अत: वेद स्वार्थी मूर्खों द्वारा लिखे गए हैं। और वेदों के अध्ययन से कभी मानव समाज का कल्याण संभव नहीं है। वेदों के अध्ययन से मनुष्य का पतन ही होगा। बुद्ध के दर्शन को छोड़ वेदों का अध्ययन करना तो ऐसे है, जैसे अमृत का त्यागकर के विषपान करना हो। जो मूर्ख हैं, पापी हैं, कपटी हैं, हिंसक हैं और निर्लज्ज हैं, वो ही वेदों का मार्ग चयन करते हैं। वेद लिखे ही गए हैं कर्मकांड के नाम पर भोले-भाले लोगों को मूर्ख बनाकर उन्हें ठगने के लिए। इसलिए अगर तुम्हें एक सफल बौद्धाचार्य बनना है तो तुम्हें सर्वदा वेदों के कुचक्र से बचना है। कुछ बौद्धाचार्यों ने वेदों के चक्कर में पड़कर अपना घोर पतन कर लिया। गत् वर्ष ऐसे ही एक बौद्धाचार्य थे 'धर्ममित्र', तुम सब उन्हें जानते ही होगे, वह दुष्ट भी वेद प्रशंसक बन गया था। जब तक नालंदा में था, तब तक सुरक्षित था, नालंदा से बाहर जाते ही

कुछ दिनों बाद सर्पदंश से उसकी मृत्यु हो गई। बुद्ध के शाप से कोई बच नहीं सकता। जो वेदों का समर्थक बन जाता है, उसे भगवान् बुद्ध के शाप से कोई नहीं बचा सकता।"

आचार्य धर्मपाल थोड़ा रुके और कुमारिल भट्ट की ओर ध्यान से देखते हुए बोले, "कुमारिल भट्ट, तुम्हारे यहाँ आने से कुछ वर्ष पहले एक भिक्षु था, वो बौद्ध तो बन गया, परंतु उसकी आस्था वेदों में खत्म न हो पाई। वह अभागा नालंदा में रहकर भी यज्ञ-हवन आदि क्रियाएँ करता था। एक दिवस हवन कुंड की अग्नि में ही जलकर भस्म हो गया। जिसने भी यहाँ वेदों का समर्थन किया, वो नष्ट ही हो गया। वेद हैं ही अपवित्र ग्रंथ। अतः इसी कारण से हमने नालंदा में वेदों के अध्ययन पर प्रतिबंध लगा रखा है। यद्यपि नालंदा में दार्शनिक-आध्यात्मिक अभिव्यक्ति की स्वतंत्रता है, परंतु कोई इसका अर्थ ये न समझे कि मूर्खता, अंधविश्वास और पाखंड से परिपूर्ण विचारधारा को भी फैलाने दिया जाएगा! (धर्मपाल थोड़ा रुककर एक लंबी साँस सुकून के साथ छोड़ते हुए बोले) मुझे लगता है आज के लिए इतना पर्याप्त है। कल पुनः इसी समय तुम सब इसी कक्ष में उपस्थित रहना! नमो बुद्धाय।" ऐसा कहते हुए आचार्य धर्मपाल ने सभा को विसर्जित कर दिया।

धर्मपाल की कक्षा में बैठने वाले छात्र अब थोड़ा-थोड़ा समझ पा रहे थे कि आचार्य धर्मपाल ने इस विशेष कक्षा का आयोजन क्यों किया है! कक्षा से वापस लौटे छात्रों ने इस विषय पर आपसी चर्चा प्रारंभ कर दी। शीलभद्र ने सुसिद्धार्थक नामक भिक्षु से कहा, "मित्र! क्या तुम्हें आचार्य धर्मपाल के प्रवचन का आशय समझ में आया?" सुसिद्धार्थक ने उत्तर देते हुए कहा, "हाँ मित्र! प्रारंभ में तो वो तथागत के जीवन-प्रसंगों को सुना रहे थे। फिर कुछ समय पश्चात् उन्होंने अचानक वेदों की निंदा प्रारंभ कर दी। उनका आशय समझ तो आया, परंतु स्पष्ट नहीं! चलो आओ, इस विषय पर कुमारिल भट्ट से चर्चा करते हैं।"

दोनों छात्र कुमारिल भट्ट के छात्रावास के कक्ष में पहुँचते हैं। कक्ष के द्वार को खटखटाते हुए कुमारिल भट्ट को आवाज लगाते हैं, "कुमारिल!

कुमारिल! द्वार खोलो! हम तुमसे एक आवश्यक विषय पर चर्चा करने आए हैं।" कुमारिल भट्ट ने द्वार खोलने में थोड़ा समय लगा दिया। मित्रों ने जोर से दरवाजा खटखटाते हुए कहा, "कुमारिल मित्र, अगर तुम कक्ष में हो तो जल्दी द्वार खोलो, हम तुम्हारी प्रतीक्षा कर रहे हैं।" कुमारिल ने थोड़ा हड़बड़ाते हुए अपना मुख पोंछते हुए द्वार खोला। मित्रों ने देखा, कुमारिल भट्ट बहुत दुःखी नजर आ रहे हैं, उनकी आँखें लाल हो गई हैं। साफ-साफ दिखाई दे रहा है कि कुमारिल अपने अश्रुओं को छिपा रहे थे। मित्रों ने कहा, "अरे मित्र! कुमारिल! तुम रो रहे हो मित्र! ऐसा क्यों? इस प्रकार से दुःखी होकर रोते हुए मैंने तुम्हें कभी नहीं देखा। मित्र! हमें बताओ तुम्हें क्या दुःख है? हमसे जो संभव होगा, हम तुम्हारी सहायता करेंगे।"

कुमारिल भट्ट अपने रूँधे हुए गले से अपने नेत्रों के अश्रु छिपाते हुए बोले, "जिनका दामन थामकर मैंने होश सँभाला, पढ़ना-लिखना सीखा, आज उन वेदों की निंदा सुनकर मेरे नेत्रों से अश्रु निकल आए। पवित्र वेदों के लिए अपमानजनक शब्द इन कानों से सुनना मेरे लिए असहनीय है मित्र! इसलिए मैं अपने आँसू नहीं रोक पाया।" सुसिद्धार्थक ने कुमारिल भट्ट का हाथ पकड़कर सहानुभूति प्रदान करते हुए कहा, "मित्र, मैं भी आचार्य धर्मपाल के शब्द-बाण से आहत हूँ। समझने का प्रयास कर रहा हूँ, आखिर धर्मपाल चाहते क्या हैं? यह तो अब स्पष्ट हो चुका है मित्र, कि यह विशेष कक्षा इसलिए नहीं रखी गई कि हम प्रतिभाशाली हैं, अपितु इसलिए रखी गई है कि हमारे बौद्ध-वैदिक दार्शनिक विचारधारा के प्रचार पर प्रतिबंध लगाया जा सके। संवैधानिक पद्धति से वो प्रतिबंध नहीं लगा सकते, अतः इसीलिए उन्होंने यह मार्ग चुना है। कुमारिल मुझे तो ऐसा लग रहा था, जैसे वो हमें भयभीत करने का प्रयास कर रहे हों अथवा हमें धमकी दे रहे हों। लेकिन अब हमें ये विचार करना है कि हम आगे क्या करें और कैसे करें?"

सुसिद्धार्थक की बात सुनकर कुछ देर तक सब शांत हो गए। गंभीर मुद्रा में बैठकर चिंतन करने लगे। फिर कुछ देर बाद कुमारिल भट्ट ने अपनी चुप्पी तोड़ते हुए कहा, "मित्रो! गत् वर्ष जब बौद्धाचार्य धर्ममित्र महाविहार से बाहर

जा रहे थे, तब वो मुझसे मिले थे। मैंने उन्हें रोकने का प्रयास किया था, पर वो बहुत भयभीत थे। उन्हें लग रहा था कि उनकी हत्या की जा सकती है! वो चले गए, फिर एक महीने बाद सर्प दंश से उनकी मृत्यु की खबर मिलती है। उन्होंने मुझे नालंदा महाविहार के बारे में कुछ अनसुनी बातें बताईं, जिस पर विश्वास कर पाना मेरे लिए तब संभव नहीं था। मुझे लगा कि वो मानसिक पीड़ा से पीड़ित हैं, अपमानित हुए हैं, अवसाद से ग्रस्त हैं, इसलिए ऐसी बातें कर रहे हैं। फिर अगले दिन आचार्य धर्मपाल ने उनके महाविहार से जाने की सूचना सामुहिक रूप से दी थी। तब अपने व्याख्यान में धर्मपाल ने धर्ममित्र पर लांछन लगाते हुए कहा था कि वो परस्त्रीगामी और बुद्ध विरोधी है, जबकि वो हीनयान परंपरा के भिक्षु थे। वो बुद्ध में अपार श्रद्धा रखने वाले थे। लेकिन उनकी छवि को बहुत विकृत रूप में प्रस्तुत किया गया। तब मैंने ये मान लिया था कि वो वैसे ही होंगे, परंतु बाद में मुझे लगने लगा, जैसे उनके साथ अन्याय हुआ है! हो सकता है कि उन्होंने अत्यंत मानसिक दबाव अथवा मानसिक उत्पीड़न से पीड़ित होकर कुछ गलत कदम उठाए हों, परंतु उनका महाविहार छोड़कर जाना, फिर उनकी हत्या (थोड़ा रुकते हुए) अर्थात् मृत्यु हो जाना, यह सब संभवत: एक षडयंत्र ही लगता है।" कुमारिल भट्ट बोलते-बोलते रुक गए, फिर गंभीर मुद्रा में भौंहें ऊपर कर सोचने लगे। उनके मित्रगण भी बहुत गंभीर हो इन विषयों पर चिंतन करने लगे।

कुमारिल भट्ट ने फिर चुप्पी तोड़ते हुए कहा, "भिक्षु सुसिद्धार्थक! एक बात बताओ, तुम कितनी बार आचार्य धर्मपाल से मिले हो, अर्थात् अकेले में उनका सामना किया है? और जब भी वो तुमसे मिलते हैं, तो वो कैसा व्यवहार करते हैं? क्या तुमने गौर किया है?"

सुसिद्धार्थक ने उत्तर देते हुए कहा, "हाँ कुमारिल! आचार्य धर्मपाल से जब भी मैं मिला, वो बड़े प्रेम से मिलते हैं। कई बार गले लगाते हैं, पीठ थपथपाते हैं, कई बार तो प्रेम दिखाते हुए बड़े जोर से गले लगाते हैं। सर्वदा हँसते और मुसकराते हुए ही मिलते हैं। यह सब तो बहुत अच्छा लगता है (थोड़ा रुकते हुए), परंतु प्राकृतिक नहीं लगता, अर्थात् बस, एक प्रदर्शन जैसा प्रतीत

होता है। जैसे मात्र दिखावे के लिए ऐसा प्रेम व्यवहार किया जा रहा है!"

काफी देर से चुप बैठे हुए शीलभद्रक ने अपनी चुप्पी तोड़ते हुए कहा, "मुझे तो अब पूरा नालंदा महाविहार ही एक आडंबर प्रदर्शन और पाखंड प्रतीत हो रहा है। लेकिन कुमारिल! अब हमें आगे क्या करना चाहिए?" कुमारिल भट्ट ने उत्तर देते हुए कहा, "अभी कुछ दिनों के लिए तो मेरा विचार है कि हम सब शांति बनाए रखें। प्रतिक्रियाहीन बने रहें और आचार्य धर्मपाल की इस वेद विरोधी कक्षा में समय से उपस्थित होते रहें। बौद्ध-वैदिक विचारधारा का प्रचार भी कम करें, लेकिन अगर कोई जिज्ञासु भिक्षु स्वयं चलकर हमारे पास आए और इस विषय की जानकारी प्राप्त करने का प्रयास करे, तो उसकी सहायता अवश्य करें। लेकिन ध्यान रहे, अकेले नहीं समूह में। ये मानकर चलो कि पूरे नालंदा में धर्मपाल के गुप्तचर भिक्षु हमारी खोज में ही भटक रहे हैं। हम पर पूरी नजर रखी जा रही है। अगर हम कुछ दिनों के लिए शांत रहे तो आचार्य धर्मपाल को लगेगा कि हम उनकी बात समझ गए हैं और अपनी बौद्ध-वैदिक विचारधारा वाली योजना को हम छोड़ चुके हैं। लेकिन अंदर-ही-अंदर हम संकल्पबद्ध रहे अपने लक्ष्य के प्रति और अपने संगठन को मजबूत बनाते रहें। उन भिक्षुओं को स्वयं से जोड़ते रहें, जो बौद्ध-वैदिक विचारधारा में आस्था और विश्वास रखते हो। (थोड़ा रुककर) और हाँ! आचार्य धर्मपाल की सभा में अनुपस्थित न हों सर्वदा समय से, उपस्थित होते रहें। देखते हैं, आगामी सभाओं में आचार्य धर्मपाल और क्या-क्या सुनाते-समझाते हैं।"

कुलपति धर्मपाल की इस विशेष कक्षा को चलते हुए 5 दिन बीत चुके थे। कुलपति धर्मपाल ने दूसरे दिन से ही अपने व्याख्यान में वेद निंदा कम कर दी थी। कुलपति धर्मपाल ने अपनी इस विशेष कक्षा में कुमारिल भट्ट के समूह वाले भिक्षुओं के साथ कुछ अन्य भिक्षुओं को भी उपस्थित रहने की अनुमति दी थी। यह जो अन्य भिक्षु थे, ये कोई और नहीं, अपितु धर्मपाल के गुप्तचर भिक्षु ही थे। ये गुप्तचर भिक्षु हमेशा कुमारिल भट्ट और उनके मित्रों पर नजर बनाए रखते थे। कुलपति धर्मपाल ने अपने गुप्तचर भिक्षुओं को

बुलाया और उनसे पूछा, "आओ गुप्तबंधु! कैसे हो?"

गुप्तबंधु ने उत्तर देते हुए कहा, "आचार्य, आपकी कृपा से सब ठीक है। आप बस आज्ञा करें आचार्य!" धर्मपाल ने पूछते हुए कहा, "गुप्तबंधु आजकल ये 'बौद्ध-वैदिक' विचारधारा वाले क्या कर रहे हैं?"

"आचार्य आजकल तो महाविहार में शांति छाई हुई है। अभी तो इन लोगों ने अपना प्रचार रोक रखा है।" गुप्तबंधु ने कहा। आचार्य धर्मपाल ने फिर गुप्तबंधु से प्रश्न पूछते हुए कहा, "गुप्तबंधु जब मैं अपने व्याख्यान देते हुए वेदों की धज्जियाँ उड़ाता हूँ, तो इन वेद प्रेमियों के मुख पर कैसे भाव होते हैं? ध्यान देते हो कि नहीं?" गुप्तबंधु ने उत्तर देते हुए कहा, "जी आचार्य, प्रथम दिन तो आपने वेदों की धज्जियाँ अच्छे से उड़ाई थी, तो उस दिन तो सबके चेहरे की हवा उड़ी हुई थी। और वह कुमारिल भट्ट तो रो भी रहा था।" धर्मपाल ने बीच में टोकते हुए कहा "अच्छा! ये बात तो मुझे पहले बतानी चाहिए थी!"

"जी आचार्य, आपने पूछा नहीं तो मैंने बताया नहीं" गुप्तबंधु ने कहा।

"चलो ठीक है, कल प्रातः विशेष कक्षा में उस कुमारिल भट्ट को सबसे आगे बिठाना, बिल्कुल मेरे सामने। मैं स्वयं अपनी आँखों से देखना चाहता हूँ कि वेद-निंदा करते समय वह कैसी प्रतिक्रिया देता है?"

अगले दिन प्रातः काल पुनः सभी छात्र आचार्य धर्मपाल की कक्षा में एकत्र होते हैं। अपना-अपना स्थान ग्रहण करते हैं। कुमारिल भट्ट स्वयं सबसे पीछे वाली पंक्ति में जाकर बैठ जाते हैं। तभी गुप्तबंधु वहाँ आकर कुमारिल भट्ट से कहता है, "कुमारिल भट्ट, कृपया आप पंक्ति में सबसे आगे बैठें।" कुमारिल भट्ट ने थोड़ा सकुचाते हुए कहा, "नहीं, मैं यहीं ठीक हूँ गुप्तबंधु, यहाँ मुझे कोई कष्ट नहीं।" गुप्तबंधु ने फिर कुमारिल को राजी करते हुए कहा, "अरे आप नालंदा विश्वविद्यालय के सबसे विद्वान् भिक्षु हैं, वेदों के भी महान् ज्ञाता हैं, आप सबसे आगे ही बैठिए। कल तो स्वयं गुरुदेव आचार्य धर्मपाल भी आपकी प्रशंसा कर रहे थे। उनकी भी यही इच्छा है कि आप सबसे आगे ही बैठें बिल्कुल उनके सामने। और आप जैसे विद्वान् भिक्षु

को वैसे भी पीछे बैठना उचित नहीं लगता है, कुमारिल भट्ट।"

गुप्तबंधु के इस दबावपूर्ण आग्रह पर कुमारिल उठकर सबसे आगे बैठ जाते है। यद्यपि गुप्तबंधु ने कुमारिल का कोई अपमान नहीं किया था। कुमारिल के लिए कोई अपशब्द भी प्रयोग नहीं किए थे, लेकिन फिर भी ऐसा स्पष्ट रूप से प्रतीत हो रहा था, जैसे कुमारिल का अपमान ही किया जा रहा हो! शब्द नहीं बोलते, शब्दों के पीछे कुछ स्वर होते हैं, वो स्वर भावनाओं की अभिव्यक्ति करते हैं। कई बार मित्रों के द्वारा बोले गए अपशब्दों में भी सम्मान और अपनापन होता है। और कई बार किसी द्वारा सम्मान से बोले गए शब्द और प्रेम-व्यवहार भी अपमानजनक अनुभूति करवाते हैं; क्योंकि उनके पीछे का उद्‌देश्य ही दूषित होता है। कुमारिल भी और उनके मित्र भी आज इसका स्पष्ट अनुभव कर पा रहे थे।

जब सारे छात्र उपस्थित हो गए, तब कुछ समय पश्चात् आचार्य धर्मपाल भी कक्षा में प्रवेश करते हैं। सारे छात्र खड़े होकर उनका अभिवादन करते हैं। धर्मपाल अपने आसन पर बैठकर उपदेश देना प्रारंभ करते हैं। धर्मपाल पुनः बुद्ध के इतिहास में पहुँचकर तथ्यों को प्रस्तुत करना प्रारंभ करते हैं, "जिज्ञासु छात्रो! आज हम फिर से बुद्ध के इतिहास को समझने का प्रयास करते हैं। जब इस पृथ्वी पर बुद्ध का अवतार हुआ, तब चारों तरफ अत्याचार और अन्याय का वातावरण था। वेदों को मानने वाले ब्राह्मणों ने वेदों के नाम पर चारों ओर पाखंड और आडंबर का वातावरण बना रखा था। ये अपराधी ब्राह्मण यज्ञ करते थे और यज्ञ में निरपराध जीवों की बलि दिया करते थे। ये ढोंगी ब्राह्मण अलग-अलग जनपदों के राजाओं को भड़काकर आपस में लड़वा दिया करते थे। फिर बड़े-बड़े राजाओं और सेठ-साहूकारों को कर्मकांड के नाम पर ठगते थे। तथागत ने अवतार लेकर इस पाखंड के अंधकार को अपने ज्ञान के प्रकाश से दूर करना प्रारंभ किया। बुद्ध एक कट्टर वेद विरोधी थे। उन्होंने सर्वदा वेदों का विरोध किया; क्योंकि वेदों के माध्यम से समाज में अशांति फैल रही थी। वेदों में मात्र हिंसा, द्वेष, व्यभिचार, छल-कपट जैसी बातें भरी हुई हैं। वेदों का प्रचार करने वाले बुद्ध के शाप से शीघ्र ही नष्ट हो जाते हैं।"

धर्मपाल थोड़ा रुककर लंबी साँस छोड़ते हुए फिर से छात्रों को संबोधित करते हुए कहते हैं, "तुम सभी सोंच रहे होगे कि मैं तुम सबको ये बाते क्यों बता रहा हूँ! वो इसलिए कि मुझे नालंदा के छात्रावास के एक कक्ष से एक पांडुलिपि प्राप्त हुई है। और इस पांडुलिपि में बौद्ध दर्शन के सूत्रों को वैदिक सूत्रों के साथ मिलापकर के लिखा गया है। (धर्मपाल थोड़ा रुककर सभी छात्रों को देखते हुए बोले) क्या कभी अमृत और विष का मेल संभव है? बौद्ध सूत्र अमृत समान हैं, तो वैदिक सूत्र विष के समान हैं। बुद्ध का दर्शन श्वेत हाथी के सामान है, तो वैदिक सूत्र विषैले केंचुए के समान है। भला दोनों के बीच समानता कैसे स्थापित की जा सकती है? अतः इस पांडुलिपि को लिखने वाला एक अपराधी है। और यह अपराध उसने मेरे प्रति नहीं, अपितु बुद्ध के प्रति किया है।"

कुमारिल भट्ट का मित्र-समूह यह सब देखकर बहुत आश्चर्यचकित था कि यह कुमारिल भट्ट की लिखी हुई, पांडुलिपि भला आचार्य धर्मपाल के पास कैसे पहुँच गई? आचार्य धर्मपाल, जिन्होंने सर्वदा वेद विरोधी प्रचार ही किया था; क्योंकि उनका संपूर्ण व्यापार वेद विरोध पर ही निर्भर था। लेकिन अब देखना यह था कि आचार्य धर्मपाल अपराधियों को सजा क्या देते हैं?

धर्मपाल ने पुनः गंभीर मुद्रा धारण करते हुए बोला, "अब तुम लोग मुझे ये बताओ कि इस पांडुलिपि के लेखक कौन हैं? भला नालंदा महाविहार में रहते हुए भी किसने ऐसा दुस्साहस किया है कि वह बौद्धों की सत्ता को चुनौती दे?" धर्मपाल ने सुसिद्धार्थक को देखते हुए कहा, "सुसिद्धार्थक! यह पांडुलिपि कहीं तुमने तो नहीं लिखी है? मुझे तो ऐसा ही प्रतीत हो रहा है कि यह तुम्हारा कार्य है!"

सुसिद्धार्थक भयभीत हो तुरंत खड़ा हो गया और बोला, "जी नहीं आचार्य, यह मेरा कार्य नहीं।" धर्मपाल थोड़ा क्रोध में आते हुए, "तो फिर किसने लिखी है? बताते क्यों नहीं? कोई पेड़ पौधे तो नहीं न लिख जाएँगे!"

कुमारिल भट्ट ने देखा कि उनके कारण उनके मित्रों को भी दंडित होना पड़ रहा है। कुमारिल भट्ट वेदों की निंदा सुनकर अपनी भावनाओं को नहीं

रोक पाए थे। उनके नेत्रों से आँसू निकलने बहुत पहले ही शुरू हो गए थे। कुमारिल भट्ट के लिए यह असहनीय ही था कि उनके समक्ष कोई वेदों की नींदा करे! नेत्रों में आँसू, मस्तक पर बोझ और रुँधे हुए गले से, अपने आप को सँभालते हुए अपने अश्रुओं को पोंछते हुए पूरे आत्मविश्वास के साथ बोले, "आचार्य यह पांडुलिपि मेरे द्वारा लिखी गई है। इसका दोषी मात्र मैं हूँ, कोई दूसरा नहीं। परंतु मुझे नहीं लगता कि मैंने इस पांडुलिपि को लिखकर कोई अपराध किया है।"

"अच्छा तो वेदाचार्य महोदय, ये बताओ कि जब तुम अपराधी नहीं हो, तो फिर तुम्हारे नेत्रों से यह मोटे-मोटे जलबिंदु क्यों निकल रहे हैं? यह पश्चाताप के अश्रु हैं या फिर स्वाभिमान के? या फिर अपने कुकर्मों के बोझ से रो रहे हो?" धर्मपाल ने अपने तेवर बदलते हुए व्यंग्यात्मक ढंग से बोला।

कुमारिल भट्ट ने भी अपने अश्रु अब पोछ लिये थे, अपने आत्मविश्वास को जगा लिया था। कुमारिल अब यह अच्छी तरह समझ गए थे कि धर्मपाल एक अहंकारी, दंभी और भ्रष्ट व्यक्ति है। हमारी विनम्रता को यह एक कमजोरी समझ रहा है। कुमारिल भट्ट ने पूरे आत्मविश्वास के साथ धर्मपाल को उत्तर देते हुए कहा, "आचार्य धर्मपाल, आपको वेदों का तनिक भी ज्ञान नहीं है, तभी आप वेदों का अपमान करने का दुस्साहस कर रहे हैं।"

सर्वे भवन्तु सुखिनः सर्वे सन्तु निरामया।
सर्वे भद्राणि पश्यन्तु मा कश्चिद् दुःख भाग्भवेत॥

वेद कहते हैं कि संसार में सभी सुखी रहें, सभी निरोग रहें। चहुँ ओर मंगल ही मंगल दिखाई दे और प्रत्येक प्राणी के जीवन से दुःख समाप्त हो जाएँ। आपने जो वेदों के बारे में हमें बताया, वो सब मिथ्या ही है। उसका सत्य से कोई संबंध नहीं है। वेद भी बुद्ध की तरह अहिंसा और मानव-कल्याण की बात करते हैं।"

"अच्छा, तो अब नालंदा विश्वविद्यालय का कुलपति अज्ञानी हो गया! साधो! साधो! अब निकला नाग अपने बिल से फुँफकारने के लिए। "अरे मूर्ख! जब तू यहाँ आया था, तब एक पराजित के रूप में आया था। मेरे शिष्य

धर्मकीर्ति से पराजित होकर आया था। भूल गया क्या? हम चाहते तो तुझसे नालंदा में पराजित जैसा ही व्यवहार करते! तुझे अपना दास बनाकर रखते, परंतु हमने तुझ पर दया करके तुझे अपना शिष्य बनाया। और तू आस्तीन का साँप निकला!" धर्मपाल ने ईर्ष्या दंभ से परिपूर्ण होकर व्यंग्यात्मक ढंग से बोला। अब कुमारिल भट्ट ने भी ठान लिया था कि अब धर्मपाल को ऐसे ही उत्तर देना पड़ेगा। तभी गुप्तबंधु पीछे से आया और अभद्रता पूर्वक कुमारिल भट्ट की गरदन पकड़कर धमकी देते हुए बोला, "बहुरूपिए ब्राह्मण, तुम्हें पता भी है, किससे बात कर रहे हो? अरे नालंदा के कुलपति के प्रभाव से राजाओं-महाराजाओं के सिंहासन भी डोलने लगते हैं।"

सुसिद्धार्थक को गुप्तबंधु का यह आचरण हिंसक और अमर्यादित लगने लगा, सुसिद्धार्थक गुप्तबंधु को टोकते हुए बोला, "गुप्तबंधु छोड़ो कुमारिल को! तुम यह हिंसा कर रहे हो। एक बौद्ध भिक्षु के लिए ऐसा आचरण अशोभनीय है।"

"लीजिए आचार्य, एक और नाग फुफकारने के लिए खड़ा हो गया! अब ये सारे सपोले मिलकर अहिंसा का रोना-धोना करेंगे! हमारा बाजा हमें ही बजाकर सुनाएँगे! आचार्य, आप आज्ञा दें! तो इनकी अच्छे से सेवा करवा दूँ, ताकि जीवन भर के लिए बात समझ में आ जाए।"

धर्मपाल ने गुप्तबंधु को निर्देश देते हुए कहा, "रहने दो गुप्तबंधु, बस, अच्छे से समझा दो इन्हें कि अपनी ये पाखंडी गतिविधियाँ बंद कर लें। अन्यथा परिणाम के लिए स्वयं ही कारण बनेंगे।" संकेतों में ही धर्मपाल ने बहुत कुछ समझा दिया था। अब आगे क्या करना है, यह कुमारिल भट्ट और कुमारिल भट्ट के मित्रों को निश्चित करना था। वो किस मार्ग पर चलेंगे? धर्मपाल का साथ देंगे या कुमारिल भट्ट का?

धर्मपाल के वहाँ से प्रस्थान करते हीं गुप्तबंधु भी अपने मित्रों के साथ चला गया। कुमारिल भट्ट ने तब अपने मित्रों को संबोधित करते हुए कहा, "तुम सब विचार कर लो, तुम्हें कौन-सा मार्ग चयन करना है! क्योंकि मैं अपने संकल्प में दृढ़ हूँ, मैं तो अपने निश्चित किए हुए मार्ग पर ही चलूँगा और वो

भी नालंदा महाविहार में रहते हुए! अब चाहे मृत्यु का ही सामना क्यों न करना पड़े।" कुमारिल भट्ट के मित्र शांत, गंभीर और भयभीत नजर आ रहे थे। तभी सुसिद्धार्थक ने कहा, "कुमारिल! मैं तुम्हारे इस अभियान में सर्वदा तुम्हारे साथ हूँ। और मैं अन्य सभी मित्रों से कहूँगा कि वो भी अपने संकल्प से पीछे न हटें।" सुसिद्धार्थक की बात सुनकर सभी मित्रों ने एक साथ बोला, "हम सब कुमारिल भट्ट के साथ हैं। और बौद्ध-वैदिक विचारधारा के प्रचार में सहयोगी रहेंगे।"

मित्रों के मुख से ऐसी बात सुनकर कुमारिल भट्ट प्रसन्न हो गए। लेकिन साथ ही एक गंभीर चिंता भी मन में थी कि इस भयपूर्ण आतंकित करने वाले माहौल में कौन, कब तक मित्रता निभाएगा? कुमारिल भट्ट सोच ही रह थे कि एक मित्र निर्वाणबंधु वहाँ आकर बोला, "कुमारिल, यह आवश्यक नहीं कि हम अपना प्रचार नालंदा में ही करें। हम नालंदा से बाहर जाकर भी अपना प्रचार कर सकते हैं। पानी में रहकर मगरमच्छ से बैर उचित नहीं होता। नालंदा से बाहर जाकर हम शांतिपूर्ण ढंग से अपना कार्य कर सकते हैं।" कुमारिल ने एक लंबी गहरी साँस लेते और छोड़ते हुए कहा, "नहीं निर्वाणबंधु हम जो कुछ भी करेंगे, अब नालंदा में ही करेंगे, क्योंकि नालंदा कोई धर्मपाल के बाप की संपति नहीं है कि वो अपने मनमर्जी से नालंदा के विधान बनाएँगे! और दूसरी बात, नालंदा विश्वविद्यालय में बड़े-बड़े विद्वान्, चाहे बौद्धाचार्य हो या वेदाचार्य, सब जुड़े रहते हैं। राजाओं-महाराजाओं का भी ध्यान नालंदा की ओर रहता है। नालंदा के माध्यम से हम अपनी बात शीघ्रता से पूरे भारतवर्ष और विदेशों में भी पहुँचा सकते हैं, इसलिए हम नालंदा नहीं छोड़ेंगे। लेकिन साथ ही यह बात भी निश्चित है कि नालंदा में हमारा संघर्ष बहुत बड़ा होगा। हमें कई विरोधों का सामना करना पड़ेगा।" निर्वाणबंधु ने बीच में जोड़ते हुए बोला, "कुमारिल! मात्र विरोधों का सामना नहीं, हिंसा और अपमान का सामना भी करने के लिए तैयार रहना पड़ेगा।"

"हाँ, निर्वाणबंधु, प्रतीत तो कुछ ऐसा ही हो रहा है।" कुमारिल ने सहमत होते हुए कहा।

"अच्छा, अब इस समय यहाँ से चलते हैं। सूर्यास्त से पूर्व आप सभी

मुझे मेरे छात्रावास के कक्ष में मिलें, हम वहीं बैठकर विचार करेंगे कि अब आगे अपने कदम कैसे बढ़ाने हैं, कैसे बौद्ध-वैदिक विचारधारा का प्रसार करना हैं।" कुमारिल भट्ट सबको संध्या बैठक का समय देकर वहाँ से प्रस्थान कर गए। धीरे-धीरे सभी छात्र वहाँ से प्रस्थान कर जाते हैं।

संध्या के समय फिर से सारे छात्र बैठक के लिए एकत्र होते हैं। सुसिद्धार्थक, शीलभद्र, निर्वाणबंधु, देवकीर्ति, विनयमित्र और अन्य भी। लेकिन फिर भी इतने छात्र नहीं होते, जितने प्रातः काल धर्मपाल के कक्ष में समर्थन देते हुए खड़े थे। संध्या समय कुमारिल भट्ट के समर्थकों की संख्या थोड़ी कम हो गई थी। निश्चय ही कुछ भिक्षु धर्मपाल की नजरों में शत्रु नहीं बनना चाहते थे। कुमारिल भट्ट ने पुनः सभी छात्रों को संबोधित करते हुए कहा, "मित्रो! हम सब यह जानते हैं और समझते हैं कि हम जिस मार्ग पर निकल पड़े हैं, वो सत्य का मार्ग है, धर्म का मार्ग है। महायानी बौद्धों ने सर्वदा अपनी सत्ता बनाए रखने के लिए समाज में वेदों के प्रति घृणा भाव का प्रसार करने का प्रयास किया। जबकि बौद्ध दर्शन के सूत्र स्वयं वेदों से भिन्न नहीं हैं। मित्रो! स्वयं तथागत ने कभी वेदों की निंदा नहीं की। उन्होंने मात्र यज्ञों में होने वाली पशुबलि की निंदा की, जो कि एक काम्य कर्म है, कोई अनिवार्य नियम नहीं। मेरे मीमांसा सूत्रों पर लिखे गए पांडुलिपि को जिन्होंने पढ़ा होगा, वो मेरी इस बात को भलीभाँति समझ गए होंगे। स्वयं तथागत ने जिन साधना पद्धतियों का अनुसरण करते हुए बोद्धिसत्व को प्राप्त किया, वो साधना पद्धतियाँ उन्होंने स्वयं सांख्य शास्त्र के वैदिक आचार्यों से प्राप्त की थी। फिर उनके उपदेश वेदों से भिन्न कैसे हो जाएँगे? महायानियों ने अपनी निजी विचारधारा पर कई सिद्धांत बना दिए और भेदभाव का माहौल बनाना प्रारंभ कर दिया। महायानियों को अगर भिक्षा में मांस परोस दिया जाए तो वो बिना अहिंसा का विचार किए मांस खा लेते हैं। और अब तो अपने गृहस्थ उपासकों से मांस बनवा भी लेते हैं, फिर कहते हैं, "हमने हिंसा नहीं की, हिंसा तो उस गृहस्थ ने की, जिसने हमें मांस परोसा। उसने ही उस जीव की हत्या की, हमने तो बस, भिक्षा ग्रहण किया है।" मित्रो! अहिंसा और धर्म के नाम पर घृणा, द्वेष

और छल-कपट को बढ़ावा देना, यह सब कहाँ तक उचित है? और आज प्रातः आचार्य धर्मपाल और गुप्तबंधु के आचरण से स्पष्ट ही हो गया है कि उनके विचारों में कितनी हिंसा और द्वेष भरा पड़ा है! अब हमें मात्र बौद्ध-वैदिक विचारधारा का प्रचार नहीं, अपितु इस पाखंड का नाश भी करना है। हमें संगठित हो धर्म स्थापना हेतु कार्य करना है। हमें महान् आर्य महातपस्वी शाक्य मुनि के नाम को इस बौद्ध पाखंड से पृथक् करना है।

नमो बुद्धाय॥ बुद्धं शरणम् गच्छामि, धम्मम्म शरणम् गच्छामि, वेदं शरणम् गच्छामि॥"

इस प्रकार छात्रों को प्रेरित करते हुए कुमारिल भट्ट शांत हो गए।

कुमारिल भट्ट के विचारों को सुनकर सभी भिक्षु गहरे चिंतन में पड़ गए। कई भिक्षु यह भी सोचने लगे कि कुमारिल भट्ट निश्चय हीं सत्य के मार्ग पर चल रहे हैं, परंतु उनका यह प्रयोग बहुत ही घातक है। कुछ भयभीत हो गए, तो कुछ ने कुमारिल भट्ट का साथ देना निश्चय किया। जो साथ देने के लिए तैयार हुए, उन सबको समझाते हुए कुमारिल भट्ट ने कहा, "मित्रो अब हम पहले की तरह कोई बैठक या सभा बुलाकर कोई प्रचार नहीं करेंगे। अब हम एक-एक करके भिक्षुओं को अपनी बात समझाएँगे। हम निश्चय कर लें कि प्रति दिवस कम-से-कम एक भिक्षु को अपने मत के विषय में अवश्य बताएँगे, लेकिन इस कार्य को करते हुए भी सचेत रहें कि वह भिक्षु कोई गुप्तचर अथवा धर्मपाल का करीबी तो नहीं है! ऐसा नहीं कि हमारी गतिविधियों के बारे में धर्मपाल को पता नहीं चलेगा। एक दिन अवश्य पता चलेगा, परंतु फिर भी पता चलने में समय लग जाएगा। तब तक हम अपने संगठन को और मजबूत बना लेंगे। बाकी जैसे जैसे परिस्थितियाँ हमारे सामने आएँगी, वैसे-वैसे हम अपने निर्णय लेंगे।"

कुमारिल भट्ट और उनके मित्रों ने गुप्त रूप से कार्य करना प्रारंभ कर दिया था। दूसरी ओर धर्मपाल के गुप्तचर भी इनके पीछे पड़े हुए थे। वो हमेशा नजर बनाए रखते थे कि कौन क्या कर रहा है! धर्मपाल के गुप्तचर इन्हें पकड़ने में लगे थे और कुमारिल के मित्र गुप्त रूप से अपना कार्य करने में लगे

हुए थे। जैसे-जैसे समय बीत रहा था, वैसे-वैसे कुमारिल भट्ट के प्रचारक मित्रों का आत्मविश्वास बढ़ रहा था। उनका संगठन मजबूत हो रहा था और धीरे-धीरे ये लोग अपनी गतिविधियों को बढ़ा भी रहे थे। कुमारिल भट्ट के मित्रों को लगने लगा, जैसे सबकुछ सामान्य ही है, अब भयभीत होने की कोई आवश्यकता नहीं। वो मानने लगे कि आचार्य धर्मपाल इतने बड़े ज्ञानी होकर भला सत्य ज्ञान के प्रचार का विरोध क्यों करेंगे? ज्यादातर छात्रों का मन ये मानने के लिए तैयार नहीं था कि भला आचार्य धर्मपाल कुलपति के पद पर आसीन होकर हिंसा-द्वेष को बढ़ावा कैसे दे सकते है? वह धर्मपाल के कारण उत्पन्न भय को मिथ्या ही मानते थे। फिर एक दिन अचानक कुछ हुआ।

सभी छात्र संध्या के समय सूर्यास्त के बाद अध्ययन साधना आदि करने के बाद विश्राम हेतु प्रस्थान करते हैं। सुसिद्धार्थक और शीलभद्रक एक ही कक्ष में रहते थे, वे दोनों भी अध्ययन आदि करने के बाद विश्राम करने लगते हैं। लगभग रात्रि का पहला प्रहर बीत चूका था। दोनों गहरी निद्रा में सोए हुए थे, तभी अचानक उन्हें अपने कमरे में कुछ गिरने की आवाज सुनाई दी। सुसिद्धार्थक ने अपनी आँखें खोलीं, चारों तरफ देखने का प्रयास किया, कुछ नजर नहीं आया। मन में प्रश्न उठा, आखिर क्या हो सकता है? इतनी कड़ी सुरक्षा के बाद महाविहार में किसी चोर या जानवर के प्रवेश की संभावना तो है नहीं, फिर यह गिरने की ध्वनि कैसी? भूकंप तो नहीं आया अथवा कोई प्रेत प्रकोप तो नहीं! ऐसे कई विचार सुसिद्धार्थक के मन में आने लगे। सुसिद्धार्थक फिर से उठे, ये जानने के उद्देश्य से कि कमरे में यह गिरने वाली वस्तु कौन-सी है? अभी उठकर खड़े ही हुए थे कि अचानक किसी ने मुख पर हाथ रखकर उनकी आवाज दबा दी। देखते-देखते तीन-चार लोगों ने सुसिद्धार्थक के हाथ पैर भी पकड़ लिये इतने में बिना ध्वनि किए कुछ और लोग कक्ष के अंदर प्रवेश कर गए और सोते हुए शीलभद्र को पकड़ लिया गया। दोनों के हाथ-पैर बाँध दिए गए। सुसिद्धार्थक और शीलभद्र दोनों चिल्ला रहे थे, "छोड़ो हमें, छोड़ो हमें" परंतु दोनों के मुख पर मोटे कपड़े बाँध दिए गए थे। अत: उनकी चीखें कपड़ों के भीतर ही दब गईं साथ ही आँखों पर भी

पट्टी बाँध दी गई, ताकि वो कुछ देख न पाएँ कि उन्हें किस मार्ग से कहाँ ले जाया जा रहा है? शीलभद्र और सुसिद्धार्थक दोनों का अपहरण हो चुका था, लेकिन दोनों को ये समझ नहीं आ रहा था कि उनके साथ हो क्या रहा है? दोनों को उठाकर लगभग नालंदा की गलियों से आधे घंटे तक घूमाते हुए अपहरंकर्ताओं ने उन्हें एक कक्ष में ले जाकर पटक दिया। दोनों स्वयं को इस बंधन से मुक्त करने का बहुत प्रयास कर रहे थे, चिल्ला भी रहे थे। परंतु बाहर तो बस उनके "ऊं ऊं ऊं आ आ" की ध्वनि ही सुनाई दे रही थी। जैसे ही अपहरंकर्ताओं ने उन्हें कक्ष में पटका, तभी एक मानव ध्वनि सुनाई दी।" अरे सिर्फ दो ही बंदर! तीसरा कहाँ है भाई? वही तो इन बंदरों का सरदार है! क्या सरदार को ही छोड़ आए?" अपहरणकर्ताओं ने उत्तर देते हुए कहा, "भिक्षु गुप्तबंधु हम कुमारिल को उठाने उसके कक्ष में गए थे, परंतु हमने देखा कि कुमारिल सोया हुआ नहीं था, ध्यान में बैठा हुआ था। हमने सोचा, अगर चिल्लाने का मौका उसे मिल गया तो हमारा सारा रहस्य प्रगट हो जाएगा, इसीलिए उसे नहीं उठा पाए। "गुप्तबंधु ने दंभपूर्वक व्यंग करते हुए कहा, "चलो कोई बात नहीं, ये दोनों बंदर जाकर अपने सरदार को खबर पहुँचाएँगे कि उनकी कितनी सेवा हुई है!" गुप्तबंधु ने थोड़ा रुककर कहा, "सेवा शुरू करों इन दोनों की।" कहने की देर थी, लगभग 10-12 लोगों ने क्रूरतापूर्वक लात घूँसों से उनकी पिटाई शुरू कर दी। लगभग 5 मिनट तक उनकी निर्दयतापूर्वक पिटाई करने के बाद गुप्तबंधू ने रुकने लिए कहा, "रुक जाओ! रुक जाओ! मित्रो, अब थोड़ी बातचीत हो जाए, वो क्या है न कि लातों के देवता बातों से नहीं मानते, इसलिए ऐसा करना पड़ा। अब दोनों के मुख पर बँधी पट्टी खोल दो।" सुसिद्धार्थक और शीलभद्र दोनों के मुख से पट्टी खोल दी गई। पट्टी खोलते ही उनके रोने-चिल्लाने और दर्द से कराहने की आवाज पूरे कमरे में गूँजने लगी। गुप्तबंधु ने ठहाके मारकर हँसते हुए कहा, "हा हा हा हा हा ··· चिल्लाओ और जोर से! और जोर से चिल्लाओ बंदरों! यहाँ कोई तुम्हारी गुहार सुनाने वाला नहीं। मेरे इतना समझाने के बाद भी नहीं समझे! स्वयं गुरुदेव आचार्य धर्मपाल के समझाने के बाद भी नहीं

समझे, तो अब कोई उपाय नहीं बचा इसके अलावा।"

सुसिद्धार्थक ने दर्द से कराहते हुए गुप्तबंधु से पूछा, "क्या चाहते हो तुम हम से?" गुप्तबंधु ने झटके से कहा, "बस, यही कि तुम नालंदा में अपने वेद-प्रचार का पाखंड बंद करो।"

सुसिद्धार्थक ने उत्तर देते हुए कहा, "वो तो हम कभी बंद नहीं करेंगे, हम संकल्पबद्ध हैं, उसके लिए। गुप्तबंधु! मुझे यह बात समझ में ही नहीं आती कि आखिर आचार्य धर्मपाल को वेदों के प्रचार से क्या समस्या है? ऐसा करके हम धर्म और सत्य की सेवा ही तो कर रहे हैं! वेद जिस सत्य का प्रतिपादन करते हैं, शाक्यमुनि ने भी उसी सत्य को मनुष्य समाज के समक्ष प्रस्तुत किया था। फिर वेदों का विरोध क्यों? जबकि वेदों की रचना शाक्यमुनि के प्रादुर्भाव से हजारों वर्ष पहले हुई!"

गुप्तबंधु ने सुसिद्धार्थक को फटकारते हुए कहा, "अरे मूर्खों! यही तो समस्या है! अगर बौद्ध सूत्रों और वैदिक सूत्रों में समानता ही सिद्ध कर दोगे तो फिर बौद्धों की सत्ता स्थिर कैसे रहेगी? वेदों का विरोध करके ही तो बौद्धाचार्यों ने अपने विहारों को राजमहल जैसा रूप प्रदान किया है। अन्यथा प्राचीन बौद्ध भिक्षु तो जंगलों को ही अपना विहार कहते थे। और आचार्य धर्मपाल ने तो प्रण ले रखा है कि वो पूरे भारतवर्ष से वैदिक धर्म का निर्मूलन करेंगे। और अब तुम सब आचार्य धर्मपाल के शत्रुओं के श्रेणी में आ गए हो। अब मान जाओ और बंद करो अपना ये पाखंड।"

शीलभद्र ने कहा, "नहीं, अब हमने संकल्प ले लिया है। हम इसी मार्ग पर चलेंगे और हम कभी अपने मित्र कुमारिल भट्ट को धोखा नहीं दे सकते। गुप्तबंधु, तुम हमसे जो करवाना चाहते हो, वो हम आखिरी साँस तक नहीं करेंगे।"

गुप्तबंधु ने अपने सेवको को आदेश देते हुए कहा, "अरे भोजन ले आओ भाई! इन भूखे बंदरों को कुछ खिला दो। इतनी पिटाई के बाद भूख तो लगी ही होगी।" गुप्तबंधू के सेवक दो थाली भरकर भोजन ले आए और भिक्षा पात्र में जल। दोनों के समक्ष भोजन रखकर बोला, "चलो शुरू हो

जाओ, भोजन खत्म करो।" सुसिद्धार्थक ने नाक सिकोड़ते हुए कहा, "यह दुर्गंध कैसी आ रही है? इस दुर्गंध में हम भोजन कैसे करेंगे?" गुप्तबंधु ने कहा, "मित्रो! इनकी आँखें खोल दो, ताकि इन्हें पता तो चले इन्हें भोजन में क्या मिला है?" सुसिद्धार्थक और शीलभद्र दोनों के आँखों पर बँधी पट्टी को खोल दिया गया। दोनों ने अपने समक्ष भोजन की थाली देखी तो घिन के मारे आँखे बंद कर लीं और नाक सिकोड़ने लगे। थाली में मानव-मल और जल के पात्र में मानव-मूत्र परोसा गया था।

शीलभद्र और सुसिद्धार्थक को नाक सिकोड़ते और आँख बंद करते देख गुप्तबंधु ने कहा, "क्यों पसंद नहीं आया? अरे मित्रो! जरा इन्हें भोजन कराओ! ये कह रहे हैं कि इन्हें भोजन पसंद नहीं आया!"

गुप्तबंधु के कहते ही 8-10 पहलवानों ने उन्हें पकड़ लिया और जबरदस्ती उनके मुख में मल-मूत्र डालने लगे। गुप्तबंधु ने कहा, "न खाएँ तो इनको नंगा करके इनके पूरे शरीर पर लपेट दो ये।" गुब्तबंधु के गुंडों ने दोनों को निर्वस्त्र करके बचा हुआ, मल-मूत्र उनके देह पर लपेट दिया। सुसिद्धार्थक और शीलभद्र रोते-चिल्लाते रहे, लेकिन कोई उनकी सुनने वाला नहीं था। गुप्तबंधु के पैर पकड़कर गिड़गिड़ाने लगे, कहने लगे, "गुप्तबंधु, तुम चाहो तो हमें मृत्युदंड दे दो, लेकिन हमारे साथ ऐसा अत्याचार मत करो।" गुप्तबंधु फिर क्रूरतापूर्वक दोनों को लात मारते हुए बोला, "बात मान लो मेरी और पाखंड बंद करने का वचन दो और साथ ही इन पत्रों पर अपने हस्ताक्षर करो। लो पढ़ो क्या लिखा है इसमें!" सुसिद्धार्थक और गुप्तबंधु, वो पत्र लेकर पढने लगे। लेकिन पढ़ते समय सुसिद्धार्थक के मुख और नाक से रक्तस्राव हो रहा था। गुप्तबंधु ने कहा कि नहीं पढ़ पा रहे हो तो लाओ मैं पढ़कर सुनाता हूँ। गुप्तबंधु पढ़ने लगा, "मैं नालंदा का बौद्ध भिक्षु ये घोषणा करता हूँ कि मेरे द्वारा बुद्ध द्रोही होने का बहुत बड़ा पाप हुआ है। मैंने नालंदा के कुलपति का अपमान भी किया है। बुद्ध द्रोही होकर मैंने मदिरा का पान किया एक भिक्षु होकर भी वेश्याओं का संग किया। अत: मैं बुद्ध के द्वारा दंड का भागी हूँ। नालंदा के प्रशासन ने तो मुझे क्षमा कर दिया है, जिसका मैं सर्वदा आभारी

रहूँगा। मैं बुद्ध से प्रार्थना करता हूँ कि वो भी मुझे क्षमा करें अथवा मुझे दंडित करें और मैं अपने सारे अपराध बुद्ध के समक्ष स्वीकार करता हूँ।"

बुधं शरणं गच्छामि, धम्मं शरणं गच्छामि, संघम शरणं गच्छामि॥"

"अब बताओ करोगे हस्ताक्षर और दोगे अपना अंगुष्ठ चिह्न इस स्वीकृति-पत्र पर?" गुप्तबंधु ने पूछा।

पत्र को सुनने के बाद सुसिद्धार्थक और शीलभद्र दोनों मौन हो गए। जब गुप्तबंधु को कोई उत्तर नहीं मिला, तब गुप्तबंधु ने कहा, "मित्रो शुरू करो इनकी सेवा, लगाओ दोनों को 50-50 कोड़े इतना मरो कि इनकी पीठ पर कोड़ों के निशान जीवन भर न जाएँ।" गुप्तबंधु के जल्लादों ने निर्दयतापूर्वक सुसिद्धार्थक और शीलभद्र की पीठ पर कोड़ों की बरसात शुरू कर दी।

आज जो नालंदा में हो रहा था की वो सब अमानवीय था और करुणा अवतार भगवान् बुद्ध के सिद्धांतों के विरुद्ध था। सुसिद्धार्थक की पीठ पर एक-एक करके कोड़े बरस रहे थे। सुसिद्धार्थक के लिए अब यह पीड़ा असहनीय थी। सुसिद्धार्थक ने अपने नेत्र मूँद लिये, नेत्र मूँदते हीं सुसिद्धार्थक के समक्ष एक प्रकाशपुंज प्रगट हुआ, सुसिद्धार्थक ने देखा कि प्रकाशपुंज के मध्य स्वयं शाक्य मुनि बोधि वृक्ष के नीचे ध्यानमुद्रा में बैठे हुए हैं। अगले ही क्षण सुसिद्धार्थक ने देखा, बुद्ध बिल्कुल उसके समक्ष खड़े थे। बुद्ध के नेत्र खुले हुए थे, उनके नेत्रों से करुणा धारा प्रवाहित हो रही थी। सुसिद्धार्थक बुद्ध के दर्शन प्राप्त कर अपनी सारी पीड़ा भूल चुके थे। बाह्य अवस्था में सुसिद्धार्थिक मूर्च्छित हो गए थे, परंतु अंतर्मुखी हो साक्षात् शाक्यमुनि के दर्शन प्राप्त कर रहे थे। शाक्यमुनि को देख सुसिद्धार्थक के मुख से स्वतः ही बौद्ध मंत्र प्रस्फुटित हो गया—

बुद्धं शरणं गच्छामि, धम्म शरणं गच्छामि, संघं शरणम् गच्छामि।

अंतर्जगत् में सुसिद्धार्थक आज तथागत को अपने समक्ष देख रहे थे। बुद्ध ने सुसिद्धार्थक को अपनी शरण में आया देख करुणावश कहा, "स्वयं में सत्य को जान लेना ही बुद्धत्व है। आत्मजागृत् होकर हम जिस सत्य पथ पर चलते हैं, वही धम्म है, स्वयं के मन इंद्रियों और बुद्धि को संगठित करके सत्य

के मार्ग पर लगाना ही संघ की शरण है। जब तुमने सत्य का मार्ग चुन लिया है तो निराश होने की आवश्यकता नहीं है।" ऐसा कहकर बुद्ध पुनः प्रकाश रूप में परिवर्तित होने लगे। लेकिन सुसिद्धार्थक की पीड़ा अब शांत हो गई थी। कोड़ों की मार खाकर शीलभद्र भी अपनी सहन क्षमता खो रहा था। शीलभद्र ने गुप्तबंधु के पैर पकड़कर कहा, "गुप्तबंधु बताओ कहाँ हस्ताक्षर करना है, मैं करने को तैयार हूँ।" गुप्तबंधु फिर क्रूरतापूर्वक ठहाके मारते हुए बोला, "ये हुई न बात! छोड़ दो बेचारे को, अब तो मुझे भी दया आ रही है! चलो करो हस्ताक्षर और अपने अँगूठे का चिह्न भी दो।" शीलभद्र ने हस्ताक्षर कर दिए और बोला, "मेरा मित्र तो मूर्च्छित हो गया है, वो कैसे करेगा हस्ताक्षर?" गुप्तबंधु ने कहा, "चिंता मत करो, हस्ताक्षर नहीं करेगा तो हम उसके अंगुष्ठ चिह्न तो ले ही लेंगे।" मूर्च्छित पड़े सुसिद्धार्थक के अंगूठे पर स्याही लगाकर गुप्तबंधु ने सुसिद्धार्थक का अंगुष्ठ चिह्न पत्र पर ले लिया।" फिर अपने लठैतों को बोला, "अच्छे से नहला-धुलाकर मलहम-पट्टी कर दो दोनों को। घावों पर औषधि भी लगा दो। और नींद की औषधि खिलाकर दोनों को इनके कक्ष में सूर्योदय होने से पूर्व छोड़ आओ।" गुप्तबंधु ने फिर से दोनों की गरदन पकड़कर धमकी देते हुए कहा, "ध्यान रहे, आज रात जो भी हुआ, वो किसी को पता नहीं चलना चाहिए।"

नींद की औषधि खिलाकर साफ-सुथरे चीवर पहनाकर गुप्तबंधु के लठैत पुनः दोनों को उनके कक्ष में छोड़ आते हैं। औषधि के प्रभाव से दोनों सूर्योदय से सूर्यास्त तक सोते ही रहते हैं। सुसिद्धार्थक और शीलभद्र पर अपनी नजर बनाए रखने के लिए धर्मपाल के भिक्षुवेशी गुप्तचर अभी भी उनके कक्ष के आस-पास ही घूम रहे थे।

सूर्यास्त के बाद रात्रि का प्रथम प्रहर प्रारंभ हो जाने पर सुसिद्धार्थक की निद्रा टूटी। सुसिद्धार्थक जब उठे, तब उनके शरीर के एक-एक अंग से दर्द की चुभती हुई तरंगें उठ रही थीं। देह के अंदर उठने की क्षमता नहीं थी, परंतु मन सोंच रहा था कि अहिंसा के नाम पर यह हिंसा का कैसा नग्न नृत्य है! अहिंसा के मंदिर के पुजारी हिंसक भेड़िए बनकर बैठ गए! बुद्ध के

नाम और सिद्धांतों का दुरुपयोग हो रहा है। निर्वाण की ओर जाने वाले भिक्षु राजनीतिक महत्त्वाकांक्षाओं को पूर्ण करने में लगे हुए हैं। हमने जब ज्ञान के इस मंदिर में प्रवेश किया था, तब हम बहुत प्रसन्न हुए थे। हमने स्वयं को सबसे अधिक भाग्यशाली समझा था। तब हमें नहीं पता था कि नालंदा के ज्ञान को सीमित कर दिया गया है। नालंदा के ज्ञान में अब जड़ता आ चुकी है, यहाँ ज्ञान और अनुसंधान की नवीनता के लिए अब कोई स्थान नहीं बचा। पदाधिकारियों ने आध्यात्मिक प्रधानता के स्थान पर राजनीति और व्यापर को प्रथम स्थान प्रदान कर दिया है। अब हम किस बात पर और क्यों गर्व करें कि हम नालंदा महाविहार के बौद्ध भिक्षु है! अब तो यहाँ एक-एक पल बिताना कठिन जान पड़ रहा है। सुसिद्धार्थक शीलभद्र के शरीर को हिला-हिलाकर उठाते हुए बोला, "उठो शीलभद्र, उठो, अब हमें नालंदा का त्याग कर देना चाहिए। बौद्ध धर्म की प्रवज्या हमने अपना पेट भरने और सुख-सुविधाओं का लाभ उठाने हेतु नहीं ग्रहण की थी। हमने अष्टांगिक मार्ग और निर्वाण हेतु बौद्ध प्रवज्या धारण की थी, परंतु आज लगभग तथागत के सहस्त्र वर्ष बाद बौद्ध भिक्षुओं के पास सुख-सुविधाएँ तो हैं, परंतु सम्यक ज्ञान और सम्यक आचरण नहीं है। बुद्ध के पञ्चशील को तो वर्तमान भिक्षुओं ने मात्र एक अभिनय और उपहास का विषय बना दिया है। शीलभद्र! मैं अब अपना जीवन बौद्ध बनकर नहीं जीना चाहता।"

शीलभद्र कराहते हुए उठता है। मन कह रहा है कि उठकर नालंदा से कहीं दूर चला जाए पर शरीर इस स्थिति में नहीं है कि उठ सके। शीलभद्र ने दर्द से कराहते हुए कहा, "मित्र, आज रात्रि हमें यहीं रुकना होगा, प्रात: चलते हैं यहाँ से; क्योंकि अँधेरे का लाभ उठा फिर से गुप्तबंधु हमारा अपहरण करवा सकता है।" सुसिद्धार्थक ने कहा, "वो तो हमें हमारे कक्ष से भी उठा सकता है। चलो हम कुमारिल भट्ट के कक्ष में चलें वहाँ थोड़ा सुरक्षित रहेंगे।" लेकिन गुप्तबंधु के द्वारा दिए गए चोटों के दर्द ने दोनों को उठने नहीं दिया, अत: सारी रात वहीं लेटे रहे।

उधर कुमारिल भट्ट भी दो दिनों से अपने घनिष्ठ मित्रों से मिल नहीं

पाए थे। परंतु जब उनके कक्ष में आकर देखा तो वो गहरी निंद्रा में थे तो उन्हें बिना विघ्न डाले वहाँ से चले गए थे। दूसरे दिन प्रात: काल तक सुसिद्धार्थक और शीलभद्र को अपना शारीरिक कष्ट काफी कम जान पड़ा। दोनों उठे और कुमारिल भट्ट के कक्ष में पहुँच गए। कुमारिल ने दोनों को इस स्थिति में देखकर पूछा, "मित्रो इतने दिनों से तुम दोनों कहाँ थे? पहले तो तुम्हें महाविहार में ही ढूँढ़ता रहा, फिर जब तुम्हारे कक्ष में गया तो तुम दोनों गहरी निद्रा में ऐसे सो रहे थे, जैसे मद्यपान कर रखा हो। तुम्हारे कक्ष में अजीब से दुर्गंध भी थी। क्या है ये सब?" कुमारिल ने प्रश्नों की झड़ी लगा दी। शीलभद्र व्याकुल होकर बोलने लगा, "मित्र, हमारा अपहरण हो गया था, हमें मारा पीटा गया, हमारे से अत्यंत घृणित दुर्व्यवहार किया गया, मित्र, हमें अनेक यातनाएँ दी गई…" बोलते-बोलते शीलभद्र कुमारिल भट्ट के चरणों में गिरकर रोने लगा। कुमारिल ने देखा, उनकी पीठ पर अभी भी कोड़ों की मार के निशान ताजे थे। कुमारिल ने आश्चर्य करते हुए और क्रोधित होते हुए पूछा, "किसने किया तुम्हारे साथ ये सब?" उत्तर मिला, "गुप्तबंधु ने! कुमारिल, गुप्तबंधु ने! धर्मपाल के कहने पर हमारे साथ ये सब किया गया। हमें बहुत मारा अमानवीय और क्रूरतापूर्वक। वो तुम्हें भी उठाने आए थे, परंतु तुम मध्य रात्रि के समय जाग रहे थे, इसलिए भयभीत होकर चले गए। मित्र! अब हम एक पल भी यहाँ रुकना नहीं चाहते। हम तो कहते हैं, तुम भी समय रहते यहाँ से निकल लो मित्र! हमारे साथ किसी भी समय कुछ भी हो सकता है।" कुमारिल भट्ट ने दोनों को साहस देते हुए कहा, "मित्र, इतने व्याकुल और भयभीत होने की आवश्यकता नहीं है। कुछ समय मेरे कक्ष में मेरे साथ रुको, फिर अच्छे से विचार करके यहाँ से निकलेंगे। कम-से-कम आज पूरा दिन मेरे साथ ही रहो।"

सुसिद्धार्थक ने कराहते हुए कहा, "आह! ठीक है मित्र, दिन में रुक जाते हैं, परंतु सूर्यास्त होते हीं हम महाविहार के बाहर निकल जाएँगे।"

भट्टाचार्य अब यह समझ चुके थे कि इस मानसिक स्थिति और इतनी प्रताड़ना के बाद इन्हें यहाँ रुकने के लिए कहना अब उचित नहीं होगा। कुमारिल भट्ट ने सुसिद्धार्थक को रोकते हुए कहा, "ठीक है, परंतु जाओगे कहाँ?"

"अपने घर जाऊँगा, श्रावस्ती अपने परिवार के पास और कहाँ? और कौन से स्थान जा सकता हूँ भला!" सुसिद्धार्थक ने अश्रुपुरित नेत्रों से कहा।

कुमारिल भट्ट ने कहा, "ठीक है, अच्छा निर्णय है। लेकिन···" तभी अचानक कक्ष के द्वार पर कुछ गिरने की ध्वनि सुनाई दी। कुमारिल दोनों मित्रों को चुप कराते हुए द्वार पर देखने गए, आखिर क्या गिरा है? कुमारिल भट्ट ने देखा, दरवाजे के पास एक पानी का घड़ा रखा हुआ था, जो कि ठोकर लगने से गिर गया था। कुमारिल भट्ट समझ गए कि अवश्य कोई छुपकर हमारी बात सुन रहा था। कुमारिल ने कहा, "कोई हमारी बात छुपकर सुनने का प्रयास कर रहा था। निश्चय ही धर्मपाल के गुप्तचर होंगे। मित्रो! अब हम अपनी बातें बोलकर नहीं, लिखकर करते हैं। और लिखे हुए पत्रों को पढ़ने के बाद उन्हें भस्म कर देंगे।"

अब तीनों चुप हो गए, लिख लिखकर और संकेतों में बात करने लगे।

कुमारिल भट्ट ने लिखा, "अब हमें अपनी योजना बदलनी होगी। आज रात्रि के स्थान पर तुम्हें कल दिन के उजाले में ही निकलना होगा। और अपने घर जाने के स्थान पर कुछ काल के लिए किसी और स्थान पर जाना होगा; क्योंकि ये सारी बातें धर्मपाल के गुप्तचर ने सुन ली है।"

सुसिद्धार्थक ने लिखित पूछा, "कुमारिल क्या तुम भी हमारे संग चलोगे?"

कुमारिल ने उत्तर दिया, "नहीं, अभी मैं नालंदा में ही रुकूँगा, क्योंकि मैं चाहता हूँ, नालंदा का सत्य दूसरे भिक्षुओं और स्वयं सम्राट् तक पहुँचना चाहिए।"

शीलभद्र ने कहा, "लेकिन यह खतरों से भरा हुआ है। इसमें तुम्हारी हत्या भी हो सकती है।"

कुमारिल ने कहा, "चिंता मत करो, मैं अभी मृत्यु को प्राप्त होने वाला नहीं।"

सुसिद्धार्थक और शीलभद्र ने नालंदा छोड़ने का पूरा मन बना लिया था। धर्मपाल के गुप्तचरों को चकमा देने के लिए कुमारिल भट्ट ने उन्हें सूर्यास्त

और सूर्योदय के समय निकलने से मना किया। कुमारिल भट्ट के निर्देशानुसार सुसिद्धार्थक और शीलभद्र दोनों दोपहर के समय नालंदा के बाहर निकलते हैं। निकलते समय कुमारिल भट्ट अपने दोनों मित्रों से गले मिलते हैं और उन्हें एक पत्र देते हैं। गले मिलते समय कुमारिल भट्ट ने सुसिद्धार्थक से कहा, “मैंने तुम्हारे वस्त्रों के कमरबंध में एक पत्र डाला है, नालंदा से लगभग 1 मील की दूरी तय करने के बाद इस पत्र को पढ़ लेना।” सुसिद्धार्थक ने हामी भरी और कुमारिल भट्ट से कहा, “मित्र! अपना ख्याल रखना और हर कदम फूँक-फूँककर रखना, सर्वदा सतर्क रहना।” ऐसा कहते हुए सुसिद्धार्थक और शीलभद्र कुमारिल के कक्ष से निकल गए। एक साधारण भिक्षु की तरह हाथ में भिक्षा पात्र लिये महाविहार के मुख्य द्वार से बाहर निकल गए। लगभग एक मील की दूरी तय करने के बाद सुसिद्धार्थक और शीलभद्र ने कुमारिल का पत्र निकाला। पत्र में लिखा हुआ था—

“सावधान मित्रो! धर्मपाल के गुप्तचर दूर तक तुम्हारा पीछा करेंगे। सावधान रहना और सतर्क रहना। जब तक तुम नालंदा में थे, तब तक तुम्हारे साथ कुछ करना उनके लिए इतना सरल नहीं था। परंतु अब वो तुम्हारी हत्या भी कर सकते हैं, इसलिए प्रयासरत रहना कि धर्मपाल के गुप्तचरों को चकमा दे सको। तुम श्रावस्ती और पाटलिपुत्र की ओर जाना छोड़कर नालंदा से 2 मील दक्षिण जाने के बाद पूर्व दिशा की ओर प्रस्थान करना। श्रोन नदी के तट पर एक महाबलिपुर नामक ग्राम है। वहाँ मेरे प्रिय मित्र पंडित रामचंद्र मिश्र रहते हैं। उन्हें मेरा नाम लेकर अपना परिचय बताना, वो तुम्हारी अवश्य सहायता करेंगे। और तुम अगर और अधिक सुरक्षित रहना चाहते हो तो बौद्ध-भिक्षु के चीवरों का त्यागकर ब्राह्मण वेश में रहना। लगभग दो मास तक वहाँ मेरी प्रतीक्षा करना। वहाँ तुम्हें नालंदा में घटने वाली घटनाओं की जानकारी भी प्राप्त होती रहेगी।

शुभ यात्रा मित्रो! शीघ्र मिलेंगे।”

□

ब्रह्म हत्या

सुसिद्धार्थक और शीलभद्र ने वैसा ही किया। जैसा कि श्री भट्टाचार्य ने उनका मार्गदर्शन किया। इधर नालंदा में सुसिद्धार्थक और शीलभद्र के नालंदा छोड़कर चले जाने कि खबर तेजी से फैल रही थी। कुलपति धर्मपाल ने पुनः सभी भिक्षुओं की सभा बुलाई और सबको एकत्र करके पूर्व की भाँति सुसिद्धार्थक और शीलभद्र के चरित्र पर लांछन लगाते हुए रोना-गाना शुरू कर दिया। धर्मपाल ने कहा, "मेरे प्रिय बुद्ध प्रेमियो! हमारे महान् गुरु भगवान् बुद्ध कहा करते थे, यह संसार मिथ्या है—जो वास्तविक सत्य है वो तो शून्य है। परंतु यह मिथ्या संसार बहुत-बहुत शक्तिशाली है। बुद्ध और बुद्ध के कई अनुयायी, जो मारा के मार से बच गए, परंतु बचना इतना सरल नहीं होता। आज हमारे दो भिक्षु अपने पथ से गिर चुके हैं, वो नहीं चल पाए इस मार्ग पर, भटक गए मिथ्या संसार के चक्कर में। मैंने बहुत प्रयास किया कि सँभल जाएँ, समझ जाएँ, लेकिन सब व्यर्थ हो गया। आखिर चले गए नालंदा छोड़कर। अरे जो यहाँ नहीं रह सका, वो भला संसार में कहाँ से रह पाएगा? तथागत को धोखा देकर जाने वाले कभी शांति से नहीं रह सकते। लेकिन जाते-जाते अपने पापों का स्वीकृति-पत्र देते गए। इसके लिए मैं स्वयं तथागत से प्रार्थना करूँगा कि तथागत उनपर अपनी कृपा-दृष्टि बनाए रखें और उनकी रक्षा करें। गुप्तबंधु, पढ़कर सुनाओ उनके स्वीकृति-पत्र को।"

गुप्तबंधु ने उस पत्र को पढ़कर सुना दिया, जिस पर उसने सुसिद्धार्थक और शीलभद्र को मार-पीटकर हस्ताक्षर करवाया था। कुमारिल भट्ट फिर से

वही अन्याय देख रहे थे, जो पिछले वर्ष आचार्य धर्ममित्र के साथ हुआ था। लेकिन अब चुप बैठने का समय नहीं था। कुमारिल बिना अनुमति के धर्मपाल के लिए बनाए गए मंच पर चढ़ जाते हैं और धर्मपाल से कहते हैं, "आचार्य! मैं भी दो शब्द बोलना चाहता हूँ।" सब के समक्ष दो शब्द बोलने के आग्रह को मना करना धर्मपाल को असहिष्णु प्रमाणित करता। अत: धर्मपाल ने 'हाँ' में हामी भर दी। और कुमारिल भट्ट को अवसर मिल गया। कुमारिल भट्ट ने बोलना प्रारंभ किया, "भिक्षु मित्रो, मैं भिक्षु कुमारिल हूँ। सुसिद्धार्थक और शीलभद्र दोनों मेरे बहुत अच्छे मित्र थे। दोनों ज्यादातर समय मेरे साथ ही व्यतीत करते थे। मेरे भिक्षु भाइयो, गुप्त बंधू ने जो पत्र पढ़कर सुनाया, हो सकता है वो सब सही हो। परंतु मैंने अपने मित्रों को ऐसा आचरण करते हुए कभी नहीं देखा। लेकिन आज एक दूसरा सत्य मैं आपके समक्ष रखना चाहता हूँ।" कुमारिल ने दोनों के मैले-कुचैले वस्त्र सबके सामने रख दिए। वस्त्रों को उठाकर दिखाते हुए सभी एकत्रित भिक्षुओं से बोलने लगे, "देखो भिक्षु भाइयो, ये वस्त्र मेरे दोनों मित्रों के हैं, देखो, इन वस्त्रों से कितनी दुर्गंध आ रही है, जैसे मानव मॉल और मूत्र से आती है। ध्यान से देखो, इन वस्त्रों पर रक्त के धब्बे भी हैं। क्या कोई अपने वस्त्रों पर मल-मूत्र लगाकर वेश्या संग करने जाएगा? अगर नहीं तो फिर स्पष्ट है, किसी ने उन्हें बहुत निर्दयता से मारा-पीटा है। मेरे भाइयो, मेरे दोनों मित्र कल महाविहार को छोड़कर गए, परंतु उनके यह रक्त से लथपथ वस्त्र मुझे तीन दिवस पहले ही मिल गए थे। वो भयभीत थे, डरे हुए थे। उनके शरीर पर कई घावों के चिह्न बिल्कुल ताजे थे। मैंने उनसे बहुत पूछा कि बताओ किसने किया यह सब तुम्हारे साथ, यह हिंसक व्यवहार तो अमानवीय है? परंतु भय के कारण वो कुछ न बोले। मेरे भिक्षु भाइयो, कल यह सब हम में से किसी के साथ भी हो सकता है। अत: यह बहुत आवश्यक है कि उसके बारे में जाना जाए जो अहिंसा के मंदिर में हिंसा का नग्न नृत्य कर रहा है। अगर कोई भिक्षु छात्र पथभ्रष्ट होता है तो कुलपति महोदय का पूर्ण अधिकार है कि वो उसे सुधरने का अवसर दें अथवा महाविहार से निष्कासित कर दें; परंतु अगर कोई उस भिक्षु के साथ

ऐसा अमानवीय क्रूरतापूर्ण आचरण करे तो यह बुद्ध की देशना के विरुद्ध ही है। मित्रो! हमें उस हिंसक पुरुष को ढूँढ़ना है, जो यह सब कर रहा है। मित्रो! क्या आप मेरा साथ देंगे उस अपराधी को ढूँढ़ने में?"

सामने से सामूहिक ध्वनि गुंजायमान हो उठी, "हम तुम्हारे साथ हैं, कुमारिल! हम तुम्हारे साथ हैं।" यह सब देखकर कुलपति धर्मपाल की आँखे फटी की फटी रह गई। लेकिन अगर वो कुछ भी बोलते, तो वो उनकी सहिष्णुता वाली छवि को खराब करने वाला होता; परंतु अब यह भी आवश्यक हो गया था कि कुमारिल भट्ट के इस प्रभावशाली भड़काऊ भाषण को रोकने के लिए हस्तक्षेप तो करना ही था। धर्मपाल उठे और कुमारिल भट्ट के बगल में जाकर खड़े हो गए और सुर में सुर मिलाकर बोलने लगे, "कुमारिल, हम तुम्हारे साथ हैं, हम तुम्हारे साथ हैं।" कुमारिल को चुप करा धर्मपाल ने बोलना शुरू किया, "भिक्षु छात्रो! मैं भी आप सब के साथ हूँ। और वचन देता हूँ कि शीघ्र अतिशीघ्र उस अपराधी को ढूँढ़ निकालेंगे। परंतु अब इस सभा को विसर्जित किया जाए। सब अपने अपने कार्य में लग जाएँ! कुमारिल भट्ट समझ गए थे कि आचार्य धर्मपाल किसी-न-किसी विधि से सभा को विसर्जित करने के लिए ही उठे हैं। कुमारिल भट्ट ने धर्मपाल को अब खुली चुनौती दे दी थी। परंतु कुमारिल भट्ट के लिए भी अब आगे का मार्ग सरल नहीं था। परंतु कुमारिल भट्ट ने धर्मपाल के विरुद्ध अपना मोरचा खोल दिया था। अब वो महाविहार के प्रांगण में अन्य भिक्षुओं से मिलकर कुलपति के विरुद्ध खुल्लम-खुल्ला बोल रहे थे। अब वो नालंदा में वेदों का प्रचार भी बेझिझक करते थे। परंतु यह सब आचार्य धर्मपाल के लिए असहनीय था। उनकी गरिमा और अभिमान पर सीधा प्रहार था।

एक दिन कुमारिल भट्ट महाविहार के खुले प्रांगण में भिक्षुओं के संग बैठकर अपनी वेद-चर्चा कर रहे थे। तभी कुछ सशस्त्र सैनिक वहाँ आ गए। सैनिकों ने बैठे हुए कुमारिल भट्ट की भुजाएँ पकड़कर उठा दिया। सैनिकों ने कहा, "कुमारिल भट्ट हमें आदेश है कि तुम्हें बंदी बनाया जाए।" कुमारिल ने आश्चर्य व्यक्त करते हुए पूछा, "परंतु मेरा अपराध क्या है?" सैनिकों

ने कहा, "कुमारिल भट्ट तुमने नालंदा विश्वविद्यालय के कुलपति आचार्य धर्मपाल के विरुद्ध षड्यंत्र किया है। और भी कई गंभीर अपराधों के आरोप तुम पर हैं। अब इस पर चर्चा स्वयं महाराज हर्षवर्धन के न्यायालय में ही होगी। तुम्हें अपनी सफाई में जो भी कहना हो, अब वहीं चलकर कहना।" कुमारिल भट्ट अपने आप को बंदि बनाए जाने पर बहुत आश्चर्यचकित थे, परंतु साथ ही वो यह भी समझ रहे थे कि अगर परिस्थितियाँ उनके अनुकूल हुई तो सम्राट् हर्षवर्धन को नालंदा की वर्तमान परिस्थितियों का संज्ञान भी कराया जा सकता है।

सम्राट् हर्षवर्धन एक न्यायप्रिय राजा थे। उनका साम्राज्य नर्मदा के उत्तर में पूरे उत्तर भारत में फैला हुआ था। बंगाल का शासक राजा शशांक बौद्ध विरोधी था। उसने कई बुद्ध मंदिरों और बुद्ध मूर्तियों को खंडित किया था। शशांक ने हर्षवर्धन के बड़े भाई राजवर्धन और उनकी बहन राज्यश्री को बंदी बना लिया था। कन्नौज के राजा गृहवर्मन से राज्यश्री का विवाह हुआ था। शशांक के द्वारा कन्नौज पर आक्रमण होने से राजवर्धन अपनी सेना लेकर कन्नौज की सहायता हेतु पहुँचे, लेकिन शशांक और मालव नरेश देवगुप्त की सेना के समक्ष टिक नहीं पाए। राज्यवर्धन का वध हो गया। कन्नौज पर देवगुप्त और शशांक ने विजय प्राप्त कर ली। तब मात्र 16 वर्ष की उम्र में हर्षवर्धन का राज्याभिषेक करके थानेश्वर का राजा बनाया गया। तब हर्षवर्धन ने बड़ी भारी सेना तैयार करके कन्नौज एवं अपनी बहन रानी राज्यश्री को मुक्त करने हेतु आक्रमण किया और शशांक और देवगुप्त दोनों को पराजीत करके बंगाल से पंजाब तक पूरे उत्तर भारत में एकछत्र राज्य स्थापित कर लिया और साथ ही अपनी बहन राज्यश्री को भी मुक्त करने में सफल हो गया। हर्षवर्धन ने कन्नौज को अपनी राजधानी बना लिया। हर्षवर्धन ने दक्षिण भारतीय राजाओं को पराजित किया, परंतु वहाँ अपना साम्राज्य स्थिर नहीं रख पाए। हर्षवर्धन बुद्धप्रेमी राजा थे, वो एक श्रद्धावान व निष्ठावान बौद्ध उपासक थे। सम्राट् हर्षवर्धन को नालंदा बहुत प्रिय था। सम्राट् ने नालंदा और बौद्धों को पूर्ण निर्भयता प्रदान कर दी थी। इस काल में नालंदा ने पूर्ण विकास

किया। हर्षवर्धन काल में नालंदा विश्वविद्यालय विश्व मंच पर ज्ञान के सूर्य के समान दैदीप्यमान था। नालंदा के अतिरिक्त सम्राट् को कादंबरीकार बाणभट्ट प्रिय थे। बाणभट्ट हर्षवर्धन के परम मित्र और प्रमुख सलाहकार भी थे। बाणभट्ट एक उत्कृष्ट साहित्यकार और संगीतज्ञ भी थे। सम्राट् हर्षवर्धन का काल लगभग 41 वर्षों तक निष्कंटक रहा। सम्राट् के विरुद्ध कई षडयंत्र और आक्रमण हुए, परंतु उनके जीते-जी उनकी राष्ट्रीय अखंडता को कोई खंडित नहीं कर पाया। चीनी बौद्धाचार्य ह्वेस्वांग ने भी अपने ग्रंथों में हर्षवर्धन की महिमा लिखी है। बाणभट्ट ने अपने 'हर्षचरितं' ग्रंथ में हर्षवर्धन की गुणगाथा लिखी है। एक षड्यंत्र के अंतर्गत उनके दो पुत्रों की हत्या कर दी गई। अतः इसलिए उनका कोई उत्तराधिकारी नहीं बचा। अब सम्राट् वृद्धावस्था में प्रवेश कर चुके थे। काल-परिवर्तन के साथ सम्राट् के न्यायप्रियता और ख्याति में कोई कमी नहीं आई थी। परंतु सम्राट् में एक परिवर्तन अब आ चुका था। सम्राट् की श्रद्धा अब बौद्ध उपासना से हटकर वैष्णव और शैव उपासना की ओर आकृष्ट हो रही थी। सम्राट् को अब बौद्धों की राष्ट्रीय निष्ठा पर संदेह भी रहता था। सम्राट् को ऐसा लगता था कि नालंदा के बौद्धाचार्य विदेशी राजाओं से संबंध बनाकर उनके राज्य के विरुद्ध षड्यंत्र करने का प्रयास करते हैं। संभवतः इस संदेह के कारण ही उनका ध्यान अब शैव उपासना की ओर आकृष्ट हुआ हो। नालंदा के बौद्धाचार्यों को ऐसा लगता था कि सम्राट् कोई पक्षपाती बौद्ध उपासक नहीं हैं। अतः इसीलिए उन्होंने अपने दरबार में वैदिक ब्राह्मणों को भी उच्च स्थान प्रदान किया है। नालंदा के महायानी बौद्धाचार्य चाहते थे कि 'शैव' और 'वैष्णव' के साथ वैदिक धर्म और साधना का पूर्णतः निर्मूलन हो। परंतु हर्षवर्धन ने अपना सबसे अधिक समर्थन आर्थिक और राजनैतिक रूप से बौद्ध संप्रदाय को ही प्रदान किया था। लेकिन अब वृद्धावस्था में वह बौद्धाचार्यों के क्रियाकलाप से असंतुष्ट रहने लगे थे।

महाराज हर्षवर्धन अपने न्यायालय भवन में उपस्थित थे। न्याय प्रक्रिया चल रही थी। उनके मंत्री अवंती और न्यायाधीशों की सभा बैठी हुई थी, जो उचित न्याय करने में उनके सहयोगी होते थे। महाराज के समक्ष एक-एक

करके राज्य में होने वाले अपराध के कई प्रकरण आ रहे थे। उनका न्याय भी हो रहा था। इसी शृंखला में कुमारिल भट्ट की बारी भी आ गई। कुमारिल भट्ट को बंदी बनाकर महाराज के समक्ष प्रस्तुत किया गया। एक भिक्षु को अपने समक्ष अपराधी रूप में देखकर महाराज को बड़ा आश्चर्य हुआ। महाराज ने कहा, "अरे! अब क्या मेरे राज्य में बौद्ध भिक्षु भी अपराधी होने लगे हैं? क्या अपराध किया है इस भिक्षु ने?"

एक न्यायधीश खड़े होकर बोले, "महाराज! भिक्षु कुमारिल के ऊपर नालंदा के कुलपति धर्मपाल के विरुद्ध हत्या के षड्यंत्र का अभियोग है। साथ ही महाविहार में रहते हुए मद्यपान और वेश्यागमन जैसे घृणित कर्मों को करने का भी आरोप है।"

महाराज ने कुमारिल भट्ट से कहा, "किसी भिक्षु पर ऐसे आरोप लगने अत्यंत दुःखदायी घटना है। भिक्षु! क्या तुम स्वीकार करते हो अपना अपराध? तुम्हें अपना मत रखने की स्वतंत्रता दी जाती है।"

कुमारिल भट्ट महाराज को प्रणाम करके जो भी सत्य था। पूरे आत्मविश्वास के साथ कहने लगे, "नहीं महाराज! मैंने ऐसा कोई कार्य नहीं किया, जिनके कारण मुझे बंदी बनाया गया है। महाराज मैंने तो बस बौद्ध दर्शन और वैदिक दर्शन के बीच समन्वय स्थापित करते हुए अपने विचार रखे थे। मेरे विचार कई भिक्षुओं को स्वीकार थे, परंतु आचार्य धर्मपाल को स्वीकार नहीं थे। कुलपति महोदय को लगता है कि मेरे विचारों के प्रचार से उनकी सत्ता खतरे में आ जाएगी। अतः इसीलिए उनके-मेरे बीच मतभेद उत्पन्न हुआ। और उन्होंने षड्यंत्र करके मेरे ऊपर अभियोग चलाया।"

महाराज ने कुमारिल भट्ट से कहा, "अर्थात् तुमने कोई षड्यंत्र नहीं किया। और उलटा तुम्हारे विरुद्ध षड्यंत्र हुआ है। और तुमने किसी बौद्ध-वैदिक विचारधारा पर अपने सिद्धांत दिए हैं, जिससे आचार्य धर्मपाल को समस्या है! यही कहना है न तुम्हारा?"

कुमारिल भट्ट ने कहा, "जी महाराज!"

महाराज हर्षवर्धन ने पुनः कुमारिल भट्ट से कहा,"भिक्षु कुमारिल! मैं

सर्वदा नवीन दार्शनिक विचारों को जानने हेतु तत्पर रहता हूँ। तुम्हारा दंड निश्चय करने से पूर्व मैं जानना चाहूँगा कि तुमने कौन से नवीन विचार दिए हैं ?"

महाराज हर्षवर्धन महामंत्री अवंती को निर्देश देते हुए कहते हैं, "महामंत्री अवंती, आप पूरा समय लीजिए और भिक्षु कुमारिल से वार्त्तालाप करके इनके विचारों को समझिए और मुझे सूचित कीजिए। साथ ही नालंदा में गुप्तचरों को भेजकर इस प्रकरण की पूरी जानकारी प्राप्त करिए। और आवश्यकता पड़े तो दार्शनिक विषयों में आचार्य बाणभट्ट का सहयोग भी प्राप्त करें।"

महाराज कुमारिल भट्ट से कहते हैं, "भिक्षु कुमारिल, आपके इस न्यायिक प्रक्रिया को अगले दो दिवस के लिए हम स्थगित करते हैं। अब दो दिवस बाद ही कोई निर्णय होगा।"

महामंत्री अवंती, कुमारिल भट्ट से मिलकर उनके बौद्ध-वैदिक विचारधारा को समझने का प्रयास करते हैं। साथ ही उनपर लगे अभियोग के प्रकरण की छान-बीन भी गुप्तचरों से करवाते हैं। और सारी जानकारी लेकर महाराज के समक्ष उनके निजी कक्ष में मिलकर कुमारिल प्रकरण के बारे में बताते हुए कहते हैं, "महाराज! गुप्तचरों के माध्यम से मिली जानकारी के आधार पर भिक्षु कुमारिल के ऊपर लगे सारे अभियोग मिथ्या जान पड़ रहे हैं। यही प्रतीत हो रहा है कि आचार्य धर्मपाल अपने पद का दुरुपयोग कर एक निर्दोष को सजा दिलवाना चाहते हैं।"

महाराज हर्षवर्धन ने कहा, "महामंत्री, क्या आपने इस विषय पर नालंदा महाविहार के कुलपति आचार्य धर्मपाल से बात की है ?"

महामंत्री अवंती ने कहा, "जी महाराज, वो बिना प्रमाण दिए भिक्षु कुमारिल को दोषी मान रहे हैं। उन्होंने भिक्षु कुमारिल के लिए मृत्युदंड अथवा आजीवन कारावास की माँग की है।"

तो फिर बताइए, महामंत्री, क्या किया जाए ?" थोड़ा चिंतित होते हुए सम्राट् हर्षवर्धन ने पूछा।

महामंत्री अवंती बोले, "महाराज! यह तो आपको ही निश्चित करना है।

आचार्य धर्मपाल राज्य के प्रशासनिक तंत्र पर अपना दबाव बनाना चाहते हैं। महाराज! आप बौद्ध अनुयायी हैं, इसलिए वो मानते हैं कि नालंदा महाविहार के कुलपति की हर बात आपको गुरु-आज्ञा समझकर मान लेनी चाहिए।"

"महामंत्री! कोई व्यक्ति बौद्ध अनुयायी इसलिए नहीं बनता कि वो अंधविश्वासी हो आज्ञा का पालन करता रहे! कोई बौद्ध अनुयायी इसलिए बनता है कि इस परिवर्तनशील संसार में वह अपने मन को शांत और अनासक्त रखते हुए निर्वाण की प्राप्ति कर सके। मुझे आशंका है कि अगर इसी तरह चलता रहा तो एक दिन अवश्य ही यह संपूर्ण बौद्ध प्रपंच महान् भारतभूमि से विलुप्त हो जाएगा।" महाराज ने यह सब महामंत्री को बीच में ही टोकते हुए बोला।

"महामंत्री, मुझे थोड़ा समय दीजिए, मैं अपने साधना कक्ष में जाकर कुछ समय तक ध्यान करना चाहता हूँ। मैं अपने भीतर बैठे बुद्ध से बात करना चाहता हूँ।" ऐसा कहकर सम्राट् अपने साधना कक्ष में चले गए।

लगभग 3 घंटे बाद सम्राट् अपने साधना कक्ष से बाहर निकलते हैं, फिर महामंत्री अवंती को बुलाकर कहते हैं, "महामंत्री, आप आचार्य धर्मपाल को एक पत्र लिखिए। पत्र में उन्हें सूचित कीजिए कि हमारे द्वारा की गई जाँच-पड़ताल में भिक्षु कुमारिल बिल्कुल निर्दोष पाए गए हैं। परंतु आचार्य धर्मपाल आप नालंदा महाविहार के कुलपति हैं। आपको पूरा अधिकार है अपने पक्ष में निर्णय लेने का। आप चाहें तो भिक्षु कुमारिल को नालंदा से निष्कासित कर सकते हैं, अगर आपको लगता है कि भिक्षु कुमारिल ने महाविहार की मर्यादाओं का उल्लंघन किया है। परंतु हमारी छान-बीन में भिक्षु कुमारिल के विरुद्ध कोई साक्ष्य नहीं है। अत: हम भिक्षु कुमारिल को सारे आरोपों से मुक्त करते हैं।"

सम्राट् के बताए हुए तथ्यों के आधार पर महामंत्री अवंती ने एक पत्र लिख दिया और आचार्य धर्मपाल को भिजवा दिया। श्री भट्टाचार्य को सैनिकों ने पुन: नालंदा महाविहार में सम्मानपूर्वक पहुँचा दिया।

आचार्य धर्मपाल ने जब सम्राट् हर्षवर्धन का पत्र पढ़ा तो उनके पैरों

तले की जमीन खिसक गई। उनके लिए यह बहुत दु:खद समाचार था कि कुमारिल भट्ट को पुन: नालंदा महाविहार में ससम्मान भेजा जा रहा है। यह निश्चित था कि इस बार कुमारिल भट्ट का आत्मविश्वास पहले से बढ़ा होगा! परंतु एक सकारात्मक बात यह थी कि सम्राट् ने उन्हें कुमारिल भट्ट के संदर्भ में अपने निजी अधिकारों के प्रयोग की छूट दे रखी थी। आचार्य धर्मपाल के पास एक विकल्प हमेशा था और वो था, कुमारिल भट्ट को नालंदा से निष्कासित कर देना। परंतु उनकी समस्या का हल कुमारिल भट्ट को निष्कासित कर देने से संभव नहीं था; क्योंकि धर्मपाल यह नहीं चाहते थे कि कुमारिल भट्ट की वैदिक विचारधारा का प्रचार-प्रसार बढ़े। क्योंकि उत्तर भारत में इस विचारधारा के प्रसार से निश्चित ही बौद्धों की सत्ता खतरे में आ जाएगी। धर्मपाल सोंच रहे थे कि अगर कुमारिल भट्ट को नहीं रोका गया तो उनकी और नालंदा की प्रतिष्ठा के लिए घातक होगा।

कन्नौज से लौटने के बाद कुमारिल भट्ट सर्वप्रथम स्वयं आचार्य धर्मपाल से मिलते हैं। कुमारिल भट्ट कहते हैं, "आचार्य, आप मेरे गुरु हैं, मैं आपकी हत्या की बात स्वप्न में भी नहीं सोंच सकता। आचार्य, फिर मेरे ऊपर इतना बड़ा अभियोग क्यों? आचार्य, मैं तो बस दो विचारधाराओं को एक करने का प्रयास कर रहा था। समाज में फैले भेदभाव, वेद मार्गियों और बौद्धों के बीच जो झगड़ा है। मैं उसको खत्म करना चाहता हूँ। मैं नालंदा में वेदों की प्रतिष्ठा को कायम करना चाहता हूँ, क्योंकि वेद भी मनुष्य को सत्य से जोड़ते हैं। इसी उद्‌देश्य से मैंने बौद्ध वैदिक विचारधारा पर ग्रंथ रचना की थी; परंतु आचार्य, मैं देख रहा हूँ, आप स्वयं समाज में व्याप्त भ्रांतियों और भेदभाव को दूर करने में तत्पर नहीं हैं। स्वयं महामंत्री अवंती ने मेरे विचारों की सराहना की है। अत: हे आचार्य! आप मुझ पर क्रोधित न हों और मेरे मित्र सुसिद्धार्थक और शीलभद्र को भी क्षमा करें और उन्हें पुन: नालंदा महाविहार में स्थान प्रदान करें। आचार्य, आप वेदों के प्रति घृणा भाव को त्याग दें। वेद स्वयं संपूर्ण सृष्टि, इहलोक और परलोक का ज्ञान देते हैं। वेद सर्वकल्याण का उपदेश देते हैं। वेद ही हमें कर्म की प्रेरणा देते हैं और जीवन जीने की कला सिखाते हैं। फिर वेदों

के प्रति इतनी घृणा क्यों आचार्य? मैं भगवान् वेद की कृपा से ही हर मुश्किल से बच जाता हूँ। अत: आचार्य, आपसे करबद्ध निवेदन है कि आप मेरे विचारों पर चिंतन करें और अपने मन से सारे द्वेष निकाल दें।"

आचार्य धर्मपाल कुमारिल भट्ट के मुख से यह सब सुनकर बहुत आहत हुए और सोचने लगे कि 'देखो, राजा ने इसे स्वतंत्र छोड़कर कितनी बड़ी गलती की है! इसका आत्मविश्वास अब इतना बढ़ गया है कि यह मुझे ही वेदों का ज्ञान देने आ गया है! अगर इस पर रोक नहीं लगेगी तो निश्चित ही एक दिन नालंदा के सारे भिक्षु वैदिक ब्राह्मण में परिवर्तित हो जाएँगे। यद्यपि सम्राट् ने कुमारिल के विषय में उसे निष्कासित करने और अपने अधिकारों का प्रयोग करने की छूट दी है, परंतु अभी कोई भी कदम उठाना हमारी असहिष्णुता को प्रगट करेगा। अत: वर्तमान में शांत रहना ही उचित होगा।' ऐसा सोंचकर आचार्य धर्मपाल ने कहा, "कुमारिल! तुम्हें व्यर्थ में गुरु भक्ति का प्रदर्शन करने की आवश्यकता नहीं है, क्योंकि तुम से बड़ा गुरुभक्त पूरे नालंदा में नहीं है। तुम अपने मत का प्रचार करना चाहते हो, करो। अगर मुझे कोई निर्देश देना होगा तो मैं स्वयं तुम्हें आकर दे दूँगा।" आचार्य धर्मपाल ने अपने हृदय पर पत्थर रखकर यह सब कह दिया। परंतु इस विषय को लेकर अब वो पहले से अधिक गंभीर थे और इसका समाधान ढूँढ़ रहे थे।

श्री भट्टाचार्य नालंदा के भिक्षुओं को अपने वैदिक महत्त्व की बातें समझाने में लग गए थे और कई भिक्षु उनके अनुयायी बनने लगे थे। कुमारिल भट्ट को इस प्रकार अपने मत का प्रचार करते हुए 15 दिन बीत चुके थे। गुप्तबंधु इस बात से बहुत दु:खी था कि कुमारिल भट्ट अपने नवीन मत का प्रचार स्वतंत्र होकर कर रहे थे।

गुप्तबंधु कुछ अन्य भिक्षुओं और बौद्धाचार्यों को लेकर आचार्य धर्मपाल के पास गया और अपना दु:खड़ा रोते हुए आचार्य धर्मपाल से कहने लगा, "आचार्य, यह कब तक चलता रहेगा? आचार्य, क्या आपने अपने कान बंद कर लिये हैं और नेत्र मूँद लिये हैं? आचार्य, बौद्धों के सबसे प्रतिष्ठित महाविहार नालंदा में बुद्ध विरोधी गतिविधियाँ स्वतंत्र रूप से चल रही हैं और

नालंदा का प्रशासन चुपचाप सबकुछ देख रहा है, यह उचित नहीं है गुरुवरिय। यह हमारे श्रद्धा और सेवा भाव को आहत करता है। उत्तर दें आचार्य!"

आचार्य धर्मपाल ने उत्तर देते हुए कहा, "गुप्तबंधु, कुमारिल भट्ट का प्रकरण अब मेरे हाथ से निकल गया है। स्वयं सम्राट् ने उसे निर्दोष घोषित कर दिया है तो उसके विरुद्ध हम कोई कदम कैसे उठाएँ?"

गुप्तबंधु ने कहा, "परंतु आचार्य नालंदा कोई सम्राट् की अधिकृत भूमि नहीं है। नालंदा सम्राट् के बहुत पहले से विधमान है। नालंदा का प्रशासन कोई सम्राट् नहीं देखते, वो यहाँ के कुलपति और आचार्य समिति के सदस्य देखते हैं। तो निर्णय भी यहाँ के आचार्यों को ही लेना होगा। और प्रारंभ से यही चलता आया है, तो फिर कोई राजा या महाराज कैसे इस व्यवस्था में हस्तक्षेप कर सकते हैं? किसी भी सम्राट् को अधिकार नहीं कि वो नालंदा की व्यवस्था में हस्तक्षेप करें। और वर्तमान सम्राट् हर्षवर्धन तो स्वयं बौद्ध अनुयायी हैं, फिर वो भला क्यों नालंदा के मामले में विरोधात्मक हस्तक्षेप करेंगे?"

धर्मपाल ने गुप्तबंधु की ओर प्रसन्नता से देखते हुए कहा, "गुप्तबंधु, मैं बस तुम्हारी इसी प्रतिक्रिया की प्रतीक्षा कर रहा था। इसीलिए पिछले 15 दिनों से शांत चुपचाप था। मैं देखना चाहता था कि मेरे अलावा और कौन इस विषय को लेकर चिंतित है? और कितने लोग मेरे साथ खड़े हैं? सम्राट् इस प्रकरण में कभी सम्मिलित नहीं थे। लेकिन मैं कुछ दिनों से अनुभव कर रहा था कि सम्राट् की रुचि अब बौद्ध उपासना में कम हो रही है। पिछले एक वर्ष से सम्राट् नालंदा में एक बार भी नहीं आए हैं। बस, सम्राट् की प्रतिक्रिया जानने हेतु मैंने कुमारिल को अपराधी बना सम्राट् के न्यायालय में भेजा, लेकिन हुआ वही, जिसका भय था। लेकिन सम्राट् ने यह भी स्पष्ट कर दिया कि वह नालंदा के किसी प्रकरण में हस्तक्षेप नहीं करेंगे। गुप्तबंधु, अब जो करना है, तुम्हें ही करना है। अब तुम विचार करके बताओ कि क्या करना चाहिए? शून्यवाद और विज्ञानवाद के अनुसार यह संसार मिथ्या है। तो कुछ ऐसा सोचो, जिससे कुमारिल भट्ट को अनुभव हो जाए कि यह संसार मिथ्या ही है।"

गुप्तबंधु कुछ देर तक सोंचता रहा। फिर धर्मपाल से बोला, "आचार्य,

मेरे विचार से तो कुछ ऐसा उपाय करना चाहिए, जिससे साँप भी मर जाए और लाठी भी न टूटे। लाठी टूटना तो दूर, किसी को लाठी की आवाज भी न सुनाई दे।"

"अति उत्तम गुप्तबंधु, फिर कब पूर्ण करोगे यह कार्य?" धर्मपाल ने प्रसन्न होते हुए पूछा। गुप्तबंधु ने कहा, "आचार्य, बस, आपकी आज्ञा हो जाए।"

"मेरी आज्ञा तो है ही गुप्तबंधु, बस थोड़ी तैयारी कर लो और अपने कार्य को पूर्णता तक पहुँचाओ। और जब कार्य पूर्ण हो जाए तो मुझे सूचित कर देना कि कार्य पूर्ण हो गया है।" धर्मपाल ने गंभीरतापूर्वक कहा।

गुप्तबंधु ने आचार्य धर्मपाल को प्रणाम करते हुए कहा, "जैसी आज्ञा गुरुदेव, मैं तीन दिवस के अंदर ही कार्य को पूर्ण करके आपको सूचित करता हूँ। नमो बुद्धाय!"

दूसरे दिन रात्रि का प्रथम प्रहर बीत चुका था। गुप्तबंधु छात्रावास में कुमारिल भट्ट के कक्ष में पहुँचता है। कुमारिल भट्ट के कक्ष में अभी भी दीपक जल रहा था, भट्टाचार्य अपने अध्ययन और लेखन कार्य में व्यस्त थे। गुप्तबंधु को देख भट्टाचार्य को अपने मित्र अनायास ही स्मरण हो आए। अपने मित्रों को स्मरण करके भट्टाचार्य ने कहा, "क्या हुआ गुप्तबंधु? क्या आज मेरा अपहरण करने आए हो?"

गुप्तबंधु ने भी अभिनयपूर्ण ढंग से कहा, "वेदाचार्य महोदय! आप व्यंग क्यों करते हैं? मैंने कभी किसी का अपहरण नहीं किया। लगता है, किसी ने आपके कान भरे हैं! अरे मैं तो प्रभावित हूँ आपसे कि आपने सम्राट् को भी अपने ज्ञान से प्रभावित कर दिया!"

कुमारिल भट्ट ने व्यंगात्मक रूप से मुसकराते हुए कहा, "गुप्तबंधु, मुझे चने की झाड़ पर चढ़ाने की कोशिश मत करो। मेरे और सम्राट् के बीच कोई ज्ञान-चर्चा नहीं हुई है, तो भला वो क्यों प्रभावित होने लगे?"

गुप्तबंधु ने प्रसन्नता व्यक्त करते हुए कहा, "अरे मित्र! चने के झाड़ पर नहीं, हम तो तुम्हें पर्वतों के ऊँचे शिखरों पर ले जाएँगे। और मित्र! सम्राट्

से ज्ञान-चर्चा नहीं हुई थी तो क्या हुआ, महामंत्री अवंती से तो हुई है न?" (भट्टाचार्य ने हाँ में हामी भर दी) "तो बस, समझो, खजाना मिल गया तुम्हें। सम्राट् ने निमंत्रण भेजा है। सम्राट् तुमसे वेदों के ज्ञान पर चर्चा करना चाहते हैं। आचार्य धर्मपाल के पास सम्राट् का पत्र अभी कुछ समय पहले ही आया है। और उन्होंने मुझे आज्ञा दी है कि जाओ, कुमारिल भट्ट को सूचित करो और रथ आदि की व्यवस्था करके उन्हें सम्राट् के पास ले जाओ।"

भट्टाचार्य ने आश्चर्यचकित होते हुए कहा, "अच्छा! तो क्या अभी चलना होगा, क्योंकि कन्नौज पहुँचने में तो हमें पूरा एक दिवस का समय लग जाएगा। और तुम कहीं मुझसे कोई उपहास अथवा छल तो नहीं कर रहे?"

गुप्तबंधु ने भट्टाचार्य को बीच में ही टोकते हुए गंभीर होते हुए कहा, "अरे! क्या नालंदा का बौद्ध भीखू होकर मैं सम्राट् और कुलपति के नाम पर झूठ बोलूँगा और कन्नौज नहीं, ब्राह्मण देवता हमें राजगृह चलना है; क्योंकि सम्राट् स्वास्थ्य-लाभ उठाने हेतु आजकल राजगृह में ही निवास कर रहे हैं। अत: हमारे पास अधिक समय नहीं है। मैं आपको लेने ही आया हूँ। और कल प्रात: काल सम्राट् ने ज्ञान-चर्चा का समय दिया है। तो बिना विलंब किए हमें अभी निकलना होगा।"

कुमारिल भट्ट गंभीरता से विचार करने लगे कि कहीं उनके साथ कोई छल तो नहीं हो रहा! फिर उन्होंने सोचा कि गुप्तबंधु, सम्राट् और कुलपति का नाम लेकर झूठ नहीं बोलेगा! सम्राट् ने जब से मुझे निर्दोष घोषित किया है, तब से नालंदा के सैनिक भी मेरा सम्मान करने लगे हैं और मुझे पहचानने लगे हैं, इसलिए भय की कोई बात नहीं। अत: महामंत्री अवंती के साथ हुई चर्चा के आधार पर ऐसा हो सकता है कि सम्राट् वेदों पर चर्चा हेतु मुझसे मिलना चाहते हों! कुमारिल भट्ट ने ऐसा सोंचते हुए कहा, "ठीक है गुप्तबंधु, मैं चलने के लिए तैयार हूँ।"

गुप्तबंधु ने कहा, "तो फिर शीघ्र निकलिए, नालंदा के मुख द्वार पर सुसज्जित रथ हमारी प्रतीक्षा कर रहा है।"

कुमारिल भट्ट नए चीवर धारण करके एवं अपनी पांडुलिपि साथ लेकर

गुप्तबंधु के साथ चल पड़े। जब रथ पर सवार हुए तो उनके साथ चार भिक्षु और जा रहे थे। रथ का सारथि स्वयं गुप्तबंधु ही था। अन्य भिक्षुओं को देखकर कुमारिल भट्ट ने कहा, "अरे गुप्तबंधु, ये चार भिक्षु और क्यों जा रहे हैं?"

गुप्तबंधु ने रथ हाँकते हुए कहा, "अरे अब आप एक प्रतिष्ठित विद्वान् हैं। वहाँ सम्राट् के समक्ष बिल्कुल अकेले बैठेंगे तो शोभनीय नहीं होगा, इसलिए यह भिक्षु आपकी सेवा में जा रहे हैं।"

रथ का घोड़ा रात्रि के समय बड़ी तेजी से भाग रहा था। नालंदा से दक्षिण की ओर घने वन से होते हुए घोड़े के टापों की आवाज गूँज रही थी। कुमारिल भट्ट के मन में अनेक विचार चल रहे थे कि अगर वो सम्राट् को अपने मत से जोड़ने में सफल हुए तो निश्चित ही यह बहुत बड़ी सफलता होगी। अगले ही क्षण भयानक सुनसान वन को देखकर उनके मन में भय भी जाग उठता। गुप्तबंधु रथ को बहुत तेजी से हाँक रहा था। देखते-देखते वन्य प्रदेशों को पार करते हुए रथ राजगृह की ऊँची पहाड़ियों पर चढ़ने लगा। कुमारिल ने पूछा, "क्या सम्राट् का निवासस्थान पर्वत शिखर पर है?" गुप्तबंधु ने कहा, "हाँ ब्राह्मण, कुछ ही समय में तुम अपने परम लक्ष्य को प्राप्त करोगे।" ऐसा सुनते ही अन्य भिक्षु, जो चुपचाप गंभीर होकर बैठे थे, वो भी ठहाके मारकर हँसने लगे। कुमारिल भट्ट ने सबको आश्चर्य से देखा और और सोचने लगे, भला इसमें हँसने वाली बात कौन सी है? कुमारिल भट्ट ने भिक्षुओं से कहा, "भिक्षुओं, इसमें इस प्रकार से हँसने वाली बात कौन सी है?" भिक्षुगण कुमारिल भट्ट का उपहास करते हुए और जोर से हँसने लगे। कुमारिल भट्ट का संदेह बढ़ने लगा कि कहीं उनके साथ छल तो नहीं हो रहा! रथ का घोड़ा दौड़ते-दौड़ते अड़ गया, क्योंकि आगे पर्वतों की ऊँचाइयों पर चढ़ना घोड़े के लिए संभव नहीं था। कुमारिल भट्ट ने व्याकुल होते हुए पूछा, "गुप्तबंधु, तुम मुझे ये कहाँ ले जा रहे हो? क्या सम्राट् का निवासस्थान इतनी ऊँचाई पर है कि वहाँ रथ भी नहीं जा सकता?"

रथ अब रुक चूका था, कुमारिल की बातों को सुनकर गुप्तबंधु किसी राक्षस की भाँति ठहाके लगाकर हँसने लगा। कुमारिल तुरंत रथ से कूद गए

और बोले, "अवश्य मेरे साथ छल हो रहा है।" कहकर पर्वत से नीचे की और भागने लगे। गुप्तबंधु ने अन्य भिक्षुओं से कहा, "पकड़ो उसे" अगले क्षण भिक्षुओं ने कुमारिल को पकड़ लिया। कुमारिल भट्ट चिल्लाते हुए बोले, "छोड़ो मुझे, इतनी ऊँचाई पर क्यों ले जा रहे हो?" गुप्तबंधु ने कहा, "ब्राह्मण! तू अपने वेदों और वेदों के देवताओं को स्मरण कर ले। तू ही तो कहता है कि यह सारी सृष्टि वेदों से बनी है, और सृष्टि का संचालन वेदों के देवता करते हैं। हा हा हा हा हा! बुला ले अपने देवताओं को, अगर वो आज तेरे प्राणों की रक्षा कर सकें तो! आज तेरी मृत्यु बौद्ध देवता हेरुका ने निश्चित कर दी है। मैं स्वयं हेरुका से वरदान प्राप्त करके आया हूँ। ब्राह्मण! आज तेरी मृत्यु निश्चित है।" चारों-पाँचों बौद्ध भिक्षु कुमारिल भट्ट को निर्दयतापूर्वक घंसीटते हुए पर्वत के शिखर पर ले जाते हैं। कुमारिल भट्ट दर्द से कराहते हुए, परंतु पूरे आवेश में उलाहने देते हुए कहने लगे, "अरे मुर्ख पाखंडी! तुझे अभी वेद और वेदों के देवताओं की शक्ति का तनिक भी अनुमान नहीं है। और तुम और वह तुम्हारा धर्मपाल संसार को मिथ्या बताते हैं एवं अहिंसा और सहिष्णुता का ढोंग करते हैं और फिर हिंसा का नंगा नाच नाचते हैं। अरे मूर्खों! तुम तो अपने ही सिद्धांतों की धज्जियाँ उड़ाते हो और मिथ्याचरण करते हो! देखना, तुम सब शीघ्र ही विनाश को प्राप्त हो जाओगे।"

"ठीक है ब्राह्मण! लेकिन वर्तमान का सत्य तो ये है कि तू अभी विनाश को प्राप्त होने वाला है! हा हा हा!" गुप्तबंधु धमकाते हुए बोला।

चारों भिक्षु कुमारिल भट्ट को घसीटते हुए पर्वत के शिखर पर ले गए। पर्वत के दूसरी ओर गहरी खाई थी। गुप्तबंधु ने कहा, "देख ब्राह्मण! तेरा स्वर्ग ठीक इस 1000 फीट खाई के नीचे तल में बसा हुआ है हम तुझे वहीं भेजने आए हैं। ब्राह्मण! कर ले अपने देवताओं को याद, अगर उनका कोई अस्तित्व है और तेरे वेद अगर प्रमाणित सत्य हैं तो आकर तेरी रक्षा कर लें। हमने तो अपने देवता हेरुका के वरदान को सिद्ध करके दिखा दिया।"

कुमारिल भट्ट ने कहा, "पाखंडियो! तुमने छलपूर्वक मेरे साथ घोर हिंसा किया है। तुमने वेद और देवताओं का अपमान किया है। देवता तुम्हें

कभी क्षमा नहीं करेंगे। तुम्हारे पापों का दंड तुम्हें अवश्य देंगे।"

प्रार्थना करते हुए कुमारिल भट्ट ने कहा, "हे भगवन वेद, मेरी रक्षा करो! हे इंद्र, वरुण, अग्नि, मित्र, रूद्र और विष्णु आदि देवगणो! मेरी रक्षा करो। अरे पापियो देखना, मैं जीवित बचूँगा, देवता मेरी रक्षा अवश्य करेंगे।"

"अरे मूर्ख! यह राजगृह के पहाड़ियों की सबसे ऊँची चोटी है। यहाँ से गिरने के बाद तेरे शरीर के हजारों टुकड़े हो जाएँगे। ढूँढ़ने से भी नहीं मिलेंगे। अब जा नीचे···"

गुप्तबंधु और चारों भिक्षुओं ने मिलकर कुमारिल भट्ट को किनारे खड़ा करके जोर से धक्का दे दिया। धक्का देते समय कुमारिल भट्ट के मुख से तीन वाक्य निकले—

"यदि वेद सत्य हैं तो मैं जीवित रहूँगा! यदि वेदों के देव सत्य हैं तो मैं जीवित रहूँगा! यदि ईश्वर है तो मैं जीवित रहूँगा।"

"जीवित रहूँगा, जीवित रहूँगा, जीवित रहूँगा"

राजगृह की पहाड़ियों से ये आवाज टकराकर चारों दिशाओं से लौटकर गूँजती हुई आ रही थी।

"जीवित रहूँगा! जीवित रहूँगा! जीवित रहूँगा!"

राजगृह का संपूर्ण पर्वतीय परिवेश कुमारिल भट्ट की इस आर्त्त ध्वनि से बार-बार गुंजायमान हो रहा था। इस हृदय विदारक आर्त्त ध्वनि को जिसने भी सुना, वो उस रात्रि में सो नहीं पाया। ऐसा लग रहा था, जैसे राजगृह के सारे पर्वत जाग उठे हैं, और अपने जीवित होने का प्रमाण दे रहे हों।

"जीवित रहूँगा! जीवित रहूँगा! जीवित रहूँगा!"

गुप्तबंधु ने धर्मपाल की आज्ञा से कुमारिल भट्ट की हत्या कर दी थी। यह बात अनेक रूप धारण करके फैलनी शुरू होती है। लेकिन पूरा सत्य कोई नहीं जान पाता। नालंदा के भीखू ये मानने लगे थे कि कुमारिल भट्ट अब मृत्यु को प्राप्त हो चुके हैं। सर्प दंश से उनकी मृत्यु हो चुकी है और साथ ही उनके इस वैदिक-बौद्ध विचारधारा का भी अंत हो चुका है।

□

शास्त्रार्थ

भावनाओं का भी अपना विज्ञान होता है, जब वो बिखरी हुई होती हैं तो कमजोर और जब वो एकाग्र होती हैं, तो बहुत शक्तिशाली हो जाती हैं। इतनी ताकतवर कि हर असंभव को संभव कर सकती हैं। विश्वरूप ने स्वप्न में देख लिया था कि उसकी जीवनसंगिनी कौन है! स्वप्न का भी अपना एक विज्ञान होता है। परंतु वो लोग कभी नहीं समझ पाएँगे, जिन्हें सर्वदा ये बताया गया कि स्वप्न मिथ्या होते हैं। विश्वरूप ने उभया से अपने हृदय की गहराई से प्रेम किया था। उभया के हृदय में भी वैसा ही प्रेम बसता था। दोनों के पास कोई विकल्प भी नहीं था एक-दूसरे का जीवनसाथी बनने के अलावा। शिव शंकर को अपना पति बनाने के लिए पार्वतीजी को कठोर तपस्या करनी पड़ी थी, क्योंकि शिव कभी साधारण कन्या को सांसारिक गुणों के वशीभूत तो वरण करेंगे ही नहीं। जो शिव को अपना पति बनाना चाहती है, उसे असाधारण बनना पड़ेगा। देवी उभया भी असाधारण ही थीं फिर कोई साधारण भला उनका वरण कैसे करता? विश्वरूप के मन में जिन दिव्य गुणों से संपन्न भारती का रूप विकसित हो गया था; वैसा विश्वरूप ने स्वप्न में भी देखा। उस देवी का जन्म स्थान और माता-पिता को भी देखा। विश्वरूप, स्वप्न विज्ञान का प्रयोग करना जानते थे। विश्वरूप ने उस दिव्य कन्या को प्राप्त करने के लिए अन्न-जल सबकुछ छोड़ दिया था। उभया अर्धांगिनी के रूप में विश्वरूप के जीवन की सबसे बड़ी उपलब्धि थी। परंतु अभी भी ऐसा नहीं था कि उसने सबकुछ प्राप्त कर लिया था, मन अभी भी व्याकुल रहता था।

उभया ने विश्वरूप से पूछा, "हे देव! आप सबसे अधिक किससे प्रेम करते हैं?"

विश्वरूप ने कहा, "उभया सिर्फ तुम से," उभया ने विश्वरूप के रुकते ही फिर से पूछा, "फिर आप इतने व्याकुल क्यों दिख रहे हैं देव?"

विश्वरूप ने कहा, "देवी! मैं भाग्यशाली हूँ कि तुम मेरी अर्द्धांगिनी हो। परंतु मैं व्याकुल हूँ उसके लिए, जो मुझे नहीं मिला। मैंने बहुत ढूँढ़ा पर नहीं मिला। और आज मेरा हृदय उनके लिए रो रहा है। मेरा मन नहीं लग रहा सबकुछ अधूरा-अधूरा लग रहा है।"

उभया ने फिर पूछा, "देव! क्या आपको महिषी (सहरसा) की याद आ रही है?"

"नहीं उभया! बस, गुरुदेव की याद सता रही है। मैंने कभी नहीं सोचा था कि मैं उन्हें प्राप्त करने में भाग्यहीन रहूँगा!" विश्वरूप ने भीगे नेत्रों से उभया की ओर देखते हुए कहा।

उभया ने विश्वरूप के उदास बेचैन मन को थोड़ा आराम देने के लिए कहा, "देव! आप तो राजगृह जाने वाले थे जड़ी-बूटियाँ लाने, औषधि बनाने हेतु।" (विश्वरूप ने हामी भरते हुए अपना सिर 'हाँ' में हिला दिया)। "तो फिर जाते क्यों नहीं! राजगीर का प्राकृतिक सौंदर्य, वहाँ की पहाड़ियाँ, झरने आपके मन को प्रसन्न कर देंगे। जब तक आप वापिस लौटेंगे, तब तक मैं आस पास की लड़कियों को धनुर्विद्या सिखाऊँगी।"

विश्वरूप ने कहा, "ठीक है उभया! मैं राजगीर के लिए निकलता हूँ। परंतु उभया, तुम कितना काम करती हो! घर के काम, फिर आस-पास की लड़कियों को आवश्यक शिक्षा देना, औषधियाँ बनाना, संगीत सिखाना, फिर शास्त्र-अध्ययन। थोड़ा आराम भी कर लिया करो। ठीक है! मैं चलता हूँ, संध्या तक वापिस आ जाऊँगा।"

विश्वरूप राजगीर की ओर चल पड़े। उनका ससुराल सोन नदी के तट पर था। आजकल वो अपने ससुराल में रहते थे। ज्ञान-पिपासा ने उन्हें भी नालंदा की ओर आकृष्ट किया था। परंतु भिक्षु बनने का विचार उन्हें उचित

नहीं लगता था। अपने अश्व पर सवार होकर वो राजगृह की ओर निकल पड़ते हैं। उन्हें भी लग रहा था कि अब राजगीर पहुँचकर ही उनका मन शांत होगा। हवा से बातें करता हुआ उनका घोड़ा शीघ्र ही राजगीर पहुँच गया। राजगीर ब्रह्मकुंड में स्नान करने के बाद विश्वरूप वांछित जड़ी-बूटियों की खोज में निकल पड़ते हैं।

विश्वरूप राजगीर के घने जंगल और पर्वत घाटियों से विभिन्न प्रकार के दुर्लभ जड़ी-बूटियों को एकत्र कर रहे थे, तभी उन्हें किसी के पीड़ा से कराहने की आवाज सुनाई दी। ध्यान से देखा तो पहाड़ी के नीचे एक बौद्ध भिक्षु गिरा हुआ था। जाकर उस बौद्ध भिक्षु को उठाया और उठाते हुए पूछा, "अरे भंते! आप यहाँ कैसे? आपकी आँख में गहरी चोट आई है। हे आर्य, आप क्या यहाँ फिसलकर गिर गए थे?"

भिक्षु ने कहा, "नहीं भाई, मुझे कुछ लोगों ने पर्वत की इस चोटी से नीचे धकेल दिया।"

विश्वरूप ने पर्वत की चोटी की ओर देखा, फिर कहा, "भंते, क्यों मजाक करते हैं! आपको तो बस एक आँख में चोट आई है बाकी तो आप बिल्कुल सही सलामत हैं! आप तो चल-फिर रहे हैं, बोल रहे हैं। इतने ऊपर से गिरने के बाद क्या कोई जीवित रह पाएगा? असंभव ही है। आपको अवश्य कोई भ्रम हो गया है। आप अवश्य चलते-चलते गिर गए होंगे। आपके पैर फिसल गए होंगे अथवा पैर में मोच के कारण गिर गए होंगे और माथा पत्थर से टकराने के कारण आपकी एक आँख क्षतिग्रस्त हो गई है।"

भिक्षु ने कहा, "चलो! मत मानो मेरी बात, अगर हो सके तो मेरी आँखों का उपचार किसी जानकार वैद्य से करा दो।"

विश्वरूप ने कहा, "भंते! आयुर्वेद का थोड़ा ज्ञान तो मुझे भी है। मैं यहाँ जड़ी-बूटियाँ ही लेने आया हूँ। मैं अभी प्राथमिक उपचार कर देता हूँ और देखता हूँ अगर कोई वैद्य राजगीर में मिल गए तो!"

विश्वरूप ने भिक्षु का प्राथमिक उपचार कर दिया। लेकिन एक आँख तो क्षतिग्रस्त हो ही गई थी। विश्वरूप ने कहा, "भंते, राजगीर में तो मैं किसी श्रेष्ठ

वैद्य को नहीं जानता। सोन नदी के तट पर मेरा ससुराल है, आजकल मैं वहीं आया हुआ हूँ। मेरी अर्द्धांगिनी उभया उच्च कोटि की वैद्य है। अगर आपको कोई आपत्ति न हो तो मैं आपको ले चलूँगा।"

भिक्षु ने कहा, "तुम्हारा अपना घर कहाँ है? वेशभूषा से तो श्रोत्रिय ब्राह्मण परिवार से लग रहे हो। वाणी भी मधुर है, अपना परिचय दो।"

विश्वरूप ने अपना परिचय देते हुए कहा, "भंते, मैं ब्राह्मण ही हूँ मेरा नाम मंडन मिश्र है। मेरे पिताश्री हिमा मिश्र हैं और मैं महिषी का निवासी हूँ।"

"अति उत्तम और तुम्हारे गुरु कौन हैं मंडन मिश्र?" भिक्षु ने फिर से पूछा।

मंडन मिश्र ने उत्तर देते हुए कहा, "भंते, मैं आचार्य कुमारिल भट्ट का शिष्य हूँ।"

भिक्षु ने कहा, "अच्छा! तुम कब शिष्य बने? तुम झूठ तो नहीं बोल रहे?"

थोड़ा घबराते हुए विश्वरूप ने कहा, "नहीं-नहीं भंते! मैं भला क्यों झूठ बोलूँगा? आचार्य कुमारिल भट्ट ही मेरे गुरु हैं। परंतु आपको ऐसा क्यों लगा कि मैंने झूठ बोला है?"

भिक्षु ने कहा, "अच्छा, ये बताओ, कितने वर्ष हो गए तुम्हें कुमारिल भट्ट से मिले हुए?" मंडन मिश्र ने कहा, "लगभग 3 वर्ष हो गए उनसे मिले हुए।"

"परंतु कुमारिल भट्ट तो लगभग 5 वर्षों से नालंदा में हैं। फिर तुम कैसे मिले?" भिक्षु ने पूछा। मंडन मिश्र ने थोड़ा असहज होते हुए कहा, "जी भंते! परंतु आपको ये सब कैसे पता? क्या आप उनसे नालंदा में मिले हैं?

भिक्षु ने मुसकराते हुए व्यंगात्मक रूप से मंडन मिश्र को अचंभित करते हुए कहा, "मिला नहीं हूँ भाई! मैं ही तो कुमारिल भट्ट हूँ।"

चौंकते हुए, "क्या आप ही आचार्य कुमारिल भट्ट हैं?" विश्वरूप बोले।

आचार्य कुमारिल भट्ट ने कहा, "हाँ, जय मंगल ग्राम का मीमांसा आचार्य कुमारिल भट्ट मैं ही हूँ।"

विश्वरूप भट्टाचार्य के चरणों में गिर गए और क्षमा माँगते हुए कहने लगे, "क्षमा करें आचार्य, मैंने आप से झूठ बोला, मैं मीमांसा का अध्ययन करने आपके गुरुकुल जयमंगल ग्राम में गया था, परंतु वहाँ आप नहीं थे, गुरुदेव! मैं आपके शिष्य प्रभाकर मिश्र और भवभूति से मिल पाया था। उन्होंने मुझे छल-कपट से भरे बौद्धाचार्य धर्मकीर्ति द्वारा वेश बदलकर आपका शिष्य बनने की कथा सुनाई, फिर उसी कपटी ने शिष्य होकर भी आपको शास्त्रार्थ की चुनौती दी। और आप जय-पराजय के मोह से अनासक्त महान् विभूति ने पराजय को स्वीकार कर लिया और बौद्ध भिक्षु बनकर नालंदा आ गए। गुरुदेव! वहाँ आपके दर्शन ना मिलने से मैं और व्याकुल हो गया। प्रभाकर मिश्र से मैंने थोड़ा बहुत अध्ययन किया, परंतु आपके दर्शन की प्यास सर्वदा बनी रही आचार्य। बस, अब आपकी कृपा-दृष्टि का प्यासा हूँ!"

आचार्य कुमारिल भट्ट ने प्रसन्न होते हुए कहा, "चलो अच्छी बात है मंडन मिश्र, लेकिन क्या तुम अब सत्य मानते हो कि मैं उस ऊँची पर्वत चोटी से गिरा था?"

मंडन मिश्र ने कहा, "आचार्य, बुद्धि तो स्वीकार नहीं करती, परंतु आचार्य, यदि आप पूरी घटना बताएँ तो मैं समझ पाऊँ।"

भट्टाचार्य सारी घटना संक्षेप में मंडन मिश्र को बताने लगे, "मंडन! जब मैं बौद्ध भिक्षु बनकर नालंदा आ गया तो मैंने बौद्ध दर्शन का गहन अध्ययन प्रारंभ कर दिया। बौद्धाचार्य कुलपति धर्मपाल के सानिध्य में मैंने 4 वर्षों तक गंभीर अध्ययन किया। अध्ययन के उपरांत मैंने पाया कि बौद्ध दर्शन सिद्धांतों और वैदिक दर्शन सिद्धांतों में भिन्नता नहीं है। लेकिन फिर भी बौद्ध भिक्षु गण समाज में सामान्य लोगों के मध्य वेदों की निंदा करते हैं। अतः मैंने एक पांडुलिपि लिखी, जिसमें मैंने बौद्ध दर्शन और वैदिक दर्शन के मध्य प्रमाणों के साथ समानता स्थापित कर दी। और नालंदा में मैंने बौद्ध भिक्षुओं के मध्य अपनी इस नवीन विचारधारा का प्रचार प्रारंभ कर दिया। परंतु, मेरे द्वारा किए गए इस नवीन प्रयास से कई बौद्धाचार्यों को ईर्ष्या होने लगी। जब यह बात कुलपति धर्मपाल को पता चली तो उन्होंने सभा बुलाकर छात्रों के समक्ष वेदों

की कटू-निंदा और अवमानना शुरू कर दी। वेदों की मिथ्या निंदा सुनकर मेरे नेत्रों से अश्रु बहने लगे। मेरे अश्रुओं को देख उन्होंने इसका कारण पूछा, तो मैंने कह दिया कि "गुरुदेव! आप वेदों की निंदा न करें, पवित्र वेदों की निंदा श्रवण करना मेरे लिए असहनीय है। तब वो जान गए कि मैं वेद-प्रेमी हूँ। पहले मुझे राजा से दंडित करवाने का प्रयास किया, फिर मुझे छलपूर्वक रात्रि में अपहृत करके मेरी हत्या के उद्देश्य से राजगीर की ऊँची पर्वत चोटी से नीचे धकेल दिया। धक्का देते समय उन्होंने मुझे कहा, "जा बुला ले अपने वेदों और वेदों के देवताओं को, अब वही तेरी रक्षा करेंगे!" तब मैंने गिरते हुए आर्त्त भाव से इस प्रकार कहा, "यदि वेद सत्य हैं, यदि देवता सत्य हैं, तो निश्चित ही मैं जीवित बचूँगा।" और मंडन मिश्र अब मैं तुम्हारे सामने हूँ।"

मंडन मिश्र ने दोनों हाथ जोड़कर श्रद्धा प्रेमपूर्वक भट्टाचार्य के चरण पकड़ते हुए बोला, "गुरुदेव! आप ही साक्षात् भगवान् हैं। अब मुझे पूरा विश्वास है, गुरुदेव! मैं आपका अपराधी हूँ, मैंने आपकी बात पर संदेह किया। मुझे क्षमा करे आचार्य!" भट्टाचार्य ने मंडन मिश्र के दोनों हाथ पकड़कर उठाते हुए कहा, "उठो वत्स! अब आगे जो करना है, उस पर विचार करो।" मंडन मिश्र ने कहा, "आज्ञा करें गुरुदेव।"

भट्टाचार्य ने कहा, "वत्स! पहले मुझे अपने घर ले चलो, फिर मैं संकल्प- शुद्धि करने के पश्चात् आगे की योजना बताऊँगा।"

मंडन मिश्र भट्टाचार्य को अपने अश्व पर बिठाकर अपने सुसराल की ओर चल पड़े। उधर देवी उभया चिंतित हो रही थीं कि सूर्यास्त होने वाला है और मंडन मिश्र (विश्वरूप) अभी तक घर नहीं पहुँचे! हवा से बातें करता हुआ मंडन मिश्र का अश्व शीघ्रता से ही घर पहुँचा गया। देवी उभया की चिंता और व्याकुलता भी गुरुदेव आचार्य कुमारिल भट्ट को देखकर प्रसन्नता और उत्सुकता में परिवर्तित हो गई। देवी उभया ने अपनी उपचार पद्धति से आचार्य कुमारिल भट्ट की एक आँख से हो रहे, रक्तस्राव को शीघ्र ही रोक दिया। परंतु भट्टाचार्य का एक नेत्र क्षतिग्रस्त हो चुका था। देवी उभया के उपचार से भट्टाचार्य पीड़ा से शीघ्र ही मुक्त हो गए। आचार्य ने कहा, "उभया के हाथों

में तो जादू है! पुत्री! मुझे तो शीघ्र ही पीड़ा से आराम मिला है। पुत्री, और क्या क्या जानती हो?"

मंडन मिश्र ने भट्टाचार्य के प्रशन का उत्तर देते हुए कहा, "आचार्य, देवी उभया संगीत कला, पाक कला के साथ-साथ धनुर विद्या में भी निपुण हैं, साथ-ही-साथ देवी न्याय, वैशेषिक, सांख्य, योग आदि षड-दर्शन विषयों की भी अच्छी जानकार हैं।"

आचार्य कुमारिल भट्ट यह सब सुनकर प्रसन्न होकर बोले, "उभया तो साक्षात् सरस्वती हैं। आज से ये मेरे लिए सिर्फ उभया नहीं 'उभया भारती' हैं। और मैं तो उभया को 'देवी शारदा' के नाम से पुकारूँगा।"

मंडन मिश्र और देवी उभया दोनों आचार्य के समक्ष हाथ जोड़कर बैठ गए। आचार्य से याचना करते हुए कहने लगे, "गुरुदेव! हमारी तीव्र इच्छा थी कि आप हमें मीमांसा सूत्रों का मर्म समझाएँ। संपूर्ण आर्यावर्त में आप मीमांसा के श्रेष्ठ आचार्य है। हम परम भाग्यशाली होंगे अगर हमें आपके माध्यम से मीमांसा शास्त्र का ज्ञान प्राप्त होगा।"

आचार्य संकल्प-शुद्धि करके अब ब्राह्मण वस्त्र में आ चुके थे। मंडन मिश्र की इस याचना को सुन आचार्य ने कहा, "मंडन मिश्र और देवी शारदा, तुम दोनों निश्चय ही भाग्यशाली हो, क्योंकि अब मैं तुम्हें जिस मीमांसा शास्त्र का ज्ञान दूँगा, वो और भी विकसित और उन्नत होगा। मेरे जीवन का अत्यंत विशेष अनुभव इससे जुड़ा होगा। अतः मंडन मिश्र तुम निश्चय ही मेरे अन्य शिष्यों की तुलना में भाग्यशाली ही हो।" थोड़ा रुककर गंभीर मुद्रा को धारण करते हुए आचार्य फिर बोले, "परंतु मंडन मिश्र, उससे पूर्व तुम्हें एक कार्य करना है। तुम जयमंगल ग्राम में मेरे गुरुकुल में प्रभाकर मिश्र के नाम एक पत्र भेज दो और उन्हें मेरे सुरक्षित होने के विषय में बता दो और महाबलिपुर में भी पंडित विष्णु मिश्र के यहाँ पत्र भेजकर सूचित कर दो।"

आचार्य कुमारिल भट्ट की आज्ञा प्राप्त करके मंडन मिश्र ने प्रभाकर मिश्र और महाबलिपुर में पत्र भेज दिया। फिर आचार्य के चरणों में बैठकर मिश्र दंपति ने आचार्य से दुर्लभ मीमांसा शास्त्र का ज्ञान प्राप्त किया। आचार्य

ने मंडन मिश्र और देवी उभया को मीमांसा सूत्रों का वो मर्म तर्कपूर्ण ढंग से समझाया कि मंडन मिश्र के ज्ञान को चुनौती देना साधारण बात नहीं रह गई थी। आचार्य ने मंडन मिश्र को सबसे सशक्त मीमांसक के रूप में खड़ा कर दिया। आचार्य ने मंडन मिश्र से कहा—"मंडन, अब तुम पूरे भारतवर्ष में किसी को भी शास्त्रार्थ की चुनौती दे सकते हो। तुम्हारे ज्ञान का सामना न कोई बौद्ध कर सकता है, न कोई जैन आचार्य और ना ही कोई सांख्यिक, न्यायी और वेदांती। देवी उभया भारती तुम असाधारण मेधा से संपन्न हो, आपके समक्ष अगर स्वयं त्रिदेव (ब्रह्मा, विष्णु, महेश) भी शास्त्रार्थ करने आ जाएँ तो उन्हें भी अपने कदमों को पीछे खीचना होगा। देवी उभया नारी शक्ति के रूप में आपका यश युगों-युगों तक गाया जाएगा।"

आचार्य की इस कृपा को प्राप्त करके दोनों धन्य हो गए। हाथ जोड़कर आचार्य से कहा, "आचार्य, आपने जो हम पर कृपा की है, उसके लिए हम सर्वदा आपके ऋणी रहेंगे। आचार्य, हम पर अपनी कृपा-दृष्टि सर्वदा बनाए रखें, जिससे कि हम आपके बताए मीमांसा के मार्ग पर चल सकें।"

कुछ दिनों बाद जयमंगल ग्राम से आचार्य के शिष्य प्रभाकर मिश्र अन्य शिष्यों को साथ लेकर आचार्य के दर्शन प्राप्त करने के लिए पहुँच गए। इतने वर्षों बाद आचार्य के सान्निध्य को प्राप्त कर सब स्वयं को बड़ा भाग्यशाली अनुभव कर रहे थे। महाबलिपुर से शीलभद्र और सुसिद्धार्थक भी आचार्य के पास ही आ गए। सुसिद्धार्थक आचार्य कुमारिल भट्ट को इस प्रकार जीवित देखकर बोले, "आचार्य कुमारिल भट्ट! हमें जो सुचना प्राप्त हुई थी, उसके आधार पर तो हमने मान लिया था कि आप मृत्यु को प्राप्त हो चुके हैं। परंतु आपको इस प्रकार जीवित देखकर मन आश्चर्य एवं अद्भुत आनंद से भर गया है। आचार्य अगर आपको कुछ हो जाता तो हम कहीं के न रहते। हमें तो लगने लगा था कि हमारा और हमारे जैसे कई भिक्षुओं का बलिदान व्यर्थ चला जाएगा। आचार्य कुमारिल भट्ट! हमने आपसे सर्वदा मित्रतापूर्ण व्यवहार किया, परंतु आपको साक्षात् मृत्युंजय रूप में देखकर आपको भगवान् मानने का मन हो रहा है। हे भट्टाचार्य! हमें अपनी शरण में

लें, हे भगवन! हमें अपना शिष्य स्वीकार करें और अपने मीमांसा शास्त्र का दुर्लभ ज्ञान हमें प्रदान करें।"

अब भट्टाचार्य के जीवित रहने की बात तेजी से फैलने लगी थी। और जो उनके प्रति श्रद्धा रखते थे, वो उनकी शरण में आने लगे थे। कुछ बौद्ध भिक्षु भी नालंदा छोड़कर भट्टाचार्य की शरण में आ गए थे। अब यह बात नालंदा महाविहार में भी फैल चुकी थी। जो सुनता, वही आश्चर्य करता और उसके मन में कुमारिल भट्ट से मिलने की इच्छा तीव्र हो जाती। कई वैदिक ब्राह्मण और बौद्ध भिक्षु भी, जो कभी भट्टाचार्य से मिले भी नहीं थे, परंतु उनके नाम से परिचित थे, वो सभी उनकी शरण में आने लगे। देखते-देखते भट्टाचार्य के सान्निध्य में एक संगठन ने रूप धारण कर लिया। और एक दिवस सबने मीमांसा विषयों पर चर्चा हेतु एक बैठक को निश्चित किया। उस सभा में भट्टाचार्य के सभी मुख्य शिष्य उपस्थित होते हैं। सब मीमांसा शास्त्र के प्रचार हेतु अपना मत रखते हैं। कोई प्रचारक समूह के निर्माण की बात करता है, तो कोई दूसरे मतों के आचार्यों से शास्त्रार्थ करने का प्रस्ताव रखता है।

उसी मध्य पूर्व भिक्षु पंडित शीलभद्र कहते हैं, "भट्टाचार्य के चरणों में मेरा कोटि प्रणाम! भगवन! मेरा विचार है कि अगर हम पूर्व मीमांसा शास्त्र की महत्त्वपूर्ण विचारधारा को पूरे भारतवर्ष में स्थापित करना चाहते हैं, तो हमें नालंदा विश्वविद्यालय चलना चाहिए और सीधा कुलपति आचार्य धर्मपाल को शास्त्रार्थ की चुनौती देनी चाहिए और मुझे पूर्ण विश्वास है कि इस शास्त्रार्थ में कुलपति पराजित ही होंगे। इससे उस कुटिल बौद्धाचार्य के अहंकार का भी नाश होगा और नालंदा के माध्यम से मीमांसा शास्त्र की विजय की गाथा पूरे भारतवर्ष में दावानल की तरह फैल जाएगी। फिर मीमांसा शास्त्र के प्रचार का कार्य भी अत्यंत सरल हो जाएगा।"

शीलभद्र की बातों को सुनकर सबका हृदय संतुष्ट हुआ। परंतु कुछ लोगों ने कहा कि यह कार्य इतना सरल भी नहीं। कुछ ने भय प्रदर्शित करते हुए कहा कि अगर नालंदा के सामर्थ्यवान कुलपति ने हम सबकी हत्या का षड्यंत्र रच

दिया तो बड़ी विपदा आ जाएगी; क्योंकि नालंदा के कुलपति के पास अपनी सेना भी होती है। तब शीलभद्र ने समझाते हुए कहा, "इसमें तनिक भी भयभीत होने की आवश्यकता नहीं। सबकुछ पूरी सावधानी से करना होगा। अतः मैं और सुसिद्धार्थक नालंदा के बारे में सब जानते हैं, वहाँ के आचार्यों और वहाँ के सैनिकों को भी। अतः इस शास्त्रार्थ का आयोजन हम दोनों कर लेंगे और साथ में आप सबका सहयोग तो रहेगा ही। हम धर्मपाल को भलीभाँति जानते हैं और वो क्या कर सकता है और क्या नहीं, वो भी भलीभाँति समझते हैं। अतः मुझे पूर्ण विश्वास है कि विजय हमारी ही होगी। और जब स्वयं भगवान् भट्टाचार्य हमारे संग हैं तो हमें भयभीत होने की कोई आवश्यकता नहीं। मैं स्वयं भगवान् भट्टाचार्य की ओर से शास्त्रार्थ का प्रस्ताव लेकर धर्मपाल के पास जाने के लिए उत्सुक हूँ, यदि भट्टाचार्य की अनुमति हो तो!"

शीलभद्र का प्रस्ताव सुनकर सभी भट्टाचार्य की ओर देखने लगे। भट्टाचार्य ने भी सबकी ओर देखा। सबके नेत्रों में एक जिज्ञासा थी के सभी शीलभद्र के प्रस्ताव पर भट्टाचार्य की प्रतिक्रिया जानना चाहते थे। भट्टाचार्य ने अपना मौन तोड़ते हुए कहा, "क्या आप सभी मीमांसा विद्वान् आर्य शीलभद्र के प्रस्ताव से सहमत हैं?" सबने 'हाँ' में हामी भर सहमति दी। फिर भट्टाचार्य ने कहा, "फिर विलंब क्यों करना! वेद विधि से संकल्प धारण करके यज्ञ द्वारा अग्नि देव का आह्वाहन करके, इंद्र, रूद्र आदि सभी देवों को भाग अर्पित कर प्रसन्न करें। उनका आशीर्वाद प्राप्त कर इस विजय अभियान को पूर्ण करें। तथास्तु!"

भट्टाचार्य की आज्ञा की प्राप्त करके सभी यज्ञ की तैयारी में लग गए। यज्ञ प्रारंभ हुआ। मंत्रों का उच्चारण भी प्रारंभ हुआ—

ॐ स्वस्ति न इंद्रो वृद्धश्रवाः।
स्वस्ति नः पूषा विश्ववेदाः।
स्वस्ति नस्ताक्ष्यों अरिष्टनेमिः।
स्वस्ति नो बृहस्पतिर्दधातु॥
ॐ शांतिः शांतिः शांतिः॥

अर्थात—
हे महान् कीर्ति वाले इंद्र हमारा कल्याण करो।
विश्व के ज्ञानस्वरूप पुषादेव हमारा कल्याण करो।
जिनका हथियार अटूट है, ऐसे गरूड़ देव हमारा मंगल करें।
बृहस्पति देव हम पर कृपा करें।

यज्ञ संपन्न हो जाने के बाद पंडित शीलभद्र कुछ और मीमांसा विद्धानों को साथ लेकर नालंदा विश्वविद्यालय की ओर चल पड़े। नालंदा में जाकर नालंदा विश्वविद्यालय के कुलपति से मिलने की इच्छा प्रगट करते हैं। तब कुलपति धर्मपाल का एक दूत उनके पास आकर बोला, "ब्राह्मण, तुम्हें जो भी कहना है, वो एक पत्र लिखकर दे दो, परंतु अभी कुलपति व्यस्त हैं, तो उनके पास आप सभी से वार्त्तालाप करने का समय नहीं है।"

शीलभद्र ने कहा, "ठीक है, आप तनिक रुकिए, हम पत्र लिखकर देते हैं।" शीलभद्र ने पत्र लिखा, "नालंदा विश्वविद्यालय के कुलपति बौद्धाचार्य धर्मपाल को मीमांसा आचार्य कुमारिल भट्‍ट की ओर से शास्त्रार्थ हेतु निमंत्रण है।" दूत ने जाकर वह पत्र बौद्धाचार्य धर्मपाल को दे दिया। आचार्य धर्मपाल ने पत्र पढ़ा और फाड़ दिया। वैसे शीलभद्र जानते थे कि उनके पत्र के साथ यही होगा। अतः दूत के जाने के बाद शीलभद्र नालंदा के अन्य परिचित भिक्षुओं से मिलने लगे। प्रारंभ में तो ब्राह्मण वेश में लोगों ने उन्हें नहीं पहचाना। परंतु फिर लोग उन्हें पहचान गए कि यह वही शीलभद्र हैं, जो नालंदा छोड़कर चले गए थे। शीलभद्र ने अपने मित्र भिक्षुओं से आचार्य कुमारिल भट्‍ट की हत्या के प्रयास और उनके सुरक्षित बचे रहने की सारी कथा सुनाई। नालंदा के परिसर में धर्मपाल के विरुद्ध प्रचार भी किया। मुखर ध्वनि से नालंदा के भिक्षुओं से कहा कि मैं बौद्धाचार्य धर्मपाल को शास्त्रार्थ की चुनौती देने आया हूँ। शीलभद्र जानते थे, पत्र भेजने का कोई लाभ नहीं मिलेगा, परंतु इस प्रचार से कि वो कुलपति धर्मपाल को शास्त्रार्थ की चुनौती देने आए हैं, यह बात कुलपति तक अवश्य पहुँच जाएगी और नालंदा में भिक्षुओं के मध्य इस बात

पर चर्चा भी प्रारंभ हो जाएगी और अंततः बौद्धाचार्य धर्मपाल शास्त्रार्थ के लिए बाहर निकलेंगे ही।

पंडित शीलभद्र की सारी योजनाएँ सफल होने लगीं। नालंदा के भिक्षुओं में शास्त्रार्थ की चुनौती की बातें भिक्षुओं के मध्य होने लगीं। शीलभद्र दूसरे दिन फिर महाविहार में आ गए और भिक्षुओं के मध्य जाकर कहने लगे, "मैं नालंदा विश्वविद्यालय के कुलपति धर्मपाल को शास्त्रार्थ हेतु निमंत्रण देने आया हूँ, वो मेरा निमंत्रण स्वीकार करें, अन्यथा पराजय स्वीकार करें।" नालंदा महाविहार में भिक्षुओं के मध्य यह बात फैलने लगी। महाविहार के अलग-अलग स्थानों पर भिक्षु समुदाय इस विषय पर चर्चा करने लगा। ज्यादातर अपने आचार्य धर्मपाल के पक्ष में ही बोलते और कुछ शीलभद्र के पक्ष में भी बोलते। लेकिन सब एक बात पर राजी थे कि बौद्धाचार्य धर्मपाल को शास्त्रार्थ का यह निमंत्रण स्वीकार कर लेना चाहिए। कुछ का मानना था कि तभी इन मीमांसा ब्राह्मणों को पराजित करके, इनके अहंकार का नाश करके इन्हें शिक्षा मिलेगी। कुछ ऐसा भी मानते थे कि अगर ये शास्त्रार्थ होगा तो कई रहस्यों पर से परदा भी उठेगा। नालंदा में इस विषय पर चर्चा होने से कुलपति धर्मपाल पर दबाव बढ़ने लगा था कि वो इस चुनौती को स्वीकार करें। कुलपति धर्मपाल के नजदीकी शिष्य और आचार्य उन्हें सारी सूचना पहुँचाते थे। और वो कुलपति से आग्रह करते कि आचार्य इस निमंत्रण को स्वीकार करके मीमांसकों को पराजित करके उनके अहंकार और दुस्साहस को नष्ट करें।

कुछ नजदीकी बौद्धाचार्यों व भिक्षुओं ने धर्मपाल के पास जाकर कहा, "आचार्य, आपने तो पहले भी कई ब्राह्मणों को शास्त्रार्थ में पराजित किया है। फिर इस शास्त्रार्थ की चुनौती स्वीकार करने में विलंब किसलिए? हे आर्य! वो शीलभद्र प्रतिदिन आकर अपने व्यंग बाणों से आपको अपमानित कर हमें भी नीचा दिखाता है।"

आचार्य धर्मपाल गंभीर मुद्रा को धारण करके सोचने लगे। उनके समक्ष सबसे बड़ा प्रश्न तो ये ही था कि कुमारिल भट्ट भला जीवित कैसे बच गया?

वो चाहते तो यही थे कि इस शास्त्रार्थ को रोका जा सके, परंतु शीलभद्र ने ऐसा परिवेश निर्मित कर दिया था कि शास्त्रार्थ की चुनौती स्वीकार करने के स्थान पर कोई दूसरा विकल्प नहीं था। तब आचार्य धर्मपाल ने माध्यमिक और योगाचार मत के सभी आचार्यों को बुलाकर कहा, "आप सभी भी शास्त्रार्थ हेतु तैयार रहें, क्योंकि शास्त्रार्थ की यह चुनौती मात्र मुझे नहीं, अपितु पूरे नालंदा महाविहार को दी गई है, ऐसा ही समझें। हमारी पराजय का अर्थ नालंदा महाविहार की पराजय और बौद्ध-संघ की पराजय समझा जाएगा। और हमारे विजय का अर्थ संपूर्ण भारतवर्ष में बौद्ध-संघ के साम्राज्य की स्थापना समझी जाएगी। हमारे अनुयायियों की संख्या सौ गुणा तेजी से बढ़ेगी और दक्षिण प्रदेशों के राजा-महाराजा भी नालंदा महाविहार की शरण में आ जाएँगे। अत: जाओ, शीलभद्र को सूचित कर दो कि वो अपने ब्राह्मण विद्वानों को आज से ठीक तीसरे दिन प्रात: काल नालंदा-परिसर में शास्त्रार्थ हेतु उपस्थित होने के लिए कहे।"

इस शास्त्रार्थ आयोजन का समाचार अब धीरे-धीरे राजाओं-महाराजाओं तक पहुँच चुका था। कई इस शास्त्रार्थ आयोजन के प्रत्यक्ष द्रष्टा बनने को लालायित थे, परंतु बिना निमंत्रण उपस्थिति अनुचित समझते थे। नालंदा महाविहार से मात्र क्षेत्रीय राजाओं और सामंतों को ही निमंत्रण दिया गया था। उधर कन्नौज में राजा हर्षवर्धन की मृत्यु हो चुकी थी। अत: उनकी उपस्थिति संभव नहीं थी, परंतु फिर भी भट्टाचार्य ने कन्नौज में निमंत्रण भिजवा दिया था।

आचार्य धर्मपाल के शास्त्रार्थ घोषणा के ठीक तीसरे दिवस प्रात: काल ही आचार्य कुमारिल भट्ट अपने शिष्यों के समूह के साथ नालंदा महाविहार के परिसर में उपस्थित होते हैं। आचार्य धर्मपाल भी बौद्धाचार्यों के समूह के साथ निश्चित स्थान पर उपस्थित हुए। आचार्य धर्मपाल के साथ शास्त्रार्थ में भाग लेने वाले आचार्यों की संख्या आचार्य कुमारिल भट्ट के समूह से दस गुणा अधिक थी। और फिर हजारों की संख्या में बौद्ध भीखू, जो बौद्ध विचारधारा के विभिन्न मतों से थे, हीनयानी भीखू, महायानी, वज्रायानी और इनके अंतर्गत आने वाले माध्यमिक, योगाचार, सौतांत्रिक और वैभाषिक

संप्रदाय के भीखू साक्षी रूप में उपस्थित थे। इनमें से कई भट्टाचार्य के प्रति श्रद्धा और प्रेम भाव भी रखते थे। उन्हें इस बात की प्रसन्नता थी कि वो आज उनके समक्ष जीवित उपस्थित थे।

हजारों की संख्या में लाल-केसरी वस्त्रों को धारण करने वाले बौद्ध भिक्षुओं के मध्य में श्वेत वस्त्र धारण करने वाले वैदिक ब्राह्मण समूह को देखकर ऐसा प्रतीत हो रहा था, जैसे नालंदा महाविहार के प्रांगण में कोई दिव्य कमल खिला हो! चारों और भगवे रंग की पंखुड़ियाँ और केंद्र में श्वेत रंग के पराग कणों का संचय स्थान! देवभाषा संस्कृत में कमल के पुष्प का एक नाम 'नलिन' भी होता है। नलिन जो आध्यात्मिक ज्ञान का प्रतिक है और जो आध्यात्मिक ज्ञान का दान देने वाली भूमि है, वही नालंदा है। शाक्य मुनि के अंग-संग रहने वाले उनके प्रिय शिष्य सारिपुत्र का जन्मस्थान भी नालंदा ही था। अतः यह स्थान सर्वदा बौद्ध भिक्षुओं के लिए प्रिय था। यद्यपि नालंदा का विकास शाक्य मुनि के महापरिनिर्वाण के सैकड़ों वर्ष बाद हुआ। कालांतर में नालंदा ने पूरे विश्व को अपने ज्ञान के प्रकाश से प्रकाशित किया था, परंतु जिस प्रकार बुद्ध के बढ़ते हुए आध्यात्मिक प्रभाव को देखकर राजनैतिक महत्त्वाकांक्षा रखने वाले उनके भाई देवदत्त ने भी प्रवज्या धारण कर ली थी और बुद्ध के संघ में बहुत भ्रम उत्पन्न करने का प्रयास किया था, वैसे ही धर्मपाल ने धम्म के प्रचार को राजनैतिक महत्त्वाकांक्षा की पूर्ति हेतु प्रयोग करना शुरू कर दिया था। धर्मपाल के लिए बौद्ध अनुयायियों की संख्या वृद्धि और बौद्ध-विहार के नाम पर बड़ी-बड़ी अट्टालिकाओं और भवनों का निर्माण ही महत्त्वपूर्ण था। बुद्ध के समक्ष राजा हो या भिखारी, वह एक सामान ही उपस्थित होते थे; परंतु अब धर्मपाल के समय राजा, सामंत और बड़े-बड़े सेठ व्यापारियों की उपस्थिति हेतु विशेष स्थान का निर्माण करवाया जाता था। राज-अधिकारियों, सामंतों और धनी व्यापारियों को प्रसन्न रखने हेतु अनेक आडंबर किए जाते थे। परंतु पाखंड और दंभ स्वयं के लिए ही पतनकारी होता है।

धर्मपाल शास्त्रार्थ सभा में बैठ तो गए, लेकिन पराजय का भय उनके

मन में था। अपने समक्ष बैठे आचार्य कुमारिल भट्ट को देखकर यह भय और बढ़ जाता था। भट्टाचार्य को अपने समक्ष जीवित देखकर उनकी बुद्धि तो अनेक प्रश्न खड़ा कर देती, "आखिर यह कुमारिल भट्ट जीवित कैसे बच गया?" यह एक प्रश्न दूसरे अन्य प्रश्नों को उत्पन्न कर देता और धर्मपाल चिंताग्रस्त हो जाते। परंतु अब तो शास्त्रार्थ प्रारंभ होने का समय हो चुका था। भय की जरा सी अभिव्यक्ति भी अपमान का कारण बनती। अब शास्त्रार्थ को पूर्ण करना ही एकमात्र विकल्प था।

शास्त्रार्थ का शुभारंभ करते हुए आचार्य धर्मपाल ने कहा, "इस शास्त्रार्थ का निमंत्रण लेकर कुमारिल भट्ट की ओर से शीलभद्र ही प्रथम आए थे। अत: मैं कुमारिल भट्ट के पक्ष को अनुमति प्रदान करता हूँ कि वो अपना मत रखें।" आचार्य धर्मपाल की बात सुनकर शीलभद्र खड़े होकर बोले, "पदवी के आधार पर हमारे मध्य आचार्य धर्मपाल सबसे ऊँचे पद पर आसीन हैं, इसलिए मैं उनसे ही आग्रह करूँगा कि वो चर्चा को प्रारंभ करें।" शीलभद्र के समर्थन में सबने हामी भर दी।

आचार्य धर्मपाल ने व्यंग-बाण का प्रहार करते हुए कहा, "तर्क-वितर्क तो होंगे ही, लेकिन कुमारिल भट्ट! ये बताओ कि तुमने कहा था कि तुम्हारे वेदों के देवता तुम्हारी रक्षा करेंगे! चलो, तुम्हें जीवित देख मुझे प्रसन्नता हुई, तुम्हारी मृत्यु की घोषणा झूठी निकली! परंतु तुम्हारे वैदिक देवताओं ने तुम्हारी एक आँख क्यों नहीं बचाई?"

धर्मपाल की बात सुन सारे बौद्धाचार्य उपहास करते हुए हँसने लगे। जब हँसते हुए थोड़ा शांत हुए तो श्री भट्टाचार्य ने उत्तर देते हुए कहा, "उचित प्रश्न है आपका आचार्य धर्मपाल! कि प्राणों की रक्षा करने वाले देवताओं ने मेरी एक आँख की रक्षा क्यों नहीं की? निश्चय ही मेरे अंदर ही कोई कमी होगी। जबकि आपके भेजे हुए अपहरणकर्ता दुर्जनों ने मुझे राजगीर की पर्वत चोटी से नीचे धकेला, तब मैंने कहा, यदि वेदों की सत्ता सत्य है, यदि देवों की सत्ता सत्य है, यदि ईश्वर है, तो मेरी रक्षा अवश्य होगी। बस 'यदि' शब्द के प्रयोग करने की गलती का दंड ही मुझे प्राप्त हुआ है, जिससे मेरी एक आँख

क्षतिग्रस्त हो गई। अन्यथा मेरी हत्या करने में आपके दूतों ने कोई कसर नहीं छोड़ी थी। मैं तो बस, देवकृपा से ही जीवित हूँ। मुझे कहना चाहिए था, हाँ, वेदों की सत्ता सत्य है! देवों की सत्ता सत्य है! वो मेरी रक्षा अवश्य करेंगे।' आचार्य, आज हम यहाँ वेदों और देवों की सत्ता को स्थापित करने ही आए हैं।"

धर्मपाल का सारा रहस्य प्रगट होता हुआ देख एक बौद्धाचार्य ने मध्यस्थता करते हुए कहा, "क्षमा चाहता हूँ आचार्य! परंतु हम यहाँ व्यक्तिगत विषयों पर तर्क-वितर्क करने नहीं आए। हम यहाँ दार्शनिक मतों पर शास्त्रार्थ करने आए हैं। अत: मैं योगाचार बौद्ध मत की विचारधारा पर अपने तर्क देता हूँ, फिर मीमांसा आचार्य कुमारिल भट्ट और उनके सहयोगी निराकरण हेतु अपने तर्क प्रस्तुत कर सकते हैं।"

बौद्धाचार्य ने कहा, "योगाचार मत, जिसके आचार्य स्वयं कुलपति धर्मपाल भी हैं, मैं उनकी अनुमति से योगाचार मत के निरालंबनवाद अथवा विज्ञानवाद की विचारधारा प्रस्तुत कर रहा हूँ। निरालंबनवाद बाह्य पदार्थ के अस्तित्व को अस्वीकार करता है। इसके अनुसार चित्त ही एकमात्र सत्ता है। चित्त ही शुद्ध विज्ञान है। बाहर हम जो कुछ भी देख-अनुभव कर रहे होते हैं, वो सब हमारे मन के अंतर्गत है। जिस प्रकार स्वप्न अवस्था में बाहरी मालूम होने वाली चीजें मन के अंदर ही होती हैं, उसी प्रकार साधारण जागरण की अवस्था में भी बाहर मालूम होने वाली चीजें भी मन के अंदर ही हैं। उनकी सत्ता बाह्य नहीं है। अत: मात्र विज्ञान स्वरूप चित्त की ही सत्ता सिद्ध होती है। इस विज्ञान से अलग योगाचारी संप्रदाय के भिखू किसी बाह्य या आंतरिक वस्तु का अस्तित्व स्वीकार नहीं करते। बाह्य जगत् से जो भी हमें ज्ञान हो रहा है, वो बस, हमारे मन का ही खेल है। सारी वस्तुएँ मन की प्रत्यय मात्र हैं। बाह्य वस्तुओं का क्षणिक होना भी उन्हें अस्तित्वहीन प्रमाणित करता है। अत: मात्र विज्ञान की सत्ता है और वही चित्त ही अस्तित्ववान है। अब यह विज्ञान भी दो प्रकार के हैं—एक प्रवृति विज्ञान और दूसरा आलय विज्ञान। प्रवृत्ति विज्ञान व्यक्तिगत रूप से हमारा चित्त रूप है और आलय परम चेतना रूप, जो सभी चित्त समूहों का आलय है। सारी घटनाएँ बस, इस विज्ञान के अंतर्गत हैं।

बाह्य जगत् की कोई सत्ता नहीं है, न ही अस्तित्व है। बाह्य अनुभूतियाँ आलंबन से रहित हैं। अतः यह विज्ञानवाद निरालंबनवाद के रूप में जाना जाता है। (थोड़ा रुककर) कुमारिल भट्ट! अब आप अपना मत प्रस्तुत करें।"

(सभी योगाचार मत के भिक्षुओं ने एक साथ बोला)—

बुद्धं शरणम् गच्छामि, धम्मम शरणम् गच्छामि, संघं शरणम् गच्छामि!

भट्टाचार्य ने निरालंबनवाद का निराकरण करते हुए कहा, "आचार्य, मैं आपके मत से संतुष्ट नहीं हूँ, क्योंकि आपके मतानुसार बाह्य जगत् की कोई सत्ता नहीं, उनका कोई अस्तित्व नहीं है। आपके मतानुसार बाह्य अनुभूतियाँ स्वप्न के सामान ही मन के अंदर चलने वाला एक मिथ्या खेल मात्र अथवा प्रत्यय मात्र है, जो कि हम मीमांसको की विचारधारा के बिल्कुल विपरीत है। हमारा मानना है कि बाह्य वस्तुओं का अस्तित्व है और वो सिद्ध भी होता है; क्योंकि प्रत्येक बाह्य वस्तु अपने निश्चित गुणों को धारण किए हुए हैं, जैसे जल शीतलता प्रदान करता है और अग्नि उष्मा प्रदान करती है। जब सबकुछ मन में ही घटित हो रहा है और बाह्य वस्तुएँ अस्तित्वहीन हैं तो फिर इसका अर्थ हुआ कि हमारे मन का जल अथवा अग्नि जैसे किसी वस्तु से संपर्क नहीं बना और हमारे मन ने शीतलता और उष्मा का अनुभव कर लिया! जबकि शीतलता की अनुभूति जल से ही निश्चित है और उष्मा की अनुभूति अग्नि से ही निश्चित है। सूर्य प्रत्येक दिन प्रातः पूर्व दिशा से ही उदित होता है, यह भी निश्चित है। सूर्योदय के साथ दिवस और सूर्यास्त के साथ रात्री भी निश्चित है। फिर हम कैसे कह सकते हैं कि निश्चित गुणों को धारण करने वाली वस्तुओं का कोई अस्तित्व नहीं? वो सब बस, हमारे मन मात्र में घटित हो रहा है। मीमांसा के विचार के अनुसार जागरण अवस्था में जब इंद्रियों के माध्यम से बाह्य वस्तुओं का संपर्क मन से स्थापित होता है, तभी हमें अनुभूतियाँ प्राप्त होती हैं। और वह अनुभूतियाँ इस बात पर निर्भर करती हैं कि संपर्क में आने वाली बाह्य वस्तु के कौन से निश्चित अथवा विशेष गुण हैं! तो इस प्रकार हमें बाह्य वस्तुओं का अस्तित्व स्वीकारना ही पड़ेगा। अतः हमारे लिए निरालंबनवाद की विचारधारा हास्यापद है; क्योंकि आपकी बातें साधारण

मनुष्य के जीवन के सत्य को नाकारती हैं। इस प्रकार तो जीवन के सुख-दुःख भी मिथ्या ही कहे जाएँगे। जय और पराजय भी मिथ्या ही मानना पड़ेगा, तो फिर मुझे लगता है कि बौद्धाचार्यों को विजय और जय-यश से कोई आसक्ति नहीं रखनी चाहिए, पराजय से दुःखी नहीं होना चाहिए। (व्यंगातमक ढंग से) फिर तो कुलपति के पद पर आसीन होना भी एक प्रत्यय मात्र ही है; क्योंकि उनके मतानुसार यह सब बस, मन का ही खेल मात्र है। यह कितना हास्यपद है कि इस संसार और बाह्य वस्तुओं को मिथ्या खेल मानने वाले स्वयं इस खेल के खिलाड़ी बनने के स्थान पर खिलौने बन गए हैं! और फिर अहंकार और दंभ का प्रदर्शन भी करते हैं।

"मीमांसा के मतानुसार छह प्रमाण हैं— 1. प्रत्यक्ष, 2. अनुमान, 3. उपमान, 4. शब्द, 5. अर्थापत्ति और 6. अनुपलब्धि। इन छह प्रमाणों से जो भी ज्ञान प्राप्त होता है, वह वस्तु है, अर्थात् उसकी वास्तविकता सिद्ध होती है और उसका अस्तित्व भी सिद्ध होता है। ब्राह्मांड में जितनी भी शक्तियाँ जीवनदायिनी और सुखदायी हैं, वो सब देव रूप हैं। ये देवगण शब्दरूप और भावरूप होते हैं। अतः वैदिक विधि से हम यज्ञ के माध्यम से इन देवों का ही यजन करते हैं। उन्हें उनका भाग और भावनाएँ प्रदान करते हैं। मीमांसा शास्त्र के अनुसार कर्मों की सत्ता भी प्रमाणित होती है। मनुष्य का सुख-दुःख अथवा स्वर्ग-नर्क सबकुछ कर्म-फल के रूप में प्राप्त होता है। अतः मनुष्य को अपना जीवन सुगम बनाने हेतु अवश्य ही कर्मों का अनुष्ठान करना चाहिए। स्वर्ग की प्राप्ति और पुनर्जन्म सबकुछ कर्मों द्वारा ही संभव है। अतः कर्मों की सत्ता प्रमाणित होती है। मीमांसा मतानुसार पाँच प्रकार के कर्म होते हैं—

- **नित्य कर्म**—ऐसे कर्म, जो प्रत्येक दिन व्यक्ति को करना ही पड़ता है, जैसे स्नान, ध्यान, संध्या पूजा आदि कर्म।
- **नैमितिक कर्म**—वो कर्म अनुष्ठान, जो विशेष अवसरों पर किए जाते हैं जैसे विवाह, जन्म, मृत्यु एवं सूर्य-ग्रहण व चंद्र-ग्रहण आदि अवसर। नित्य और नैमितिक कर्मों को करने से पाप संचय नहीं होता।

- **काम्य कर्म**—जो स्वर्ग व सुख-प्राप्ति आदि कामनाओं की पूर्ति हेतु किए जाते हैं। इनमें कई प्रकार के यज्ञों का विधान है।
- **निषिद्ध कर्म**—वो कर्म जिनका त्याग करना चाहिए, जैसे मिथ्या वाचन, चोरी, व्यभिचार और दुराचार इत्यादि। इनको करने से मनुष्य पाप का भागी होता है।
- **प्रायश्चित कर्म**—अगर किसी मनुष्य से निषिद्ध कर्म हो जाए तो उन कर्मों के फलों से बचने और कर्म-फल के प्रभाव को कम करने हेतु प्रायश्चित कर्म करना चाहिए।

पूर्व-मीमांसा के मतानुसार, कर्मो की सत्ता को सिद्ध माना गया है। अतः जिनके कर्म अच्छे नहीं हैं, उनके कल्याण हेतु कोई देव, देवता, गुरु या ईश्वर कुछ भी नहीं कर सकते है। कर्मों की सत्ता के समक्ष सब गौण हैं।

अतः संसार को मिथ्या बतलाकर कर्मों की अवहेलना करने की शिक्षा देना सर्वदा अनुचित ही है। (थोड़ा रुककर) बौद्धाचार्य! आप अपने विचारों को निराकरण हेतु प्रस्तुत कर सकते हैं। मैं यही विराम देता हूँ।

ॐ द्यौः शांतिरन्तरिक्षं शांतिः
पृथिवी शांतिरापः शांतिरोषधयः शांतिः।
वनस्पतयः शांतिर्विश्वेदेवाः शांतिर्ब्रह्म शांतिः
सर्वं शांतिः शांतिरेव शांतिः सा मा शांतिरेधि॥
ॐ शांतिः शांतिः शांतिः॥"

इस प्रकार आगे बढ़ते हुए शास्त्रार्थ में श्री भट्टाचार्य ने योगाचार मत के सारे तर्कों का निराकरण कर दिया। बढ़ते हुए शास्त्रार्थ में श्री भट्टाचार्य ने धर्मिबोधक प्रत्यय शब्द में भाव आदि व्युत्पत्ति के विकल्प से अनुमान का निराकरण, निरालांबनात्व रूप धर्म के विकल्प से अनुमान का निराकरण, निरालांबनात्व बुद्धि से बाह्य अर्थ के अनिराकरण का प्रतिपादन, बौद्धों के मत में पूर्वस्वीकृति से विरोध का प्रतिपादन और सांख्य मत का त्याग और बौद्धमत से पक्षपात की अनुचितता जैसे 30 विषयों पर निरालंबनवाद का

निराकरण श्री भट्टाचार्य ने किया और साथ ही यह भी प्रमाणित कर दिया कि बौद्ध विचारधारा वेदों से चुराकर ही वेदों के विरोध में विकृत रूप में समाज के समक्ष प्रस्तुत की जा रही है। यह संपूर्ण वर्णन श्री भट्टाचार्यप्रणीत 'मीमांसाश्लोकवार्तिक' के पंचम परिच्छेद खंड (क) में विस्तार से वर्णित है।

विज्ञानवाद के बाद श्री भट्टाचार्य का शास्त्रार्थ माध्यमिक संप्रदाय के बौद्धाचार्यों से शून्यवाद के विषय पर होता है। शून्यवाद के अनुसार शून्य ही परम तत्त्व है। वह शून्य ना सत्य है और ना ही असत्य है। वह अव्यक्त है, अवर्णनीय है। यह बताया जा सकता है कि क्या शून्य नहीं है, परंतु जो शून्य है, वो बुद्धि के परे है। अतः उसका वर्णन सर्वदा असंभव है। शून्य कि चर्चा लगभग अद्वैत वेदांत के ब्रह्म चर्चा से मिलती-जुलती ही थी। इन सब विषयों पर श्री भट्टाचार्य ने नालंदा महाविहार में भीखू रूप में रहते हुए ही अनुसंधान कर लिया था। 'मीमांसाश्लोकवार्तिक' के अनुसार, पंचम परिच्छेद के खंड (ख) में 75 विषयों पर तर्क देते हुए श्री भट्टाचार्य ने शून्यवाद का निराकरण कर दिया।

इस प्रकार श्री भट्टाचार्य इस शास्त्रार्थ में दिग्विजयी हुए। श्री भट्टाचार्य के शांत हो जाने पर उनके प्रिय शिष्य सुसिद्धार्थक ने बौद्धाचार्यों पर कटाक्ष करते हुए कहा, "मैंने नालंदा में रहते हुए देखा कि जब कोई दुःखी मनुष्य अपने दुःख को लेकर बौद्धाचार्यों के समक्ष आते, तब विज्ञानवाद के बौद्धाचार्य उस दुःखी याचक को उपदेश देते हुए कहते, "तुम्हारा दुःख सत्य नहीं है, संसार मिथ्या है, तुम्हारा दुःख भी मिथ्या है। यह तो सब पापी मन का खेल है। इसलिए इस दुःख से आसक्ति न रखों, अन्यथा निर्वाण को कभी प्राप्त नहीं कर पाओगे। जाओ, साधना करो। दुःखों से मन को हटा लो, तभी निर्वाण प्राप्त होगा।" (थोड़ा रुककर गंभीर मुद्रा में सुसिद्धार्थक फिर बोले) "और जब कोई धनवान संपन्न व्यक्ति बौद्धाचार्यों के समक्ष आता तो वो उसे उपदेश देते हुए कहते, "अरे यह धन वैभव निर्वाण-प्राप्ति में बाधा है। तुम धनवान हो, यह बात ही मिथ्या है। यह तो तुम्हारे मन का भ्रम मात्र है कि तुम धनवान हो। और यह भ्रम निर्वाण-प्राप्ति में बाधा है। इसलिए इस भ्रम को दूर करने

हेतु तुम इस धन का त्याग करो। सारा धन भिक्षा रूप में नालंदा महाविहार को दान कर दो और निर्वाण-प्राप्ति हेतु साधना करो। कितना हास्यापद है ये सब! हा हा हा!"

सुसिद्धार्थक हँसने लगे और फिर हँसते-हँसते उनके नेत्रों से अश्रुधारा फूट पड़ी। उनकी हँसी शोक और विलाप में परिवर्तित हो गई। शोकाकुल होकर अपने अश्रुओं को पोंछते हुए सुसिद्धार्थक रुँधे हुए गले से फिर बोलने लगे, "मेरे प्रिय भीखू मित्रो, एक समय मैं भी नालंदा महाविहार का बौद्ध भिक्षु ही था, आप सब मुझसे भलीभाँति परिचित ही हैं। जब मुझे नालंदा महाविहार में बौद्ध दर्शन के अध्ययन हेतु प्रवेश मिला, तब मैंने इस संसार में स्वयं को सबसे अधिक भाग्यशाली समझा। मैंने संकल्प लिया कि चाहे जीवन में कितनी भी कठिनाई आए, हम महाविहार का त्याग कभी नहीं करेंगे, अब यहाँ से मेरा शव ही बाहर निकलेगा। आचार्य धर्मपाल को मैंने सच्चे हृदय से अपना गुरु माना। परंतु साधु के वेश में रावण और कालनेमी भी रहते हैं, इस बात पर विश्वास नहीं था। हम तो ज्ञान सूर्य का साक्षात्कार करने आए थे, परंतु जब हम आए, तब उस ज्ञान सूर्य को राहू ने ग्रास रखा था। नालंदा महाविहार में मेरे साथ जो कुछ भी हुआ, वो कभी किसी के साथ न हो। परंतु सबकुछ देखने के बाद फिर भी आँखों के सामने अंधकार था। समझ ही नहीं आ रहा था कि क्या करें और क्या न करें? जिस पात्र को अमृत से पूर्ण समझ हमने पीने की प्रतिज्ञा कर ली थी, वो पात्र हलाहल से भरा हुआ था। तथागत की शिक्षाओं की आड़ में हिंसा और पाखंड भी पल सकता है, ये हमने कभी सोंचा ही नहीं था। और 'अहिंसा' का नाम लेकर हिंसा करवाई जा सकती है, यह सर्वदा अकल्पनीय था। अगर हम नालंदा का तत्काल त्याग कर देते तो सब हमें ही गलत कहते और सत्य पर परदा पड़ा रहता। तभी हमें प्रकाश की एक किरण दिखाई दी आचार्य कुमारिल भट्ट के रूप में और मुझे विश्वास हो गया कि शाक्य मुनि के संघ को कलंकित होने से बचाया जा सकता है। बहुत कठिन परीक्षा से गुजरना पड़ा। कभी-कभी तो मन में आत्महत्या का विचार भी आया, परंतु भगवान् भट्टाचार्य ने हमारी

रक्षा कर ली। मैं भलीभाँति समझ सकता हूँ, नालंदा महाविहार के परिसर में जो घटना आज घटी, इससे यहाँ भिक्षुओं की संख्या तो कम होगी, परंतु धम्म की गरिमा बनी रहेगी। मात्र वेश धारण करने से कोई भीखु नहीं हो जाता, अगर वो पंचशीलों का पालन न करे, अष्टांगिक मार्ग का अनुसरण न करे। कर्म सर्वोपरि हैं, चाहे कोई संयासी हो या कोई गृहस्थी। मात्र नालंदा में प्रवेश प्राप्त कर लेने से कर्मों का सिद्धांत नहीं बदलता। 'अपने कर्मों को सही रखना सर्वोपरि है' यह मर्म ही हमें सिखाने हेतु श्री भट्टाचार्य का आगमन नालंदा में हुआ। कर्मों पर परदे डाले जा सकते हैं, लेकिन उसके फल को रोका नहीं जा सकता। अत: संसार को मिथ्या कह देने मात्र से कर्मों का सिद्धांत परिवर्तित नहीं हो जाता। प्रज्ञा और शील को साधते हुए जो समाधि की पारमार्थिक अवस्था को प्राप्त होते हैं, मात्र वही इस तथ्य का साक्षात्कार कर पाते हैं कि संसार मिथ्या है। अन्यथा यह संसार सर्वदा सत्य ही है, इस संसार में कर्मों की अवहेलना एक अपराध ही है। जो अपने कर्मों को ही नहीं साध पाते, वो सम्यक समाधि का उपदेश करके समाज को भ्रमित ही कर रहे हैं। तथागत ने भी अपने अष्टांगिक मार्ग से यही उपदेश दिया है। सम्यक दृष्टि, सम्यक संकल्प, सम्यक वाक्, सम्यक कर्म, को करते हुए ही सम्यक समाधि तक पहुँचा जा सकता है। मैंने आचार्य कुमारिल भट्ट में तथागत की छवि ही देखी है। उन्होंने हमें विस्तार से इसका मर्म समझाया। कर्म निष्ठुर होते हैं, इसलिए निषिद्ध कर्मों का प्रायश्चित अनिवार्य होता है। सिर्फ गुरु-वचन या गुरु-आज्ञा कह देने से कर्मों का सिद्धांत नहीं बदलता। बुद्ध-वचनों का दुरुपयोग सर्वदा होता आया है। कर्मों के सिद्ध सिद्धांत को इस बात से कोई मतलब नहीं कि बुद्ध ने क्या कहा और क्या नहीं कहा! तुम्हें अपने कर्मों का फल भोगना पड़ेगा। बस, वैदिक मीमांसा शास्त्र का यही उपदेश है। तथागत के वचनों में भी यही उपदेश हैं। परंतु तथागत क्या खाते थे, क्या पहनते थे, तथागत ने कितना दान ग्रहण किया, कितना त्याग दिया, तथागत ने, किसे राजा बनाया, किसे व्यापारी, हमने रट लिये और इन्ही सब बातों पर तर्क-वितर्क करने लगे, लेकिन मूल सिद्धांतों से अलग हो गए। वो

भीखू, जो निष्काम भाव से, बिना जीवन का मोह किए, धम्म-उपदेश करते थे, जिनकी भाषा हंस जैसी थी वो बगुले बन गए, उन्होंने बुद्ध के नाम पर व्यापार करना शुरू कर दिया। सब कुछ ऐसा दीखता, जैसे सब कुछ बुद्ध के अनुकूल ही चल रहा है। परंतु सब कुछ बुद्ध के प्रतिकूल कब हो गया, हमें पते ही नहीं चला। हम में से तो कईयों ने कभी जानने की कोशिश भी नहीं की होगी, क्योंकि हमें कहा गया कि यह बुद्ध के वचन हैं और इसमें हमें बुद्धि नहीं लगानी चाहिए। कर्मों के परिणाम का सामना करना ही पड़ता है। कुछ भिक्षु तो यह भी मानते हैं कि बुद्ध ने मांस खाने की स्वतंत्रता दी है। बुद्ध ने किन परिस्थितियों में क्या कहा, वो उन परिस्थियों के अनुकूल होता था, ना कि सार्वभौमिक। अहिंसा का मार्ग और मांस खाने की स्वतंत्रता दोनों विरोधी हैं, ये सोचने की क्षमता भिक्षुओं में नहीं रह गई। बुद्ध ने अपने पंचशीलों में अहिंसा को सर्वोपरि बताया है। और मांस खाने को अनुचित बताया है, लेकिन नालंदा के विद्वानों ने अगर-मगर, किंतु-परंतु लगाकर मांस भक्षण को भी उचित ठहरा दिया, कुछ ने व्यापार वृत्ति को भी भिक्षुओं के जीवन निर्वाह के लिए बुद्ध की आज्ञा ही मान लिया। यह सब क्या पाखंड नहीं? हम भीखु वेश धारण करके कब तक अपने ही पापो पर परदा डालते रहेंगे? यद्यपि अब मैं कोई भिक्षु नहीं हूँ, मैं सन्यासी भी नहीं हूँ, मैं मीमांसक हूँ मैं गृहस्थी हूँ, मैं जो भी हूँ, मेरे ऊपर कोई परदा नहीं है मैं कर्मयोगी हूँ, मैं सर्वदा संतुष्ट हूँ। बस, मैं तथागत् के समक्ष ऐसे ही प्रस्तुत होना चाहता हूँ, बिल्कुल वैसे ही, जैसा मैं हूँ, बिना किसी आवरण के। मैं आह्वाहन करता हूँ, उन भिक्षुओं का जो समझ गए हैं कि उन्होंने मात्र भीखु वेश को धारण किया है और धर्म के नाम पर व्यर्थ व्यापार प्रचार में लगे हुए हैं। कूपमंडूक की भाँति वो ऐसा इसलिए कर रहे हैं, क्योंकि उन्हें कुछ ऐसा ही समझा दिया गया है। आओ, आज सारे आवरणों को उतार दो! अगर तुम स्वयं अपने मिथ्या आवरणों को नहीं उतार पा रहे तो श्री भट्टाचार्य की शरण में आ जाओ, वो अवश्य उतार देंगे। वो तो तुम्हें अपना आवरण भी ओढ़ने नहीं देंगे। फिर तुम वो प्राप्त करोगे, जिसको प्राप्त करने हेतु तुमने इतने वेश बना

रखे हैं। फिर तथागत तुम्हें अवश्य स्वीकार करेंगे, तुम निर्वाण प्राप्त करोगे। (थोड़ा रुककर सुसिद्धार्थक फिर बोले और उनके साथ समस्त भीखू समूह भी बोल पड़ा)—

बुद्धं शरणं गच्छामि।
धम्मम् शरणं गच्छामि।
संघं शरणं गच्छामि।

यहाँ उपस्थित सभी महानुभाव, राजा, मंत्री और श्रेष्ठी गणों को मेरा प्रणाम और अभिवादन। सभी बौद्धाचार्यो और मीमांसा आचार्यों को भी मेरा प्रणाम। नालंदा की इस पवित्र भूमि को नमन। अग्नि, वरुण, वायु, मित्र, पूषण, सविता, इंद्र व रूद्र आदि सभी देवों को मेरा नमन्। नवग्रहों को मेरा नमन। पंचदेवों को मेरा नमन।

ॐ द्यौः शांतिरन्तरिक्षं शांतिः
पृथिवी शांतिरापः शांतिरोषधयः शांतिः।
वनस्पतयः शांतिर्विश्वेदेवाः शांतिर्ब्रह्म शांतिः
सर्वं शांतिः शांतिरेव शांतिः सा मा शांतिरेधि॥
ॐ शांतिः शांतिः शांतिः"

□

उज्जयिनी

नालंदा में आचार्य धर्मपाल और अन्य बौद्धाचार्यों को शास्त्रार्थ में पराजित करने के बाद आचार्य कुमारिल भट्ट की ख्याति चारों दिशाओं में फैलने लगी। सैकड़ों की संख्या में बौद्ध भिक्षु बौद्ध प्रवज्या त्यागकर श्री भट्टाचार्य की शरण में आने लगे। दूसरे गृहस्त जो बौद्ध उपासक थे वो भी श्री भट्टाचार्य की शरण में आने लगे। मगध राज्य में गंगा तट पर किसी बड़े धनाड्य व्यापारी ने उनके लिए रहने का स्थान बना दिया। श्री भट्टाचार्य अब उसी स्थान पर निवास करने लगे। उनकी फैलती हुई ख्याति से एक तरफ तो उनके अनुयायियों की संख्या बढ़ने लगी तो दूसरी तरफ दूसरे मतों और शास्त्रों के आचार्य उनसे शास्त्रार्थ करने हेतु आने लगे। बौद्धाचार्यों पर विजय के बाद कई जैन-आचार्य भी शास्त्रार्थ करने आए और पराजित हुए। श्री भट्टाचार्य के अनुयायियों की संख्या बढ़ती गई। कई जैनाचार्य और बौद्धाचार्य भी उनके शिष्य बन गए।

शास्त्रार्थ की शृंखला अभी रुकी नहीं थी, परंतु श्री भट्टाचार्य ने शास्त्रार्थ करना बंद कर दिया था। शास्त्रार्थ करना और मीमांसा का संदेश जनमानस तक पहुँचाने का दायित्व अब मंडन मिश्र और प्रभाकर आदि शिष्यों को सौंप दिया गया था। श्री भट्टाचार्य ने अपने परिपक्व शिष्यों को बुलाकर कहा, "हमारे इस नव निर्मित गुरुकुल में जो भी जिज्ञासु गृहस्थ हो या भीखु, यदि मीमांसा शास्त्र का ज्ञान प्राप्त करने आएँ, उन्हें तुम निष्पक्ष भाव से उनके वर्ण कर्म के अनुसार शिक्षित और दीक्षित करो। परंतु किसी भी प्रकार भेदभाव

न हो। जो वर्ण विहीन (अर्थात् विदेशी लोग, जो चातुर्वर्ण्यं व्यवस्था अर्थात् ब्राह्मण, क्षत्रिय, वैश्य और शुद्र नहीं हैं) हैं, उन्हें भी मीमांसा के महत्त्व को और कर्मानुष्ठान के महत्त्व को समझाओ। यदि वो किसी वर्ण विशेष में प्रवेश करना चाहते हैं, तो उस वर्ण के अनुकूल शिक्षा एवं विद्याओं को ग्रहण करने के बाद उनकी उचित परीक्षा लेकर उन्हें दीक्षित करो और उनके कर्म, संस्कार, गुणों एवं शिक्षा के अनुसार उनका वर्ण निश्चित करो। साथ ही जो शास्त्रार्थ की कामना लेकर आएँ, चाहे वो जैनाचार्य हों, बौद्धाचार्य, सांख्य आचार्य, न्याय आचार्य या वेदांती, उन सभी को उचित सम्मान प्रदान करते हुए उनकी बातों को धैर्य पूर्वक सुनते हुए उन्हें उत्तर दो। शास्त्रार्थ करते समय उन्हें ये तनिक भी अनुभव न हो और तुम्हारे मन में भी ऐसी कोई भावना न हो कि तुम उन्हें पराजित करना चाहते हो अथवा नीचा दिखाना चाहते हो! तुम्हारा लक्ष्य विजयी होना नहीं, अपितु मीमांसा के महत्त्वपूर्ण कर्म सिद्धांतों को समझाना होना चाहिए।" श्री भट्टाचार्य अपना ज्यादातर समय अब नित्य, नैमितिक, अग्निहोत्र आदि कर्मों को करने के बाद स्वाध्याय और ध्यान में बिताया करते थे।

एक दिन सूर्यास्त के बाद सभी अपने कक्ष में विश्राम हेतु प्रस्थान करते हैं। भट्टाचार्य कुछ समय से अपने शिष्यों को उपदेश दे रहे थे। जब विश्राम की इच्छा हुई तो उन्होंने अपने प्रवचन को रोक दिया। तब एक शिष्य ने कहा, "आचार्य, आप थोड़ी देर प्रतीक्षा करें, मैं आपके विश्राम हेतु शैया तैयार कर देता हूँ।" वो सेवक जैसे ही आचार्य के कक्ष में गया, तब कुछ देर बाद चिल्लाता हुआ बाहर आया। सब ने आश्चर्यचकित होकर उससे पूछा, क्या हुआ क्यों चिल्ला रहे हो? उसने कहा, "मुझे एक विषधर सर्प ने काटा है! गुरुदेव के कक्ष में था।" धीरे-धीरे वो मूर्च्छित होने लगा तब अन्य शिष्य उसे देवी उभया के पास ले जाते हैं, जहाँ उसका उचित उपचार हो पाता है। परंतु सब उस विषधर सर्प को देखकर आश्चर्यचकित थे कि गुरुदेव के कक्ष में ये विषैला सर्प कहाँ से आ गया? तभी मंडन मिश्र ने कहा, "अभी कुछ दिन पहले हमने देखा एक महिला चोरी-छुपे गुरुदेव के कक्ष में प्रवेश करने का

प्रयास कर रही थी, जब गुरुदेव गंगा-स्नान के लिए गए थे। पकडे जाने पर उसने कहा कि उसे देवी उभया ने भेजा है, परंतु जब मैंने देवी उभया से पूछा तो उन्होंने सीधे मना कर दिया। आजकल कुछ अप्रत्याशित घटनाएँ घट रही है। हम सब को सावधान रहने की आवश्यकता है। मुझे लग रहा है कि गुरुदेव के विरुद्ध कोई षडयंत्र चल रहा है। कोई उनकी हत्या का प्रयास कर रहा है। यद्यपि मुझे विश्वास है कि उनकी इच्छा के बिना मृत्यु उनके आसपास भी नहीं भटक सकती; परंतु हमें अपनी सेवा में कोई लापरवाही नहीं करनी चाहिए। सर्वदा चौकन्ना रहना चाहिए।"

सभी शिष्य अब पहले से अधिक सतर्क रहने लगे। जिस दिन मंडन मिश्र ने आचार्य के अन्य शिष्यों को गुरुदेव के प्रति सतर्क रहने के लिए समझाया, ठीक उसके अगले दिन एक व्यक्ति श्री भट्टाचार्य की शरण में आया। श्री भट्टाचार्य के चरणों में प्रणाम करके उसने कहा, "आचार्य, मेरा नाम सुकृति है, मैं पाटलिपुत्र से आया हूँ। आचार्य, पहले मैं नालंदा में बौद्ध भीखु ही था, परंतु आपके विचारों से प्रभावित हो मैंने बौद्ध संघ का त्याग कर दिया। आचार्य मेरी प्रार्थना है कि आप मुझे अपना शिष्य स्वीकार करें।" आचार्य ने कहा, "ठीक है सुकृति, तुम मेरे शिष्य प्रभाकर मिश्र के पास जाकर मीमांसा शास्त्र का ज्ञान प्राप्त करो। अपनी शिक्षा-दीक्षा पूर्ण कर फिर अपने घर जाकर अपने माता-पिता की सेवा करते हुए गृहस्थ जीवन का पालन करते हुए मीमांसा के द्वारा बताए गए वैदिक कर्म अनुष्ठान और तप-साधना का पालन करते हुए अपना जीवन सफल करो।"

सुकृति ने पुनः श्री भट्टाचार्य के चरणों में आग्रह करते हुए कहा, "आचार्य, मेरी इच्छा थी कि आप मुझे संन्यास की दीक्षा देकर अपने साथ ही रखें और अपने अन्य शिष्यों की तरह धर्म प्रचारक बनाएँ तो बड़ी कृपा होगी।"

भट्टाचार्य ने सुकृति को फिर समझाते हुए कहा, "सुकृति! मेरा कोई भी शिष्य संन्यासी नहीं है। सब विवाहित गृहस्थ जीवन व्यतीत कर रहे हैं, परंतु इनका तेज संन्यासियों से भी अधिक है। मैं स्वयं भी एक विवाहित गृहस्थ

ब्राह्मण ही हूँ। सुकृति! मीमांसा शास्त्र ऐसे किसी भी असमय, अपरिपक्व संन्यास परंपरा का समर्थन नहीं करता है। वेदों के अनुकूल चार आश्रमों का पालन करते हुए प्रथम ब्रह्मचर्य फिर गृहस्थ, फिर वानप्रस्थ, फिर संन्यास में प्रवेश करना चाहिए। हम इसी परंपरा का निर्वहन करते हैं। मेरा शिष्य बनने पर तुम्हें भी इसी परंपरा का अनुसरण करना होगा। मीमांसा प्रचारक बनने के लिए आवश्यक नहीं कि तुम मेरे संग रहो। तुम जहाँ भी रहो, तुम लोगों को मीमांसा के महत्त्व के बारे में और कर्म अनुष्ठानों के महत्त्व के बारे में समझा सकते हो। आवश्यक नहीं कि तुम मेरे संग यहाँ आश्रम में रहो। मेरे अन्य शिष्य भी कोई स्थायी रूप से यहाँ नहीं रहते। आवश्यकता पड़ने पर ये अपने घर चले जाते है। कर्मानुष्ठान करवाकर, दान ग्रहण करके ये अपना और अपने परिवार का निर्वाह करते हैं। अगर तुम इनके जैसे बनना चाहते हो, तो तुम्हें ब्राह्मण वर्ण में प्रवेश लेना होगा। प्रायश्चित कर्म करते हुए वेदों और मीमांसा का अध्ययन करते हुए कर्मनुष्ठानों को सही से समझना होगा। फिर परीक्षा में उत्तीर्ण होने के बाद ही तुम्हें ब्राह्मण वर्ण में प्रवेश मिलेगा। क्षत्रिय वर्ण में प्रवेश करने हेतु तुम्हें धनुर्वेद, शस्त्रों एवं युद्ध विद्या के योग्य गुरु से शिक्षा प्राप्त करनी होगी, फिर हम तुम्हें मीमांसा का ज्ञान करवाकर परीक्षा उत्तीर्ण करने पर क्षत्रिय वर्ण में प्रवेश देंगे। फिर वैश्य वर्ण हेतु व्यापर के नियम, लेखा-विद्या, खेती-बाड़ी का ज्ञान होना अनिवार्य है। शुद्र वर्ण में प्रवेश हेतु सेवा, शिल्प कला, भवन निर्माण, वस्त्र निर्माण, बरतन निर्माण, नाई, व्यवस्थापन आदि विद्याओं का जानकार होने पर उन्हें मीमांसा के अनुकूल कर्म अनुष्ठानों का ज्ञान करा और परीक्षा उत्तीर्ण करने पर प्रवेश मिलता है। ये चारों वर्ण के लोग अपने वर्ण के अनुकूल वैदिक कर्म अनुष्ठानों का पालन करने के अधिकारी हैं। सुकृति, तुम क्या चाहते हो यह तुम पर निर्भर करता है। मीमांसा का उद्देश्य मनुष्य समाज को कर्मों का महत्त्व बताना है। वेदों में बताए गए उचित कर्मों को करने से मोक्ष सिद्ध होता है। इसलिए व्यक्ति को पंचकर्म—नित्य, नैमितिक, काम्य, निषिद्ध और प्रायश्चित कर्म की उचित जानकारी होनी चाहिए।"

सुकृति ने कहा, "जी आचार्य, मैं इन सब विषयों पर विचार करके और अपने माता-पिता से विचार-विमर्श करके कल पुनः आपके समक्ष उपस्थित होता हूँ। आचार्य! मेरी माँ ने बड़ी श्रद्धा से आपके लिए खीर का भोग बनाकर भेजा है। कृपया अवश्य ग्रहण करें।" आचार्य ने सुकृति के द्वारा लाई हुई भेंट को स्वीकार कर लिया। आचार्य के उपदेश को प्राप्त कर सुकृति वहाँ से चला गया।

सुकृति के आश्रम से बाहर जाने के कुछ समय बाद आचार्य ने मंडन मिश्र से कहा, "मंडन ये खीर बाहर द्वार पर बैठे स्वान (कुक्कुर) को खिला दो और उस कुक्कुर को शीघ्र ही अपनी अर्धांगिनी के पास ले जाओ, वो उसका उपचार कर देंगी। शेष बचा खीर फेंक दो।" गुरु-आज्ञा के अनुसार मंडन मिश्र ने वैसा ही किया। खीर खाते ही वह कुत्ता मूर्च्छित हो गया। देवी उभया के उपचार से उसके जीवन की रक्षा हो पाई। मंडन मिश्र समझ गए कि सुकृति यहाँ आचार्य की हत्या के उद्देश्य से आया था। मंडन मिश्र उद्विग्न होकर सोंचने लगे, 'आखिर इन नालंदा के भिक्षुओं का षड्यंत्र कब रुकेगा? अब कोई न कोई उपाय हमें करना ही होगा।' मंडन मिश्र गुरुदेव के कक्ष में जाकर बोले, "आचार्य, मैं इस तरह से अब चलने नहीं दे सकता षडयंत्र पर षडयंत्र! एक ओर तो नालंदा के भीखू यह दुष्प्रचार कर रहे हैं कि आप बुद्ध-विरोधी है, आप शाक्यमुनि को अपशब्द बोलते हैं, आप हिंसा को बढ़ावा देते हैं, आप समाज को बाँटते हैं और दूसरी ओर ये लोग अहिंसा का ढोल पीटकर गुप्त रूप से आपकी हत्या का षड्यंत्र करवाते हैं! इन ढोंगियों को उचित उत्तर देना अनिवार्य हो गया है।"

श्री भट्टाचार्य ने मंडन मिश्र को रोकते हुए कहा, "उद्विग्न न हो मंडन! इनको उत्तर देने का कार्य मेरा है, समय आने पर मैं इन्हें उचित उत्तर प्रदान करूँगा। परंतु अभी तुम सब बैठकर विचार करो कि तुम्हें इन षड्यंत्रों से बचने हेतु क्या करना चाहिए?" भट्टाचार्य की आज्ञा अनुसार मंडन मिश्र ने अन्य सभी शिष्यों की बैठक बुलाई और उस बैठक में सबने विचार करना शुरू किया कि उन्हें आगे क्या करना चाहिए?

विचार-विमर्श करने के बाद सभी एक निर्णय पर पहुँचकर भट्टाचार्य के समक्ष प्रस्तुत होते हैं। प्रभाकर मिश्र की ओर देखते हुए भट्टाचार्य ने कहा, "प्रभाकर, बताओ तुम सबने वर्तमान परिस्थितियों को देखते हुए आगे क्या निर्णय लिया है?"

प्रभाकर मिश्र ने कहा, "आचार्य, हमारा विचार है कि हम कुछ काल के लिए मगध की भूमि का त्याग कर दें और किसी दूसरे स्थान पर चले जाएँ।" आचार्य ने कहा, "क्या तुमने कोई दूसरा स्थान निश्चित किया है?" प्रभाकर मिश्र ने कहा, "हाँ आचार्य, हमारे विचार से प्रयाग तीर्थ में त्रिवेणी तट पर ठीक रहेगा। वहाँ पाटलिपुत्र और वाराणसी की तरह कोई बड़ा बौद्ध विहार नहीं।"

श्री भट्टाचार्य ने प्रभाकर मिश्र की पूरी बात सुनकर कहा, "मेरे विचार से हमें दक्षिण की ओर उज्जयिनी चलना चाहिए। जब से सम्राट् हर्षवर्धन दिवंगत हुए हैं, उत्तरी भारत में अराजकता फैल गई। वर्तमान में कोई उच्च कोटि का शासक नहीं है। सामंत अपनी मनमर्जी कर रहे हैं, अपराधों की संख्या बढ़ रही है। बौद्धाचार्यों का भी ध्यान इस तरफ नहीं है। सत्य तो ये है कि राष्ट्र-कल्याण के बारे में उन्होंने सोचना बंद कर दिया है। आचार्य धर्मपाल अपनी महत्त्वाकांक्षा को पूर्ण करने के लिए राष्ट्रीय अस्मिता को नुक्सान पहुचने में भी पीछे नहीं हटते थे। मैंने कई बार उन्हें विदेशी पर्यटकों और व्यापारियों के समक्ष सम्राट् की निंदा करते हुए सुना था। यह सब बौद्ध भिक्षुओं के लिए समझना इतना आसान नहीं था, क्योंकि पहले के जो कुलपति आचार्य हुए, वो सभी भ्रष्ट नहीं थे। इसलिए धर्मपाल पर भी लोगों का वैसा विश्वास बना रहता था, जैसा कि पूर्व में हुए आचार्यों पर था। परंतु धर्मपाल नालंदा के कुलपति पद पर ऐसे बैठ गया, जैसे मगध की गद्दी पर धनानंद बैठ गया हो! पाटलिपुत्र की भूमि धन्य है कि उसने आचार्य विष्णुगुप्त (चाणक्य) जैसे महापुरुषों को जन्म दिया। मैं तो आंध्रिय ब्राह्मण हूँ, दक्षिण से आया हूँ, लेकिन मैं भी धन्य हुआ कि मुझे चाणक्य जन्म-भूमि के दर्शन प्राप्त हुए। अब हम यहाँ से प्रस्थान ही करेंगे। हम उज्जयिनी जाएँगे। यह बात सिर्फ

हमारे बीच में रहनी चाहिए। यहाँ आसपास के लोगों और जिन व्यापारियों ने हमें यहाँ रहने का स्थान दिया, उन्हें भी यही पता हो कि हम तीर्थराज प्रयाग जा रहे हैं। अर्थात् हम कहाँ जा रहे हैं, उन्हें निश्चित रूप से पता न हो। उज्जयिनी के महाराज सुधन्वा धर्म अनुयायी हैं। मैंने उनकी बहुत प्रशंसा सुनी है, वो धर्म चर्चा में बहुत रुचि रखते हैं। आगामी मीमांसकों के लिए सुधन्वा का समर्थन प्राप्त होना उचित रहेगा। मैंने तुम सबके भविष्य के बारे में सोंचकर ही ऐसा निर्णय लिया है।"

श्री भट्टाचार्य की पूरी बात सुनकर मंडन मिश्र ने आचार्य के चरणों में प्रणाम करते हुए कहा, "गुरुदेव! आपकी दृष्टि जहाँ तक जाती है, हम वहाँ तक नहीं देख पाते। आप जो कहेंगे, शिरोधार्य है।"

भट्टाचार्य ने मंडन मिश्र को आशीर्वाद देते हुए कहा, 'कल्याणमस्तु!' प्रभाकर मिश्र की ओर देखते हुए कहा, "प्रभाकर! तुम्हारे मन में कोई शंका तो नहीं?"

प्रभाकर मिश्र ने थोड़ा सोचते हुए कहा, "बस, मुझे ऐसा लगता है कि यहाँ के कुछ लोग कहेंगे कि हम भयभीत होकर पलायन कर गए।"

भट्टाचार्य प्रभाकर मिश्र को समझाते हुए बोले, "प्रभाकर, तुम अभी धर्मपाल और उसके समर्थकों को नहीं जानते, इसलिए ऐसा कह रहे हो। हम पहले ही शास्त्रार्थ में विजयी हुए हैं। मगध की सामान्य जनता हमारे समर्थन में खड़ी है। सब जानते हैं कि किस प्रकार मेरी हत्या का षड्यंत्र रचा गया! मगध की जनता और श्रेष्ठ व्यापारी व अधिकारी मात्र इसलिए मेरे पक्ष में नहीं हैं कि मैंने शास्त्रार्थ में आचार्य धर्मपाल को पराजित कर दिया। सामान्य जनमानस को इन शास्त्रार्थों की बातें समझ में नहीं आतीं। अपितु मुझे जो भारी समर्थन प्राप्त हो रहा है, वो इस कारण से हो रहा है कि नालंदा के बौद्धाचार्यों ने षड्यंत्र से मेरी हत्या करवा दी थी, परंतु मैं देव-कृपा से बच गया। इससे यहाँ बौद्धों की छवि धूमिल हो रही है; क्योंकि अहिंसा पर प्रवचन देने वालों ने षड्यंत्र और हिंसा का सहारा लिया। दूसरा यह कि मेरा जीवित बचना उनके मन में वेदों और देवताओं के प्रति श्रद्धा उत्पन्न करता है।" थोड़ा रुककर

भट्टाचार्य फिर बोले, "वर्तमान में हमारा यहाँ से जाना लाभप्रद ही होगा, क्योंकि हमारे यहाँ से जाने से बौद्धों की छवि और खराब होगी; क्योंकि हम यहाँ के सभी लोगों को ये बताकर जाएँगे कि किस प्रकार बौद्ध हमारे विरुद्ध हत्या जैसे घृणित कर्म का षड्यंत्र कर रहे हैं! कहीं विषैले सर्प को छोड़ना तो कभी भोजन में विष मिला देना जैसी घटनाएँ घट रही हैं।" आचार्य थोड़ा रुककर फिर बोले, "यह सब सुनने में ऐसा लगता है कि यह कुटिलतापूर्ण सोंच है, परंतु सोचो, बौद्धों ने हमारे विरुद्ध कैसा षड्यंत्र रचा है, एक ओर वो मेरी हत्या का षड्यंत्र रच रहे हैं, साथ ही जन-मानस के बीच मेरा विरोध ये कहकर कर रहें हैं कि मैं बुद्ध विरोधी हूँ! मैं शाक्य मुनि को अपशब्द कहता हूँ और हिंसा करने को सही ठहरता हूँ। कुछ तो मेरे लिए हिंसक पशु जैसा शब्द भी बोलते हैं। उनके पास यही सब हथकंडे हैं। बौद्ध ये कभी नहीं सोंचेंगे कि हम मगध की भूमि छोड़कर जाएँगे, क्योंकि वो जानते हैं, हमें जितना समर्थन और सुविधाएँ मगध में प्राप्त हो सकती हैं, वो और कहीं नहीं हो सकतीं और यह बात सत्य भी है। परंतु मगध का त्याग करके हम उन्हें आश्चर्यचकित कर देंगे। नवीन छात्र, जिन्होंने मीमांसा का अध्ययन ज्ञान पूर्ण कर लिया है, वो पाटलिपुत्र में रहकर मीमांसा का प्रचार करते रहेंगे।"

प्रभाकर मिश्र ने संतुष्ट होते हुए कहा, "जी आचार्य! लेकिन एक प्रश्न और मेरे मन में है। आपके यहाँ से उज्जयिनी जाने के बाद पाटलिपुत्र के अनुयायी, जो आपसे प्रेम करते हैं, अगर वो आपके दर्शन हेतु त्रिवेणी धाम में पहुँचते हैं, तो आपका दर्शन ना प्राप्त कर दु:खी होंगे।"

श्री भट्टाचार्य ने कहा, "चिंतित न हों, हम उज्जयिनी में अधिक समय तक नहीं रुकेंगे, कुछ दिनों में ही वापस त्रिवेणी तट पर ही आ जाएँगे। फिर जो भी जिज्ञासु मुझसे मिलना चाहें, वो वहाँ मिल पाएँगे।"

सारे संशयों का निवारण करने के बाद आचार्य ने सभी शिष्यों से कहा, "अब प्रस्थान की तैयारी प्रारंभ करो। आज से पाँचवें दिवस प्रात:काल ब्रह्ममुहूर्त में हम प्रस्थान करेंगे। तब तक लोगों को बताओ कि नालंदा के बौद्धाचार्यों के द्वारा बार बार मेरी हत्या के षड्यंत्र किए जा रहे हैं। लोगों को

हमारे यहाँ से जाने का सही कारण पता होना चाहिए, तभी वो हमारा समर्थन करेंगे। और सत्य भी यही है कि हमारे पास कोई दूसरा विकल्प नहीं।"

चार दिन तक रुकने के बाद योजना अनुसार श्री भट्टाचार्य पाँचवें दिन उज्जयिनी की ओर प्रस्थान करते हैं। प्रस्थान करते समय कई क्षेत्रीय लोग उनसे आग्रह करते हैं, "आचार्य, अगर आप यहाँ गंगा तट पर पाटलिपुत्र के समीप ही रहें तो बड़ी कृपा होगी। कुछ धनाड्य व्यापारी, जो भट्टाचार्य के प्रति अपार श्रद्धा रखते थे, वो भी भट्टाचार्य के समक्ष आकर बोले, "आचार्य, क्या हम से कोई भूल हो गई, जो आप हमें इस प्रकार छोड़कर जा रहे हैं। अगर आप कहें तो हम आपके लिए नालंदा जैसे भव्य विहार की रचना यहीं करवा देंगे। नालंदा से भी अधिक विशाल और भव्य आश्रम का निर्माण हम आपकी सेवा में करवा देंगे। आप एक बार आज्ञा तो दें गुरुदेव! हमने जितना धन जीवन भर में एकत्र किया, वो सब लगा देंगे आपकी सेवा में। परंतु आप हमें इस प्रकार छोड़कर ना जाएँ।"

आचार्य श्रेष्ठी की बात सुनकर हँसने लगे। प्रसन्न होते हुए उन्होंने कहा, "देखो श्रेष्ठी और तुम सभी मुझे अत्यंत प्रिय हो। तुम निष्कपट और मुझमें अपार श्रद्धा रखने वाले हो। परंतु धर्म के नाम पर बड़े-बड़े भवनों का निर्माण, फिर उसमें भीड़ इक्कठा करके अनेक शिष्यों, अनुयायियों को रखना, यह सब मीमांसा की शिक्षा के अनुकूल नहीं। मीमांसा कर्म और कर्तव्यों की पालना की शिक्षा हमें देती है। धर्म के नाम पर धन इक्कठा करके बड़े आश्रमों, संस्थानों का निर्माण बाद में भ्रष्टाचार का स्थान बन जाते हैं। अत: मैं ऐसी किसी परंपरा में विश्वास नहीं करता। और मीमांसा शास्त्र अथवा वेद तो लोगों को कर्म का मार्ग ही दिखाती है। व्यक्ति को वर्णाश्रम धर्म का पालन करते हुए कर्म परायण होना चाहिए। अत: धर्म के नाम पर संस्थाओं का निर्माण, फिर संथाओं के बड़े-बड़े आश्रम। फिर संस्थानों के प्रचार की महत्त्वाकांक्षा, खोखले दावे और द्वेष प्रपंच। अहिंसा और विश्व शांति के प्रवचन, यह सब गैर-व्यावहारिक और समाज को भ्रमित करने वाली बातें हैं।

संसार नित्य परिवर्तनशील और सत्य है, कुछ भी स्थिर नहीं रहने वाला।

पाप और पुण्य होते रहेंगे, दिन और रात भी होते रहेंगे। संसार के वशीभूत ही मनुष्य पाप और पुण्य करता है। परंतु वेदों का ज्ञान हमें इन सबसे बचने का मार्ग देता है! कर्म का मार्ग! क्योंकि एकमात्र कर्मों की सत्ता ही सिद्ध सत्ता है। कोई गुरु, देवता या भगवान् तुम पर क्या कृपा करेंगे, अगर तुम्हारे कर्म ही सही न हों! अत: वेदों ने पाप कर्मों से बचने और पुण्य कर्मों की वृद्धि हेतु हमें पंचकर्म—नित्य, नैमितिक, काम्य, निषिद्ध और प्रायश्चित कर्म विधान का ज्ञान दिया है। हमें इनका पालन करना चाहिए। निष्काम भाव से इनका पालन करने से मोक्ष प्राप्त होता है और स्वर्ग प्राप्ति अथवा उच्च कुल में जन्म तो निश्चित ही होता है।" थोड़ा रुककर भट्टाचार्य फिर बोले, "तथागत भी नहीं चाहते थे कि उनके नाम पर बड़े-बड़े भवन और अट्टालिकाओं का निर्माण हो और उनके भिक्षु भवनों में निवास करें और सोने-चाँदी के आभूषण धारण करें। तथागत के अनुसार तो बौद्ध विहार सर्वदा वन्य प्रदेशों में होने चाहिए, परंतु यह इस नित्य संसार के परिवर्तन का ही नियम है कि आज बौद्ध अनुयायी बिल्कुल तथागत के उपदेशों के विरुद्ध अपना जीवन व्यतीत करते हुए दिखाई पड़ते हैं। संसार के इस कुचक्र से बचने के लिए वैदिक कर्म अनुष्ठानों का पालन करना चाहिए। कोई व्यक्ति अगर ध्यान समाधि की ऊँचाइयों को छूना चाहता है, तो उसे भी सर्वप्रथम कर्मपरायण ही होना होगा, अन्यथा वो योगी अपना पतन कर लेगा। महर्षि पतंजलि ने इसलिए अपने अष्टांगयोग में यम-नियम का प्रारंभ ही योग का प्रारंभ माना। निष्काम भावना से कर्म अनुष्ठानों को करने से मोक्ष सिद्ध होता है। अग्नि, वरुण, इंद्र आदि देव, जो हमें जीवन प्रदान करते हैं, हम इनका ऋण चुकाएँ, उन्हें यज्ञ आदि से अपनी श्रद्धा और उनका भाग उन्हें अर्पित करें। ये नदियाँ, पर्वत, वायु, अग्नि, पञ्च भूत, सूर्य, चंद्र आदि नव ग्रह, माता-पिता एवं गुरुजन सब हमें जीवन प्रदान करते हैं। वेदों के अनुसार ये सब देव ही हैं। इनका उचित सम्मान एवं सेवा करना भी हमारा अनिवार्य कर्तव्य ही है। समाज वेदों के इस महान् उपदेश को समझ जाए, यही हम मीमांसको का उद्देश्य है।" इस प्रकार श्री भट्टाचार्य ने श्रद्धालुओं को समझाते हुए वहाँ से प्रस्थान किया।

मार्ग में कई नगरों और ग्रामों से होते हुए वो उज्जयिनी पहुँचते हैं। नालंदा में शास्त्रार्थ-विजय की सूचना तेजी से फैल चुकी थी। भट्टाचार्य जिस गाँव-नगर से गुजरते, लोग उनसे, मिलने और उनका दर्शन करने आ जाते। कुछ विद्वान् अथवा बौद्धाचार्य और जैनाचार्य उनसे शास्त्रार्थ करने भी आ जाते और फिर पराजित हो वे लोग भी मीमांसा के उपासक बन जाते। साथ ही मार्ग में ये भी देखने को मिला कि बौद्धों ने भट्टाचार्य के विरुद्ध बहुत सारी अनर्गल बातें भी फैला रखी थीं, जिससे लोग उनके चरित्र को लेकर संशय में रहते थे। भट्टाचार्य उन सभी का संशय भी दूर करते हुए आगे बढ़ रहे थे।

राजा सुधन्वा वैदिक धर्म अनुयायी थे, परंतु बढ़ते हुए बौद्ध और जैन प्रचार से वो भी बहुत प्रभावित थे। अब वर्तमान में बौद्धों के बढ़ते हुए प्रभाव से वो बौद्ध धम्म के प्रति बहुत प्रभावित थे, साथ ही बौद्धों की राजनैतिक महत्त्वाकांक्षा से थोड़ा भय भी खाते थे। उनकी अर्धांगिनी महारानी सच्चे हृदय से वैदिक धर्म अनुयायी थीं। उन्हें भी यह भय रहता था कि महाराज कहीं किसी दिन बौद्ध भीखू न बन जाएँ! श्री भट्टाचार्य जब राजा सुधन्वा की नगरी में पहुँचे, तब सबसे अधिक प्रसन्न महारानी ही हुईं; क्योंकि महाराज निरंतर बौद्धाचार्यों के संग रहते थे। अत: उन्होंने भट्टाचार्य के स्वागत का दायित्व महारानी को ही सौंप दिया था। महारानी और राजा सुधन्वा ने वैदिक विधि से स्वस्तिवाचनम आदि मंत्रों से दिग्विजयी श्री भट्टाचार्य का भव्य स्वागत एवं विधिवत् पूजा की। आचार्य और उनके शिष्यों को स्नान, भोजन आदि कराने के बाद महारानी ने आचार्य से वार्त्तालाप की आज्ञा ली।

आचार्य के चरणों में प्रणाम कर, चरण प्रक्षालण कर महारानी ने अपने नेत्रों से श्रद्धा अश्रु बहाते हुए कहा, "गुरुदेव! जब से आपके विषय में सुना है, तब से मन आपके दर्शन हेतु व्याकुल है। ये तो श्री नारायण की कृपा हुई कि आपने मेरे प्यासे नेत्रों की प्यास बुझाई और मेरे व्याकुल हृदय को शांत किया। अब आप आ गए हैं तो सब ठीक ही होगा। गुरुदेव मेरे पति, महाराज सुधन्वा निरंतर बौद्धाचार्यों और जैन मुनियों के मध्य रहते हैं, उनके बीच शास्त्रार्थ करवाते रहते हैं। मुझे भय लगता है, कहीं वो भिखू ना बन जाएँ अथवा दिगंबर

जैन मुनि बनकर नग्न ना घूमने लगें! महाराज, मैंने बौद्धाचार्यों के मुख से सूना है कि आप सिद्धि संपन्न हैं, आप जादू, टोना, वशीकरण आदि विद्याओं को जानते हैं। हे आचार्य! कृपा करके आप अपनी वशीकरण विद्या से मेरे पति को अपने वश में कर लीजिए। मैं आपको धन-संपदा, वैभव सब दूँगी। कृपा करें महाराज···कृपा करें···(आचार्य के चरणों में गिरते हुए)।

श्री भट्टाचार्य ने महारानी को बीच में ही टोकते हुए कहा, "महारानी आपने मेरे बारे में बहुत गलत सुना है। मैं ऐसी किसी भी विद्या का जानकार नहीं, जिससे किसी को वश में किया जा सके। जादू-टोना तो जादूगरों का कार्य है और मैं जादूगर हूँ नहीं। महारानी मैं तो वैदिक शास्त्रों का ज्ञाता और मीमांसा-आचार्य हूँ, मानव जाति को कर्मों की सत्ता का ज्ञान कराता हूँ। वेद विधि से कर्म करने से ही मनुष्य इहलोक और परलोक में सुख की प्राप्ति कर सकता है। निष्काम भाव से वेदों के अनुकूल कर्म करते रहने से मोक्ष भी सिद्ध होता है। मैं समाज को वैदिक धर्म का मार्ग दिखलाता हूँ। अतः मैं अपने तथ्यों की पुष्टि प्रमाणों के आधार पर करता हूँ, ना कि किसी को वशीकरण करके और जादू-टोना से।"

महारानी ने क्षमा माँगते हुए कहा, "क्षमा करें आचार्य, मैंने जैसा बौद्धाचार्यों के मुख से सुना था, वैसा कह दिया। परंतु आचार्य मेरे पति बहुत हटी हैं, वो सर्वदा बौद्धों के संग बैठे रहते हैं। उनकी बुद्धि अब वैदिक धर्म से हट चुकी है। वह निश्चय ही कुछ दिनों में बौद्ध भीखु अथवा जैन मुनि बन जाएँगे। हे आचार्य! कृपा करके मेरी गृहस्थी बचा लो। कुछ ऐसा कर दो, जिससे महाराज मेरे वश में आ जाएँ और वैदिक मार्ग पर चलने लगें।"

श्री भट्टाचार्य ने फिर महारानी को समझाते हुआ कहा, "महारानी! आप व्यर्थ विलाप कर रही हैं। आपको इतना चिंतित होने की आवश्यकता नहीं है। मैंने जो महाराज सुधन्वा के विषय में सूना है, वो बहुत ही विवेकी और कुशाग्र बुद्धि राजा हैं। वो अधीर होकर, भावनाओं में बहकर कोई निर्णय नहीं लेंगे। कृपया, आप उन्हें जाकर बताएँ कि मैं मात्र एक दिवस ही उनका आतिथ्य स्वीकार करूँगा। वो मुझसे इस अवधि में आकर अवश्य मिलें।"

महारानी ने कहा, "जी आचार्य, जैसी आपकी आज्ञा। परंतु गुरुदेव कुछ ऐसा जरूर करना, जिससे उनकी बुद्धि फिर से वैदिक हो जाए। कृपा करना महाराज! सादर प्रणाम!" ऐसा कहते हुए श्री भट्टाचार्य को प्रणाम कर महारानी ने सारी सूचना महाराज सुधन्वा को पहुँचा दी। महाराज ने जब ये सुना कि भट्टाचार्य मात्र एक दिवस ही रुकेंगे तो उन्हें बहुत आश्चर्य हुआ और बुरा भी लगा। सुधन्वा अपने राजपाठ के व्यस्त कार्यों को रोकते हुए श्री भट्टाचार्य के कक्ष में उपस्थित हुए। श्री भट्टाचार्य को प्रणाम करते हुए सुधन्वा ने कहा, "दिग्विजयी आचार्य कुमारिल भट्ट को मेरा प्रणाम है। आचार्य क्या आपकी सेवा में कोई कमी रह गई अथवा आप किसी बात पर रुष्ट हैं? मुझे क्षमा करें आचार्य, अगर मुझसे कोई भूल हुई हो तो! मैं आपके आते ही आपके समक्ष उपस्थित नहीं हो पाया। मेरी अर्धांगिनी की तीव्र इच्छा थी कि वो आपसे अपनी समस्याओं का समाधान अकेले ही प्राप्त करना चाहती थीं, तो फिर उनकी बात कैसे टाल सकता था आचार्य? अतः आज्ञा करें, आपको प्रसन्न करने हेतु क्या करूँ? मैंने सुना कि आप मात्र एक दिवस ही मेरे यहाँ रुकेंगे। आचार्य मेरी इच्छा है कि आप कम-से-कम एक मास अवश्य मेरे यहाँ रुकें।"

श्री भट्टाचार्य सुधन्वा की कुशल व्यावहारिकता देखकर प्रसन्न होते हुए बोले, "राजन! तुम्हारी कुशल वाणी प्रयोग को देखकर मैं प्रभावित हूँ, परंतु प्रसन्न नहीं। मैंने सुना है कि तुमने वेदों का मार्ग त्याग दिया है और बौद्ध भीखू बनने की सोंच रहे हो! क्या यह सत्य है?"

राजा सुधन्वा ने कहा, "आचार्य, मैंने वैदिक मार्ग का त्याग नहीं किया। हाँ, लेकिन मैं बौद्ध एवं जैन विचारधारा से प्रभावित हूँ। साथ हीं मैंने ये भी पाया कि बौद्ध-जैन विचारधारा एवं वैदिक विचारधारा में बहुत समानता भी है। परंतु बौद्ध ऐसा स्वीकार नहीं करते। आचार्य मेरी आपसे विनती है कि आप मेरा मार्गदर्शन करें। कौन सा मत श्रेष्ठ है, ये जानने में मेरी सहायता करें।"

श्री भट्टाचार्य ने राजा से कहा, "कौन सा मत श्रेष्ठ है, यह तो 'वाद' से

ही पता चलेगा। अत: तुम चाहो तो बौद्धाचार्यों के साथ (वाद) शास्त्रार्थ का आयोजन करवा सकते हो।"

राजा सुधन्वा ने कहा, "जी आचार्य! अवश्य! कृपया आप मेरी राजसभा में पधारें।"

राजा सुधन्वा आचार्य कुमारिल भट्ट को अपने राजसभा में ले गए और उन्हें प्रसन्न करने हेतु सुवर्ण-सिंहासन पर बिठाया और उनकी विधिवत् पूजा की। श्री भट्टाचार्य ने सुवर्ण सिंहासन पर बैठ राजसभा के समीप एक वृक्ष पर बैठी कोयल की मधुर ध्वनि को सुनकर वहाँ बैठे वेद विरोधियों को लक्ष्य करके कहा—

"हे कोकिले! यदि तुम कानों को पीड़ा पहुँचाने वाले व्यर्थ काँव-काँव करने वाले धूर्त कौवों की सभा में नहीं होतीं तो मैं निश्चय हीं तुम्हारी मधुर ध्वनि की प्रशंसा करता।"

आचार्य कुमारिल भट्ट को राजसभा में इस प्रकार सुवर्ण सिंहासन पर बैठे हुए देखकर वहाँ बैठे बौद्धाचार्यों एवं जैन आचार्यों के माथे पर चिंता के बादल मँडराने लगे। उनके चेहरे की हवाइयाँ उड़ गईं। राजा सुधन्वा ने श्री भट्टाचार्य को इस प्रकार कहते हुए सुनकर और उनके मस्तक के अद्भुत तेज को देखकर उनसे प्रार्थना करते हुए कहा, "हे दिग्विजयी परम-पूज्य आचार्य कुमारिल भट्ट, आप हम सब पर कृपा करें और वैदिक उत्थान का मार्ग हमें दिखाएँ भगवन!"

श्री भट्टाचार्य ने राजा को इस प्रकार वैदिक उत्थान हेतु चिंतित होते हुए देखकर उद्घोष करते हुए सारी सभा को सुनाकर कहा, "राजन! आप चिंता न करें, मेरा नाम कुमारिल भट्टाचार्य है। मैं आपकी सभा में सभी सभासदों के समक्ष ये प्रतिज्ञा करता हूँ कि मैं वेद विरोधियों को शास्त्रार्थ में पराजित कर वेदों की प्रतिष्ठा स्थापित करूँगा।"

श्री भट्टाचार्य के इस उद्घोष के बाद शास्त्रार्थ प्रारंभ हो गया। एक एक करके बौद्धाचार्य और अन्य वेद विरोधी पराजित होते गए। सबको पराजित कर श्री भट्टाचार्य ने वहाँ उपस्थित राजा सुधन्वा और सभी सभासदो, मंत्री,

महामंत्री, सेनापति एवं गुप्तचरों को वेद वाक्यों की महानता और महत्त्व को समझाते हुए व्याख्यान दिया। व्याख्यान पूर्ण होने पर राजा सुधन्वा से कहा, "राजन! आपने मेरे द्वारा दिए गए सारे तर्कों, तथ्यों को सुना है और वेद विरोधियों के तर्कों को भी भलीभाँति सुना और देखा भी है, अब विजेता कौन होगा, इसकी घोषणा आप स्वयं अपने मुख से करें।"

श्री भट्टाचार्य का ऐसा आग्रह सुन राजा सुधन्वा ने कहा, "यद्यपि आज यहाँ स्पष्ट है कि शास्त्रार्थ में कौन विजयी हुआ, परंतु शास्त्रार्थ में विजेता तो व्यक्ति अपने बुद्धि और विद्या के बल पर बनता है। परंतु पर्वत शिखर से गिरकर भी कोई जीवित रहे, वो साधारण नहीं हो सकता, वो तो मात्र वेद-विरोधियों को ही नहीं, स्वयं काल को जीतकर आया है, वो महापुरुष मृत्युंजय है। मैं ऐसे महापुरुष दिग्विजयी श्री कुमारिल भट्टाचार्य की शरण ग्रहण करता हूँ और आजीवन उनके द्वारा बताए गए वैदिक मार्ग पर चलने का प्रण लेता हूँ।"

इस प्रकार श्री भट्टाचार्य ने भटकते हुए राजा सुधन्वा को पुनः वैदिक मार्ग पर ले आए और राजा ने निरंतर वैदिक धर्म पालना का संकल्प लिया।

राजा सुधन्वा के आग्रह पर श्री भट्टाचार्य वहाँ तीन दिवस तक रुके रहे। तीसरे दिन आचार्य ने राजा से कहा, "राजन! अब हम प्रस्थान करना चाहेंगे। प्रयाग तीर्थ में त्रिवेणी तट पर कुछ जिज्ञासु आत्माएँ मेरी प्रतीक्षा कर रही होंगी। अतः हमें प्रस्थान की अनुमति प्रदान करें।"

राजा सुधन्वा ने कहा, "गुरुदेव! मेरे अंदर सामर्थ्य नहीं कि मैं आपको अनुमति दूँ। आचार्य अब मैं आपके प्रेम के बिना नहीं रह सकता। मुझे स्वयं से दूर न करें। आप कहें तो मैं भी आपके साथ चलूँ! आपके बिना मेरा मन यहाँ व्याकुल रहेगा। आप मुझे अपने संग ही ले चलें आचार्य।"

महाराज के बगल में खड़ी महारानी यह सब सुनकर और अधिक चिंतित होने लगीं उनके मस्तक पर चिंता की गंभीर रेखाएँ स्पष्ट दिखने लगीं। तब श्री भट्टाचार्य ने सुधन्वा को कर्मों का मर्म समझाते हुए और महारानी की समस्या का समाधान करते हुए कहा, "राजन! तुम्हारे ऊपर तुम्हारे राज्य और

प्रजा का दायित्व है। अतः तुम्हें अपने कर्तव्य का निर्वाह करना होगा। और कहा गया है कि 'यथा राजा तथा प्रजा'। जैसा राजा होगा, प्रजा भी वैसी ही होगी। यदि तुम वैदिक मार्ग का अनुसरण करोगे तो प्रजा भी वैसा ही अनुसरण करने लगेगी। अतः दक्षिण प्रदेशों में तुम्हारा प्रभाव अच्छा है। और वेद विरोधी अपना प्रयास नहीं छोड़ेंगे। तुम्हारे अभाव में फिर से लोग वेद विरोधियों के प्रभाव में आ जाएँगे और वैदिक मार्ग का त्याग कर देंगे और अराजकता फैलने लगेगी। अतः तुम्हारे लिए यही कर्त्तव्य है कि तुम प्रजा और वैदिक धर्म की सेवा यहाँ उज्जयिनी में अपने दायित्वों को निभाते हुए करो।"

ऐसा कहते हुए श्री भट्टाचार्य अपने शिष्यों के साथ प्रस्थान करते हैं। राजा सुधन्वा मार्ग को सुगम बनाने हेतु आचार्य को कई अश्व वाले रथ एवं सैनिक इत्यादि और प्रचुर धन भी दान में देते हैं।

□

त्रिवेणी

त्रिवेणी मात्र नदियों का संगम ही नहीं। अपितु वैदिक धर्मावलंबियों के लिए ज्ञान, भक्ति और कर्म का संगम भी था। ज्ञान, भक्ति और कर्म वो साधन हैं, जिससे मनुष्य अपनी दिव्यता को प्रगट कर सकता है और इन साधनो का सदुपयोग कर के मानव चरित्र में देवत्व को प्रगट करना ही मानव जीवन की श्रेष्ठता है। भगवान् वार्तिककार श्री भट्टाचार्य, समाज को कर्म का उपदेश ही देने आए हैं। संसार को मिथ्या कह जो कर्मों की अवहेलना कर रहे थे और मनुष्य समाज को दिशाहीन बना रहे थे, श्री भट्टाचार्य ने उन्हें कर्म का मार्ग दिखाया।

श्री भट्टाचार्य अपने शिष्यों के संग उज्जयिनी से प्रस्थान करके प्रयाग तीर्थ में त्रिवेणी तट पर आ चुके थे। मार्ग में उन्हें कई ऐसे लोग मिले, जो उनसे प्रभावित थे और कईयों को बौद्धों ने भ्रमित कर दिया था। यद्यपि सैकड़ों और फिर हजारों की संख्या में बौद्ध भीखू उनके अनुयायी बन गए थे, परंतु फिर भी भट्टाचार्य के अनुयायियों की तुलना में बौद्धों की संख्या बहुत अधिक थी, जिसके कारण भट्टाचार्य को विरोध का सामना भी बहुत बड़े स्तर पर करना पड़ रहा था। बौद्धों ने बहुत सारी अनर्गल बातें भट्टाचार्य के विषय में फैला रखी थीं! जैसे—भट्टाचार्य तथागत के लिए अपशब्द कहते हैं, वो बुद्ध विरोधी और अहिंसा के विरोधी हैं, लोगों को हिंसा का मार्ग बतलाते हैं, वो छल-कपट से किसी को शास्त्रार्थ में पराजित करते हैं। जो अशिक्षित अथवा कम शिक्षित थे, उनके मध्य ये बात फैली हुई थी कि भट्टाचार्य जादू-टोना

जानते हैं, वो वशीकरण करके लोगों को अपना शिष्य बनाते हैं, वो जादू-टोना से किसी को भी अपने वश में कर लेते हैं। ऐसी बातें जनमानस में फैलाई गईं, जिससे लोग उनका उपदेश सुनने से डरने लगें। परंतु यह बात बहुत कम लोग समझते थे कि भट्टाचार्य के पास कर्म तपस्या की शक्ति थी। यद्यपि भट्टाचार्य निरंतर विरोधों का ध्यान किए बिना अपने कर्म में लगे हुए थे, फिर भी उनका हृदय बौद्धों के दुष्प्रचार से आहत था; क्योंकि इस दुष्प्रचार के कारण बहुत भारी संख्या में जनमानस वैदिक कर्म-विज्ञान से अनभिज्ञ था। परंतु भट्टाचार्य को इस विरोधी प्रचार का उत्तर भी अपने कर्मों से ही देना था, जिसके विषय में अब वो गंभीरता से विचार करने लगे थे। कभी बिल्कुल अकेले त्रिवेणी तट पर बैठकर गंभीर हो सोचने लगते कि कैसे इस दुष्प्रचार का निराकरण किया जाए? उनके नजदीकी शिष्यों में प्रभाकर, मंडन मिश्र, भवभूति आदि अपने गुरुदेव का आडंबरपूर्ण विरोध देखकर चिंतित होते थे, परंतु इसका कोई उपाय उनके पास भी नहीं था।

प्रयाग क्षेत्र की विशेषता थी कि वहाँ भी कई लोग नियमित कर्मनुष्ठानों हेतु आते रहते थे। जैसे मकर संक्रांति, मौनी अमावस्या, बसंत पंचमी, कार्तिक पूर्णिमा आदि विशेष अवसर पर त्रिवेणी तट पर विशेष भीड़ नजर आती थी। अब वहाँ भट्टाचार्य के आ जाने से और उनके विचारों के प्रभाव से लोग कर्मनुष्ठानों के प्रति और अधिक सजग होने लगे थे। परंतु ज्यादातर कर्म अनुष्ठानों का अनुसरण करने वाले लोग स्वयं कर्मनुष्ठानों के विज्ञान को नहीं समझते थे। श्री भट्टाचार्य की कृपा से यह प्रसाद अब त्रिवेणी के लोगों को सहजता से प्राप्त हो रहा था, जिसके कारण कर्मों के प्रति सजगता जनमानस में बढ़ रही थी।

परंतु त्रिवेणी तट की एक और विशेषता यह थी कि वहाँ पर अन्य दूसरे मतों के, जैसे न्याय, वैशेषिक, सांख्य. योग और वेदांत आदि के ऋषि गण भी थे, वैष्णव और शैव मत के भक्त प्रचारक भी निरंतर वहाँ आवागमन करते रहते थे। त्रिवेणी तट पर उन सबके बीच अपने-अपने मत को लेकर वाद-विवाद चलता रहता था। परंतु उस वाद-विवाद में कोई किसी के प्रति

शत्रुता का भाव नहीं रखता था। उनमें कुछ साधक ऐसे थे, जो धर्म जिज्ञासु थे, उनकी बुद्धि विस्तृत विचारधारा की होती थी, वो सच्चे सत्य के अनुसंधानकर्ता थे। ऐसे ही एक सांख्य योगी आचार्य के समीप आया और जिज्ञासावश पूछने लगा, "श्री भट्टाचार्य, मैं सांख्य मत का अनुयायी हूँ, यह कपिल मुनि के द्वारा प्रतिपादित मत है। आचार्य, मैंने सुना है कि सांख्य मत की तरह मीमांसा के मत में भी ईश्वरवाद और अवतारवाद का निषेध है!"

भट्टाचार्य ने उसे उत्तर देते हुए कहा, "हाँ जिज्ञासु! शबर मुनि ने अपने मीमांसा भाष्य में 'ईश्वर' का वैदिक वाक्यों के आधार पर निषेध किया है। ईश्वर का निषेध होने से अवतारवाद का भी निषेध हो जाता है।"

सांख्यिक जिज्ञासु ने फिर पूछा, "आचार्य, यह तथ्य तो सांख्य के अनुकूल है, परंतु मुझे आपकी एक बात समझ नहीं आती और वो ये कि आप सबको कर्म करने की प्रेरणा देते हैं; परंतु हमारी कर्म व्याख्या के अनुसार तो कर्म प्राणियों के द्वारा प्रकृति के वशीभूत निरंतर ही हो रहा है। योगेश्वर श्री कृष्ण ने भी श्रीमद्भगवद्गीता में सांख्य आधार लेते हुए कुछ ऐसा ही समझाया है। तो आचार्य किसी को कर्म की प्रेरणा देने की आवश्यकता क्या है, कर्म तो प्रकृति के वशीभूत हो ही रहा है?"

श्री भट्टाचार्य उस सांख्यिक के प्रश्न से प्रसन्न होते हुए बोले, "प्रिय जिज्ञासु, तुम्हारे प्रश्न से मैं प्रसन्न हुआ। अब ये बताओ कि इसका उत्तर मैं सांख्य शास्त्र के आधार पर दूँ, या फिर मीमांसा के अधार पर, अथवा दोनों का आधार लेकर?"

जिज्ञासु ने कहा, "आचार्य, आप संख्या शास्त्र के भी ज्ञाता हैं, यह जानकर प्रसन्नता हुई। मुझे मीमांसा शास्त्र का कोई ज्ञान नहीं। अतः मुझे दोनों का आधार व प्रमाण लेकर समझाएँगे तो मेरे लिए समझने में सरलता होगी।"

श्री भट्टाचार्य ने जिज्ञासु को समझाते हुए कहा, "सांख्य मत के अनुसार प्रकृति पुरुष हेतु भोग और मोक्ष का प्रतिपादन करती है। भोग में जीव प्रकृति का बंधक होता है और मोक्ष हेतु उसे कर्म की स्वतंत्रता होती है। अतः अब जब मीमांसा शास्त्र में कर्मों के महत्त्व को समझाया जाता है, तो उसमें प्रकृति

के वशीभूत होने वाले स्वत: क्रियाओं को कर्म नहीं माना जाता। उन्हें कर्म नहीं, स्वाभाविक क्रिया माना जाता है। जैसे भोजन करना, शौच, निद्रा, भय, मैथुन इत्यादि प्रकृति के वशीभूत स्वत: होने वाली क्रियाएँ हैं। मीमांसा शास्त्र के अनुसार इन क्रियाओं को कर्म नहीं माना गया है। कर्म वो विशेष कार्य है, जो स्वर्ग और अपवर्ग प्राप्ति में सहायक होता है। जैसे–स्नान, तप, स्वाध्याय, दान, यज्ञ, अग्निहोत्र, प्राणायाम, धारणा और ध्यान आदि। अत: कर्मनुष्ठानों से पाप का क्षय और पुण्य की वृद्धि होती है। मीमांसा के अनुसार, पञ्च कर्म का प्रावधान है। नित्य, नैमितिक, काम्य, निषिद्ध एवं प्रायश्चित। इनका विवेकपूर्ण ढंग से अनुष्ठान करना ही कर्म परायणता है।"

जिज्ञासु भट्टाचार्य के उत्तर से संतुष्ट हो उनका अनुयायी बन गया। इस प्रकार कई धर्म–जिज्ञासु श्री भट्टाचार्य के शरण में आकर लाभान्वित हो रहे थे। कुछ दिनों बाद कार्तिक पूर्णिमा आ गई। त्रिवेणी तट पर सूर्योदय से पूर्व चंद्रदेव को अर्घ्य अर्पण करने हेतु श्रद्धालुओं की भीड़ एकत्र होने लगी। आचार्य ने भी अपने सभी शिष्यों से कहा कि ब्रह्म मुहूर्त में सूर्योदय से पूर्व हम सब को वैदिक विधि के अनुसार सुरसरी जल में खड़े होकर चंद्रदेव को अर्घ्य अर्पण करना है। यह अनुष्ठान नैमितिक कर्म की श्रेणी में आता है। कार्तिक पूर्णिमा के ब्रह्म मुहूर्त में सभी गंगा स्नान एवं चंद्र देव को अर्घ्य देने हेतु चल पड़े। तभी कुछ शिष्यों ने देखा कि एक व्यक्ति बिना स्नान और तर्पण किए वैष्णव मंत्र का जाप कर रहा है। उसके समक्ष श्री विष्णु की मूर्ति भी सुशोभित है। आचार्य के एक शिष्य ने उस व्यक्ति को समझाते हुए कहा, "अरे तुम ये क्या कर रहे हो? आज श्री विष्णु की पूजा ऐसे नहीं होती। सूर्योदय पूर्व गंगा–स्नान कर चंद्रदेव को अर्घ्य अर्पित करने के बाद तुम अपने इष्ट श्री विष्णु की पूजा कर लेना!"

उस व्यक्ति ने झल्लाते हुए उत्तर दिया, "होगा चंद्र देव की उपासना का दिवस, परंतु मेरे गुरु ने सिर्फ श्री हरि को पूजने का नियम बताया है। हम श्री विष्णु को छोड़ किसी अन्य देव को नहीं मानते। मैं वैष्णव मत का अनुयायी हूँ, मैं जो कर रहा हूँ अपनी गुरु–आज्ञा से कर रहा हूँ।"

आचार्य ने अपने शिष्य को टोकते हुए कहा, "छोड़ दो उसे! यह समझाने का उचित समय नहीं है।" आचार्य के इस प्रकार कहते हीं वह शिष्य उस व्यक्ति को अपना कर्म करता हुआ छोड़ देता है।

चंद्र देव को अर्घ्य अर्पण करने के उपरांत सारे नैमितिक नित्य स्नान-ध्यान, अग्निहोत्र आदि कर्मों को करके आचार्य अपने शिष्यों की सभा बुलाते हैं। शिष्यों को समझाते हुए कहते हैं—"मैंने पहले भी आप सभी को समझाया है कि कभी किसी की भावनाओं को ठेंस पहुँचाते हुए उसे मीमांसा का उपदेश ना करें। प्रत्येक व्यक्ति को प्रेमपूर्वक, मित्रतापूर्वक ही देव-सत्ता और कर्मानुष्ठानों के बारे में समझाएँ।"

तभी मंडन मिश्र ने कहा, "आचार्य, हमारा प्रयास ऐसा ही रहता है, परंतु यहाँ त्रिवेणी के तट पर अनेक मतों के अनुयायी हैं। कोई शैव है, जो अन्य देवताओं को छोड़कर शिव को ही अपना इष्ट मानता है। दूसरा कोई वैष्णव है, जो श्री विष्णु को ही अपना इष्ट मानता है, वो भी अन्य देवों की अवहेलना करते हैं। फिर कुछ ऐसे भी मिले, जो एकेश्वरवाद की चर्चा करते हैं। यद्यपि ये लोग वेद विरोधि नहीं हैं, वेदों के प्रति श्रद्धा ही रखते हैं। परंतु ये सब पूर्णतः वैदिक मार्ग का अनुसरण भी नहीं कर रहे। इन विभिन्न मान्यताओं और मतों के कारण कर्म अनुष्ठानों के विधान में विकृति फैलती दिखाई पड़ रही है। आचार्य! समाज को इस विकृति से बचाने हेतु क्या कोई उपाय है?"

"कर्म करना होगा," आचार्य ने आत्म-बल सहित कहा, "कर्म करना होगा मंडन मिश्र। मैं तुम सबको जिम्मेदारी देता हूँ, तुम लोगों को जो वेद विरोधी नहीं, उनके मत का बिना खंडन किए, उन्हें कर्मनुष्ठानों का महत्त्व समझाओ। अगर तुम सकारात्मक दृष्टिकोण के साथ यह करोगे तो तुम्हें सफलता भी वैसी ही मिलेगी। किसी को पराजित करना और नीचा दिखाना हमारा लक्ष्य नहीं होना चाहिए।"

"परंतु आचार्य! क्या एकेश्वरवाद उचित है? आजकल कई लोग यह कहते हैं कि ईश्वर एक है! क्या यह प्रमाणित होता है?" मंडन मिश्र ने पूछा।

आचार्य ने उत्तर देते हुए कहा, "मीमांसा शास्त्र ऐसे किसी भी विषय

को स्वीकृति प्रदान नहीं करता, जो अनुभव गम्य नहीं, अब चाहे वो अनुभूति चर्मचक्षुओं से हो अथवा ध्यान आदि क्रियाओं के माध्यम से अंतर्चक्षु से हो। अनुभूति के आधार पर मीमांसा शास्त्र एकेश्वरवाद का निराकरण करता है। यह विचारधारा विदेशों से भारत में प्रवेश कर रही है। वेद देव सत्ता का प्रतिपादन करते हैं और यह देव सत्ता प्रकृति के विभिन्न अंग हैं, जो हमें जीवन प्रदान करते हैं। अग्नि, वरुण, वायु, इंद्र, विष्णु, रूद्र, वनस्पति, विश्वकर्मा आदि देव और सरस्वती, अन्नपूर्णा, उषा और आद्यशक्ति आदि देवियाँ जीवनदायी हैं और सुखदायी हैं। और माता-पिता, गुरुजन, हमारे पूर्वज भी देव ही हैं, क्योंकि आत्मा नष्ट नहीं होती, भूत-लोक, स्वर्ग और पुनर्जन्म को प्राप्त होती है। साथ ही आदर्श कर्म करने वाले पुरुष, जैसे श्री राम और गीता उपदेशक श्री कृष्ण ये सब भी देव ही हैं। ये सभी यज्ञ-अनुष्ठानों द्वारा पूजनीय हैं।"

थोड़ा रुककर आचार्य फिर बोले, "एकेश्वरवाद एक कपोल-कल्पना मात्र है। कुछ लोग इसे बुद्धिजीविता कहते हैं। वो किसी एक ईश्वर को मानना बेहतर समझते हैं। वो कहते हैं कि किसी एक ईश्वर ने इस संसार को बनाया है। मीमांसा, सांख्य, अद्वैत और योग शास्त्रों में इसका निषेध है। न्याय और वैशेषिक में ईश्वर को कार्य-कारण के सिद्धांत पर स्वीकार किया गया है। बौद्ध और जैन जैसे नास्तिक शास्त्रों ने भी ईश्वर का निषेध किया है। यद्यपि बौद्ध, जैन विचारधारा भी वेदों से विकसित हुई हैं, परंतु वेदों का विरोध इनके द्वारा होने के कारण इन्हें नास्तिक ही कहा जाता है। भारतीय धरातल पर विकसित होने वाले आध्यात्मिक विचारधारा में एकेश्वरवाद का निषेध है। परंतु वेद सभी देवों को किसी एक परम शक्ति देव का प्रतिनिधि मानते हैं, जिसे शास्त्रों के अनुसार ईश्वर समझना चाहिए। लेकिन साथ ही वेद यह भी कहते हैं कि उस ईश्वर के होते हुए भी इन सभी देवों की अवहेलना नहीं की जा सकती है; क्योंकि देव सत्ता प्रत्यक्ष है। शास्त्र ईश्वरवाद को स्वीकृति देते हैं, परंतु एकेश्वरवाद को नहीं। एकेश्वरवाद की विचारधारा विदेशों से आ रही है, जो व्यापारी और पर्यटक आते हैं, उनके द्वारा ये सब आ रहा है। रही

बात संसार की तो यह इस संसार को किसी ईश्वर ने नहीं बनाया, यह संसार स्व-विकसित है। मीमांसा के अनुसार यह संसार नित्य और सत्य है, परंतु निश्चय ही परिवर्तनशील है, क्योंकि संसार में सृष्टि और प्रलय की क्रिया निरंतर चलती रहती है। विदेशों में विकसित हुई विचारधारा के अनुयायी कहते हैं, एक दिन महाप्रलय (कयामत) होगा और दुनिया खत्म हो जाएगी; परंतु हमारा मानना है, ऐसा कभी नहीं होगा, क्योंकि सृष्टि और प्रलय नित्य ही हो रहा है। जिस समय प्रलय हो रहा है, ठीक उसी समय एक नवीन सृष्टि भी हो रही है। फिर महाप्रलय की क्या आवश्यकता है? पुराणों की कथा के अनुसार, प्रलय हुआ था, परंतु फिर से सृष्टि हो गई। अतः सृष्टि और प्रलय नित्य है और इस कारण से पूर्ण प्रलय नामक कोई घटना नहीं होने वाली। एकेश्वरवादी कहते हैं कि उनके कपोल-कल्पित एक ईश्वर को प्राप्त करना ही जीवन का लक्ष्य है। परंतु वैदिक शास्त्रों के अनुसार मोक्ष (मुक्ति, कैवल्य, निर्वाण) को प्राप्त करना ही जीवन का लक्ष्य है। अतः निष्काम भाव से कर्म करने से ही मोक्ष सिद्ध होगा और पूर्व-मीमांसा पर आधारित कर्म-विज्ञान को समझना होगा। तुम ईश्वर को मानो या न मानो, कर्मों की सत्ता सिद्ध होती है। तुम्हें अपने कर्मों का फल ही प्राप्त होगा, ना कि किसी ईश्वर की चमत्कारी कृपा।"

"परंतु आचार्य, कुछ लोगों का मानना है कि योग ध्यान से ही मोक्ष प्राप्त होगा, तो वो क्या गलत है?" सुसिद्धार्थक ने पूछा। आचार्य ने उत्तर देते हुए कहा, "मीमांसा के कर्म सिद्धांत के अनुसार योग ध्यान भी नित्य कर्म के रूप में स्वीकार किया गया है। अतः इसका विरोध नहीं है और ना ही इसमें कोई आपत्ति है, परंतु इसके आधार पर अन्य कर्म अनुष्ठानों की अवहेलना अनुचित है। शास्त्र कहते हैं कि सिद्ध-पुरुषों को भी नित्य नैमितिक आदि कर्म करते रहना चाहिए। 'श्री राम' जैसे आदर्श सिद्ध-पुरुष ने भी कभी इन कर्म अनुष्ठानों का त्याग नहीं किया। और कर्म अनुष्ठानों को करते हुए योग ध्यान का अभ्यास करना ही फलदायी होता है। क्या मैं तुम सबको नित्य कर्मों को करने के बाद योग-ध्यान करता हुआ नहीं दिखाई देता? प्रतिदिन ही करता हूँ!

अत: इसमें संशय करने की कोई आवश्यकता नहीं।"

मंडन मिश्र ने फिर आचार्य के समक्ष अपनी एक समस्या रखते हुए कहा, "आचार्य, मैं त्रिवेणी के आसपास के गाँवों में भ्रमण कर रहा था, तभी मुझे कुछ भिक्षाटन करते हुए संन्यासी दिखें। मैंने उनसे मीमांसा पर चर्चा की तो उन्होंने अद्वैत वेदांत के आधार पर किसी एक सत्ता के होने की चर्चा कि, जिसे 'ब्रह्म' कहते हैं। मैंने उनसे पूछा, क्या ब्रह्म ही आपके ईश्वर हैं? तो परिव्राजक ने कहा, "नहीं, ब्रह्म ईश्वर नहीं है, ब्रह्म तो आत्मा है, वही पूर्ण सत्ता है। ईश्वरीय सत्ता तो गुण युक्त और भाव-युक्त है, परंतु ब्रह्म गुनातीत और भावातीत है।" मैंने पूछा, "क्या आप लोग एकेश्वरवादी हैं? तो उन्होंने कहा, "नहीं, हम अद्वैतवादी है। जहाँ 'एक' होगा वहाँ 'दो' भी हो जाएगा। अत: ब्रह्म भावातीत है, तो उसमें 'एक' और 'दो' का भाव नहीं टिक सकता है, अर्थात् वो अद्वैत है। अत: हम एकेश्वरवादी नहीं हैं।"

मैंने उनसे पूछा, क्या आप कर्म-अनुष्ठानों का विरोध करते हैं? तो उत्तर मिला, "व्यावहारिक सत्ता में कर्म ही सिद्ध हैं, सब कुछ कर्मों के अनुसार ही चलता है। अत: कर्म अनुष्ठानों का विरोध क्यों करेंगे? हाँ, परंतु कर्म अनुष्ठानों को ही परम लक्ष्य मान लेना सर्वदा गलत है।" आचार्य उनके 'ब्रह्म' की व्याख्या बहुत कुछ बौद्ध दर्शन के माध्यमिक मत के शून्यवाद जैसी ही थी। जिस प्रकार बौद्ध शून्यवाद में शून्य की व्याख्या करते हैं, वैसे हीं वो अपने ब्रह्म की व्याख्या कर रहे थे। उन्होंने अपनी विचारधारा का आधार वेदों, उपनिषदों, उत्तर-मीमांसा, ब्रह्मसूत्र और माण्डुक्य-कारिका को ही बताया।"

आचार्य ने व्यंगात्मक किंतु प्रेम भाव से मुसकराते हुए कहा, "मंडन मिश्र! क्या तुमने वेदांत शास्त्र का अध्ययन-चिंतन किया है? अगर नहीं, तो अवश्य कर लो! हो सकता है, भविष्य में कोई प्रकांड वेदांती तुम्हारे द्वार पर आकर शास्त्रार्थ की भिक्षा माँगे!"

आचार्य अभी आगे कुछ बोलने ही वालें थे कि एक कोलाहल सुनाई दिया। आचार्य के कुछ शिष्य बेहताशा भागते-दौड़ते आ रहे थे, उसमें से

एक की हालत बहुत खराब थी; कपडे फटे हुए थे, माथे पर और शरीर के दूसरे अंगों पर गहरी चोट आई थीं। मंडन मिश्र ने पूछा, तुम्हारी ये स्थिति किसने की? तुम्हें इस तरह से किसने मारा?" उस शिष्य ने हाँफते हुए कहा, "आचार्य, हम त्रिवेणी के पूर्व दिशा में एक ग्राम में भिक्षा माँगने गए थे, वहाँ कुछ बौद्ध भिक्षु भी आए थे, उन्होंने अपने अनुयायियों से कहा कि इन्हें भिक्षा मत देना। ये उस कुमारिल भट्ट के शिष्य हैं। वही कुमारिल भट्ट, जिसने छल-कपट से झूठ बोलकर नालंदा में अध्ययन किया और फिर अपने ही गुरु से दुस्साहसपूर्वक शास्त्रार्थ कर छल-कपट और तांत्रिक विद्याओं का प्रयोग कर आचार्य धर्मपाल को पराजित किया। बाद में अपनी शत्रुता पूर्ण करने हेतु आचार्य धर्मपाल की हत्या कर दी। ये उस हत्यारे के शिष्य हैं! इस प्रकार लोगों को भड़काने से कुछ लोगों ने हमें मारना-पीटना शुरू कर दिया। हम जैसे-तैसे अपनी जान बचाकर वहाँ से भागे। सबसे दुःखद लगा कि वो हमारे आचार्य पर बौद्धाचार्य धर्मपाल की हत्या का आरोप लगा रहे थे!"

श्री भट्टाचार्य गंभीर मुद्रा में सबकुछ देख-सुन रहे थे, फिर उन्होंने कहा, "इसका तात्पर्य बौद्धाचार्य धर्मपाल की मृत्यु हो चुकी है। ना जाने नालंदा में क्या क्या हो रहा होगा! यह तो निश्चित है कि शास्त्रार्थ के बाद वहाँ सबकुछ स्थिर तो रहने वाला नहीं था, परंतु आचार्य धर्मपाल की मृत्यु कहीं हत्या तो नहीं! ऐसा भी हो सकता है कि कुलपति पद के लोभी बौद्धाचार्यों ने स्वयं ही उनकी हत्या करवा दी हो!"

आचार्य ने अपने शिष्य प्रभाकर मिश्र से कहा, "प्रभाकर! तुम अपने विश्वसनीय छात्रों को लेकर नालंदा जाओ और पूरा सत्य जानने का प्रयास करो, मार्ग में कहीं भी अपना परिचय मेरे शिष्य के रूप मत देना। नालंदा पहुँचकर भी एक पर्यटक के रूप में ही अपना व्यवहार रखना। अतः बौद्धाचार्य धर्मपाल के बारे में सारी जानकारी प्राप्त करके वापिस आ जाना। मुझे लगता है, उनकी हत्या करके झूठा आरोप मुझ पर मढ़ा जा रहा है।"

आचार्य की आज्ञा प्राप्त करके प्रभाकर मिश्र नालंदा की ओर चल पड़े। मार्ग में आने वाले गाँव और नगरों में प्रभाकर मिश्र ने देखा कि बौद्धों ने श्री

कुमारिल भट्टाचार्य के विरुद्ध व्यापक प्रचार किया था। ज्यादातर लोग ये मानने लगे थे कि बौद्धाचार्य धर्मपाल की हत्या आचार्य कुमारिल भट्ट ने ही करवाई है। इस दुष्प्रचार को रोकने के लिए क्या करना चाहिए, प्रभाकर मिश्र इस बात को लेकर भी अत्यंत चिंतित थे। परंतु जब तक पूरा सत्य ना पता चल जाए, तब तक कुछ भी कर पाना संभव नहीं होगा। अत: मीमांसाचार्य प्रभाकर मिश्र ने यही निर्णय लिया कि वो सर्व प्रथम पूरे सत्य को जानेंगे और पूरा सत्य जानकर ही कोई विकल्प निकालेंगे।

□

तुषानल

नालंदा पहुँचकर प्रभाकर मिश्र बड़ी कुशलता और चतुराई से सारी जानकारी प्राप्त करने में लग गए। यद्यपि नालंदा में सत्य पता करना इतना सरल नहीं होता था। जो जितना ऊँचे पद पर बैठा था, वो उतना ही मिथ्याचरण करने में निपुण था। जो संभव था, वो सब पता करके प्रभाकर मिश्र वापिस त्रिवेणी तट पर श्री भट्टाचार्य के समक्ष प्रस्तुत हुए। आचार्य ने उनसे पूछते हुए कहा, "प्रभाकर मिश्र! नालंदा में क्या चल रहा है? बौद्धाचार्य धर्मपाल के बारे में तुमने क्या जानकारी प्राप्त की है? सब विस्तार से बताओ।"

प्रभाकर मिश्र ने कहा, "आचार्य! मैं यात्रा के प्रारंभ से जिन ग्राम और नगरों से गुजरा, उन सभी जगहों पर इस विषय पर जानकारी प्राप्त करते हुए ही आगे बढ़ा। आचार्य बौद्धों ने यह व्यापक रूप से प्रचार कर रखा है कि आपने ही छल पूर्वक बौद्धाचार्य धर्मपाल को शास्त्रार्थ में हराया, फिर बाद में उनकी हत्या करवा दी। नालंदा के सामान्य भिक्षुओं में भी कुछ ऐसा ही प्रचार हो रखा है। थोड़ा धन देकर हमने नालंदा महाविहार में कुछ दिन रहने की व्यवस्था कर ली। आचार्य, फिर कुछ पुराने आचार्यों से भी मिलने वार्त्तालाप करने का अवसर प्राप्त हुआ। और सत्य सामने आने लगा। आचार्य आपसे शास्त्रार्थ में पराजित होने के बाद आचार्य धर्मपाल के लिए अब कुलपति पद पर बने रहना संभव नहीं था और उन्हें उस पद से हटाने हेतु दूसरे महत्त्वाकांक्षी आचार्यों ने प्रयास शुरू कर दिया। उन पर कई आरोप लगाए गए और कुलपति पद

से हटा दिया गया। फिर कुछ बौद्धाचार्यों का कहना है कि आचार्य धर्मपाल अपमानित होकर नालंदा छोड़कर चले गए। कुछ ये भी कहते हैं कि उन्हें नालंदा से निष्कासित कर दिया गया। नालंदा में अब वज्रयानियों ने अपना वर्चस्व स्थापित कर लिया है। कुछ ने बताया कि उनके नालंदा महाविहार छोड़ने के एक मास बाद उनका शव राजगीर की पहाड़ियों में मिला है। आचार्य! कुछ भी स्पष्ट पता नहीं चल पा रहा था। उनके ज्यादातर समर्थक भी नालंदा छोड़ चुके हैं। फिर उनका एक शिष्य मिला, जो ये मानता है कि नालंदा के बौद्धाचार्यों ने ही उनकी हत्या करवा दी है! बिल्कुल ऐसे ही, जैसे आपकी हत्या का षड्यंत्र रचा गया था। कुछ बौद्ध भिक्षु तो ये भी कह रहे थे कि आचार्य धर्मपाल ने शास्त्रार्थ में पराजय के अवसाद से ग्रसित हो आत्मदाह कर लिया। आचार्य! एक बात निश्चित है कि बौद्धाचार्य धर्मपाल की मृत्यु हो चुकी है और मृत्यु से पूर्व उन्होंने नालंदा महाविहार का त्याग कर दिया था। और यह भी स्पष्ट समझ में आ रहा है कि निश्चित ही उनकी हत्या हुई होगी। और इसलिए नालंदा का बौद्ध संप्रदाय ये प्रचार करने में लगा हुआ है कि यह हत्या आपने ही शत्रुता निभाने हेतु बदले की भावना से करवाई होगी, ताकि वास्तविक घटना पर परदा डाला जा सके और साथ ही आपकी छवि को खराब कर आपके प्रभाव को खत्म किया जा सके। आचार्य! हमें जो पता चला और जो समझ में आ रहा है, वो इतना ही है।"

भट्टाचार्य प्रभाकर मिश्र की सारी बात सुनकर दुःख व्यक्त करते हुए बोले, "यह अत्यंत दुःखद है कि आचार्य धर्मपाल की मृत्यु हो चुकी है। निश्चय ही कहीं-न-कहीं मैं भी उनकी मृत्यु का कारण हूँ।"

"आचार्य! आप ऐसा ना कहें! आपने मात्र धर्म स्थापना हेतु ही बौद्धाचार्य धर्मपाल से शास्त्रार्थ किया था। आचार्य! आप चिंतित ना हों, हम सब आपके साथ हैं, समय के साथ-साथ सत्य पर से परदा उठ जाएगा। हम सब मिलकर अवश्य कुछ-न-कुछ करेंगे।" मंडन मिश्र ने भट्टाचार्य के समक्ष विनती करते हुए कहा।

श्री भट्टाचार्य ने सबको सचेत करते हुए कहा, "ठीक है, तुम सब

बैठकर विचार करो, क्या किया जा सकता है? जब कोई मार्ग ना सूझे तो मेरे पास आओ, मेरे पास एक मार्ग अवश्य है। परंतु मैं अपना मार्ग बताऊँ, उससे पूर्व तुम सब अपने विवेक बुद्धि से विचार करो कि ऐसी परिस्थितियों में क्या करना उचित होगा।"

आचार्य की आज्ञा प्राप्त कर आचार्य के सभी शिष्य व अनुयायी बैठकर विचार करने लगे कि क्या करना उचित होगा? कैसे बौद्धों के इस विरोध को रोका जाए और उनके द्वारा फैलाए जा रहे मिथ्या प्रचार को खंडित किया जाए? सब बैठकर हर विषय पर विचार करते हुए एक निर्णय पर पहुँचे। निर्णय को सुनाते हुए मंडन मिश्र ने कहा, "बंधुओ हमें एकजुट होकर इस समस्या का समाधान करना है। इस कार्य में हमारी एकता और समर्पण आवश्यक है। हो सकता है, हमें जीवन बलिदान भी देना पड़े, क्योंकि जो शत्रु बने हुए हैं, वो बहुत ही चतुर हैं। अहिंसा के नाम पर हिंसा कैसे करनी है? इस विद्या में बौद्धों ने महारत् हासिल कर ली है। ये एक नए प्रकार का युद्ध ही है, जिसमें हिंसा हो भी रही है और हिंसा करने वाला ही अहिंसा का राग अलाप रहा है! जनमानस की दृष्टि को भ्रमित कर वो दुष्प्रचार करने में लगे हुए हैं। अतः हमें एक अभियान चलाना होगा। यहाँ से लेकर नालंदा तक जितने भी ग्राम, नगर और उपनगर हैं, उन सब में जा-जाकर हमें लोगों को समझाना होगा और हो सके तो बौद्धाचार्यों को शास्त्रार्थ की पुनः चुनौती दे उन्हें पराजित करके अपनी सत्यता को प्रमाणित करना होगा। परंतु यह सब इतना सरल नहीं है। विपरीत पक्ष किसी भी नीचता तक उतर सकते हैं। वो हमारी हत्या भी करवा सकते हैं। लेकिन हमें अपने बढ़ते हुए कदमों को पीछे नहीं करना है और ना ही हमें हिंसात्मक उत्तर देना है। हमें अपने बुद्धि-विवेक का प्रयोग करते हुए अपना कार्य करना है। हमें गाँव-गाँव, नगर-नगर में जाकर मीमांसा का प्रचार करना है और जनमानस को समझाना है कि आचार्य कुमारिल भट्ट ने बौद्धाचार्य धर्मपाल की हत्या नहीं करवाई। जब उनकी हत्या हुई, तब वो नालंदा और मगध से बहुत दूर उज्जयिनी में थे। हम सब प्रेम पूर्वक प्रवचन सुनाते हुए जनमानस को समझाएँगे और साथ ही स्वयं की

सुरक्षा का ध्यान भी रखेंगे। क्या आप सब लोग तैयार हैं इसके लिए?"

सब ने एक साथ कहा, "हर हर महादेव! हम सब तैयार हैं, बस, गुरुदेव की आज्ञा चाहिए, फिर हम प्रचारकों का समूह तैयार कर इस कार्य को पूर्णता प्रदान करेंगे। श्री भट्टाचार्य की आज्ञा प्राप्त करने हेतु सभी उनकी कुटिया की ओर चल पड़े। आचार्य अपनी कुटिया में ध्यान-मग्न बैठे हुए थे। सभी शिष्य व अनुयायी कुटिया के समक्ष बैठकर प्रतीक्षा करने लगे कि आचार्य जब उठेंगे, तब उनसे आज्ञा प्राप्त करके ही हम अपने कदम आगे बढ़ाएँगे। संध्या तक बैठे रहने पर भी आचार्य अपने कक्ष से बाहर नहीं आए। फिर सूर्यास्त होता देख और अपने व्याकुल शिष्य को देख आचार्य अपना द्वार खोल बाहर आते हैं। सबके समक्ष उपस्थित होकर आचार्य कहते हैं, "क्या तुम सबने कोई निर्णय लिया है? वैदिक धर्म की प्रतिष्ठा स्थापित करने हेतु क्या करोगे तुम सब?"

मंडन मिश्र ने उत्तर देते हुए कहा, "आचार्य! हम सब ने निर्णय लिया है कि हम सब प्रचारकों का समूह तैयार करेंगे और छोटी-छोटी टुकड़ियों में अलग-अलग गाँव और नगरों में जाएँगें और जन-मानस के मध्य मीमांसा शास्त्र का प्रचार करेंगे और श्री कुमारिल भट्टाचार्य के प्रति जो द्वेष बौद्धों ने जन-मानस के मन में उत्पन्न कर दिया है, उसे दूर करेंगे।"

आचार्य ने गंभीर होते हुए कहा, "तुम्हें क्या लगता है, तुम सब यह कार्य आसानी से कर पाओगे? क्या बौद्धों के विरोध का सामना नहीं करना पड़ेगा? और वो किसी भी प्रकार का षड्यंत्र तुम्हारे विरुद्ध कर सकते हैं। तुम्हारे पास किसी वैश्या को भेज तुम्हें वेश्या-गामी प्रमाणित कर सकते हैं। गुरु-भक्ति और बुद्ध-प्रेम के नाम पर किसी को उत्तेजित कर और भड़काकर तुम्हें बुद्ध-विरोधी घोषित करके तुम्हारी हत्या करवा सकते हैं। ये सब कार्य वो बहुत पहले से करते आए हैं। और दूसरी बात, कि यह कार्य करने में समय कितना लगेगा? त्रिवेणी से लेकर नालंदा तक का क्षेत्र बहुत बड़ा है, हजारों गाँव और सैकड़ों नगर-उपनगर मिलेंगे, फिर कैसे करोगे यह सब? अधिक-से-अधिक बहुत प्रयास करने पर तुम्हारे प्रचारक समूह में 100 लोग

हो जाएँगे। त्रिमलय के विद्यापीठ के छात्रों को एकत्र करके और अन्य क्षेत्रों में जो मेरे अनुयायी हैं, जो मीमांसा शास्त्र की सही समझ रखते हैं और निष्ठावान हैं, उन सबको एकत्र करके 500 हो जाएँगे। परंतु बौद्धों की जनसंख्या तो मात्र नालंदा महाविहार में ही लगभग दस हजार है। थोड़ी बहुत कम भी हो गई होगी, तो आठ हजार तो अवश्य होगी। इसलिए यह सब इतना सरल नहीं। तुम सबकी हत्या भी हो सकती है। अहिंसा का राग अलापने वालों का सबसे हिंसक हथियार उनका अहिंसात्मक पाखंड ही है। और अब तो कोई सुनवाई भी नहीं होने वाली, क्योंकि महाराज हर्षवर्धन की मृत्यु के उपरांत पूरे उत्तर भारत में अराजकता फैली हुई है। कोई किसी अपराध की सुनवाई करने वाला नहीं। कन्नौज का राजसिंहासन रिक्त पड़ा हुआ है। क्या तुम सब ने इन सब बिंदुओं पर विचार नहीं किया?"

प्रभाकर मिश्र ने आचार्य के समक्ष नतमस्तक होकर कहा, "किया था आचार्य, परंतु हमारे समक्ष कोई दूसरा विकल्प नहीं आया। अतः हमने इसी मार्ग का चयन किया। यद्यपि यह मार्ग कठिन है, बलिदान का मार्ग है, परंतु हम अपने कर्त्तव्य से पीछे कैसे हट सकते हैं आचार्य? हमने अपना जीवन आपको और वैदिक धर्म को समर्पित कर दिया है। अतः इसकी प्रतिष्ठा हेतु हम अपना बलिदान देने से पीछे नहीं हटेंगे। हम सब संकल्पबद्ध हैं गुरुवरीय।" सब एक साथ बोल पड़े, "हर हर महादेव! हर हर महादेव! आचार्य कुमारिल भट्ट की जय! बोलो भट्टाचार्य की जय!"

"तुम सब का यह संकल्प आत्मघाती और हठी है, प्रभाकर मिश्र!" (आचार्य थोड़ा रोष में परंतु प्रेमवश बोलने लगे) "तुम सब मीमांसा के भविष्य हो और भविष्य-निर्माता भी हो। मैं तुम सब को इस प्रकार मरते हुए नहीं देख सकता। मैं मीमांसा के भविष्य को शून्य नहीं कर सकता। अतः तुम सबका यह निर्णय मुझे स्वीकार नहीं। अतः मैं तुम्हें इसके लिए कोई अनुमति प्रदान नहीं करूँगा। तुम्हारी निष्ठा और प्रेम पर मुझे पूर्ण विश्वास है। परंतु यह मार्ग जो तुमने चुना है, वह आत्मघाती है। अतः मेरी अनुमति नहीं मिल सकती है। अभी एक विकल्प और मेरे पास है। अतः मैं उस विकल्प पर अभी और

चिंतन करना चाहता हूँ। कल प्रातः तक का समय मुझे दो! कल प्रातः नित्य नैमेतिक कर्म करने के बाद मैं तुम सबके समक्ष अपना निर्णय प्रस्तुत करूँगा। तब तक प्रतीक्षा करो और धैर्य रखो। "

अगले दिन आचर्य कुमारिल भट्ट ने ब्रह्म मुहूर्त में उठकर गंगा स्नान करके नित्य नैमेतिक कर्मों को करने के बाद अपने शिष्यों की सभा बुलाई। सबके उपस्थित होने के बाद श्री भट्टाचार्य ने सबके समक्ष अपने निर्णय को सुनाते हुए कहा, "मेरे प्रिय अनुयायियो! मेरे आत्मीय जनो! मैं सर्वदा आप सबका ऋणी रहूँगा कि आप सब ने इस धर्म स्थापना के अभियान में मेरा साथ दिया। यह संसार सत्य, नित्य परिवर्तनशील है। इस संसार में नित्य ही सृष्टि और प्रलय की क्रिया चलती रहती है। हर प्रलय के साथ एक नई सृष्टि हो जाती है। परिवर्तन संसार का नियम है। ज्ञानी जन इस परिवर्तन से मोहित नहीं होते। जिस समय कोई प्रलय होता है, ठीक उसी समय सृष्टि भी होती है। यदि महाप्रलय हुआ तो महासृष्टि भी हो जाएगी। किसी को महाप्रलय का भय दिखाकर उसे अपना शिष्य बना लेना कि महाप्रलय के समय तथाकथित गुरु उसकी रक्षा करेगा, यह एक पाखंड ही है। हम मीमांसको ने सर्वदा इसका खंडन किया है। गुरु तो वह है, जो मृत्यु का सामना करना सिखाए कि मृत्यु तो एक परिवर्तन मात्र है। अतः प्रलय के समय दुःखी और सृष्टि के समय अत्यधिक सुखी होना दोनों ही अज्ञानतापूर्ण है। आत्मा की मृत्यु नहीं होती और आत्मा के साथ-साथ कर्म संस्कारों की मृत्यु भी नहीं होती। तभी पुनर्जन्म का भोग निश्चित हो पाता है।

"मेरे स्नेहियो! वेदों से हमें उचित और अनुचित कर्मों का ज्ञान होता है। क्या करने से जीव दुःखदायी कर्मों से बच सके और स्वर्ग और मोक्ष का फल प्रदान कराने वाले उत्तम कर्मों को कर सके, यह ज्ञान हमें वेदों की कृपा से ही प्राप्त होता है। अतः वैदिक कर्म का अनुसरण करना ही धर्म है। वेद हमें त्याग और बलिदान की प्रेरणा भी देते हैं। अतः प्रायश्चित कर्मों का अनुष्ठान करने से मनुष्य को कर्मों के बोझ से मुक्ति मिलती है। अन्यथा अनेक जन्मों तक उसे कर्म फल का भोग करते रहना पड़ता है। अतः समाज के समक्ष हमें

प्रायश्चित कर्म का उदाहरण भी प्रस्तुत करना अनिवार्य है। अत: मेरा निर्णय है कि मैं प्रायश्चित कर्म का अनुष्ठान करूँगा। मेरे इस प्रायश्चित कर्म के द्वारा, बिना कोई बड़ा प्रयास किए ही संपूर्ण बौद्ध पाखंड खत्म हो जाएगा। बौद्धों ने जो मेरे विरुद्ध बौद्धाचार्य धर्मपाल की हत्या करने का दुष्प्रचार किया है और हम मीमांसकों एवं वेदों को हिंसा-मार्गी होने का मिथ्या आडंबर फैलाया है, इन सब का निराकरण इस प्रायश्चित कर्म से निश्चित ही हो जाएगा। क्या तुम सब मेरे इस कर्मानुष्ठान में सहयोगी बनोगे? मुझे इस महायज्ञ में तुम सबका साथ चाहिए!"

सभी शिष्यों ने एक साथ कहा, "हाँ गुरुदेव! हम सब आप के साथ हैं और संकल्पबद्ध हैं!" परंतु आचार्य के जो मुख्य पुराने शिष्य थे, उनके मुख से हाँ तो निकली, परंतु साथ ही वो चिंतित और परेशान भी होने लगे। उनके मन में यह प्रश्न ज्वलंत हो उठा कि आखिर गुरुदेव कैसा प्रायश्चित करना चाहते हैं। वो प्रायश्चित के रूप में किस कर्म का अनुष्ठान करेंगे? और जब उनसे कोई अनुचित कर्म हुआ ही नहीं तो प्रायश्चित्त का अनुष्ठान किसलिए? क्या मात्र उदाहरण प्रस्तुत करने के लिए? मंडन मिश्र, प्रभाकर मिश्र और भवभूति आदि पुराने और आचार्य के अत्यधिक निकट विद्वान् शिष्यों के मन में अनेक प्रश्न उठ खड़े हुए। अन्य शिष्य स्वयं को अत्यंत भाग्यशाली समझ पा रहे थे कि वो गुरुदेव के द्वारा किए जाने वाले महायज्ञ में सहयोगी बनने का देव-दुर्लभ अवसर प्राप्त करेंगे! वो गुरु-प्रेम में इतने ओत-प्रोत थे कि उन्हें सबकुछ श्रेष्ठ और उत्तम ही दिख रहा था। परंतु मंडन व प्रभाकर मिश्र आदि शिष्य हृदय में बसे गुरु-प्रेम के कारण ही अत्यधिक चिंतित हो रहे थे कि आचार्य कौन सा प्रायश्चित कर्म करने का निर्णय ले चुके हैं! यह प्रश्न प्रत्येक क्षण उनके मन की स्थिरता को अस्थिर कर रहा था। वह गुरुदेव के निकट पहुँचकर अपने प्रश्न को पूछना ही चाहते थे, तभी अचानक बिना अवसर दिए गरुदेव ने घोषणा कर दी—

"जब तुम सब ने इस महायज्ञ में मेरा साथ देने का वचन दे दिया है, तो अब आचमन कर अग्नि देव को साक्षी मानकर संकल्प लो कि इस महायज्ञ

की पूर्णता तक मेरा साथ नहीं छोड़ोगे! मेरा पूर्ण साथ दोगे। और आजीवन वेदों के द्वारा प्रतिपादित कर्म सिद्धांत मार्ग का अनुसरण और प्रचार करोगे। मेरे इस प्रायश्चित कर्म करने से वेदों के विरुद्ध हुए प्रचार का निराकरण हो जाएगा। वेद हिंसा की नहीं, अपितु विश्व बंधुत्व, अहिंसा, त्याग, तपस्या और कर्म की शिक्षा देते हैं। यह तथ्य प्रमाणित हो जाएगा।"

आचार्य की आज्ञा अनुसार सबने संकल्प ले लिया कि वो आचार्य के इस प्रायश्चित कर्म अनुष्ठान में सहयोगी रहेंगे। परंतु कुछ शिष्यों को अभी पूरी बात समझ नहीं आ रही थी। आचार्य कौन सा प्रायश्चित करेंगे ये तो उन्होंने बताया ही नहीं! प्रभाकर मिश्र और मंडन मिश्र ने आतुरतापूर्वक गुरुदेव से पूछा, "आचार्य! आपने ये तो स्पष्ट ही नहीं किया कि आप क्या प्रायश्चित करेंगे और हम सबसे संकल्प भी करवा लिया!" आचार्य ने दोनों को देखते हुए कहा, "क्यों, तुम सब को क्या मुझ पर कोई संशय है?" दोनों ने कहा, "नहीं आचार्य! परंतु जानने की इच्छा है! मन व्याकुल है! भला आपको प्रायश्चित की क्या आवश्यकता आचार्य, आपने तो कभी भी कोई निषिद्ध कर्म नहीं किया है, फिर प्रयाश्चित कर्म के अनुष्ठान की क्या आवश्यकता?"

आचार्य ने दोनों को देखते हुए उत्तर दिया, "क्या तुम मुझसे बेहतर जानते हो कि क्या करना चाहिए? अगर तुम्हें नहीं साथ देना, तो जा सकते हो यहाँ से। परंतु अब मैंने वैदिक विधि से संकल्प ले लिया है। पीछे हटने का अब कोई मार्ग नहीं।"

"परंतु आचार्य कम-से-कम इतना तो बता दें हमें कि आप कौन सा प्रायश्चित करने वाले हैं? और आपका यह प्रयाश्चित अनुष्ठान कितने दिनों तक चलेगा?" अतिव्याकुल और चिंतित होते हुए मंडन मिश्र ने पूछा। अगर आचार्य एक दिवस हेतु भोजन ना करें तो भी मंडन मिश्र की व्याकुलता और चिंता आचार्य से प्रेम के कारण बढ़ जाती थी। और आचार्य ने प्रायश्चित कर्मानुष्ठान की घोषणा करके तो मंडन मिश्र को बहुत बड़ी दुविधा में डाल दिया था। मंडन मिश्र कभी कल्पना भी नहीं करते थे कि जीवन में कोई ऐसा क्षण भी आएगा, जब गुरुदेव से दूर जाना पड़ेगा।

आचार्य ने प्रभाकर और मंडन मिश्र दोनों को देखते हुए कहा, "सिर्फ तुम दोनों को ही क्यों? मेरे सभी शिष्यों को अधिकार है कि वो जाने कि मैं कौन सा प्रायश्चित करने वाला हूँ। अत: जाओ मेरी कुटिया के बाहर सबको फिर से एकत्र होने के लिए कहो। मैं सामूहिक घोषणा कर देता हूँ।" प्रभाकर मिश्र का संदेश प्राप्त करके सारे शिष्य आचार्य की कुटिया के समक्ष पुनः एकत्र हो जाते हैं।

आचार्य ने अपनी कुटिया का द्वार खोल सबके समक्ष उपस्थित हो सबको संबोधित करते हुए कहा, "मेरे प्रिय शिष्यो! प्रभाकर और मंडन ने मुझसे पूछा है कि कल प्रात: मैं कौन सा प्रयाश्चित कर्म करने वाला हूँ? परंतु मैं इसका उत्तर मात्र उन्हें दूँ तो ठीक न होगा! इस प्रश्न का उत्तर आप सभी को प्राप्त करने का अधिकार है। अत: मैंने सबको मेरी कुटिया के समक्ष पुन: एकत्र होने का आदेश दिया। आप सभी से मेरी यही अपेक्षा है कि आप सब मेरे जीवन की इस अंतिम इच्छा को पूर्ण करेंगे। मेरे इस अनुष्ठान में सहयोगी बनेंगे। आप सबने इस अनुष्ठान हेतु संकल्प भी कर लिया है, अत: इस कार्य को पूर्णता तक पहुँचाने के लिए आप सभी संकल्पबद्ध बने रहेंगे। मैं आप सभी से ऐसी ही अपेक्षा करता हूँ। कल प्रात: काल प्रतिदिन की भाँति नित्य व नैमितिक कर्मों को करने के उपरांत (थोड़ा रुकते हुए बोले) मैं त्रिवेणी तट पर तुषानल (धान की भूसी में मंद गति से सुलगने वाली आग) में अग्नि-समाधि लूँगा। और आप सब मेरे द्वारा किए जाने वाले इस प्रयाश्चित कर्म-अनुष्ठान हेतु तुषा-वेदी का निर्माण करेंगे। वेदों की आज्ञा मान आप अपने संकल्प से पीछे नहीं हटेंगे। मैं अपने शिष्यों से यही अपेक्षा करता हूँ।"

'अग्नि समाधि' यह शब्द सुनते ही शिष्यों के पैरों तले की जमीन खिसक गई। इतनी दूर तक तो उन्होंने कभी स्वप्न में भी नहीं सोंचा था। आचार्य का प्रायश्चित कर्म इतना कठोर और हृदयभेदी होगा कि उसे सहन करना संभव नहीं हो पा रहा था। सारे शिष्य स्वयं को बड़ा ठगा हुआ महसूस कर रहे थे। कुछ तो समझ ही नहीं पा रहे थे कि गुरुदेव के कहने का तात्पर्य क्या है? एक-दूसरे से पूछकर समझने का प्रयास कर रहे थे, तो कभी स्वयं

से ही पूछ रहे थे कि क्या आज यह हमारे जीवन का अंतिम दिवस है, जब हम गुरुदेव का दर्शन कर पा रहे हैं। कुछ का सोच-सोच कर सर फटा जा रहा था कि ये गुरुदेव हमारी कैसी परीक्षा ले रहे हैं! तो कोई एकांत में बैठकर अश्रुओं की अविरल धारा बहा रहा था। मंडन मिश्र के तो हाँथ-पैर काँप रहे थे, अपने सुने हुए पर विश्वास ही नहीं हो पा रहा था। आचार्य कुमारिल भट्ट अपनी अग्नि-समाधि की घोषणा करके अपनी कुटिया में प्रवेश कर कुटिया का द्वार बंद कर चुके थे।

प्रभाकर मिश्र ठगे हुए त्रिवेणी तट पर बैठकर अश्रुपात कर रहे थे। मात्र आठ वर्ष की उम्र में स्वयं भट्टाचार्य ने उनका यज्ञोपवित किया था। तब से सर्वदा अपने गुरु के सान्निध्य में जीवन व्यतीत किया था। जो गुरु ने कह दिया, उसका अक्षरशः पालन किया था। प्रश्न तो प्रभाकर के मन में अनेक थे, परंतु उन्हें न पूछने की आदत थी। जब भट्टाचार्य ने धर्मकीर्ति से पराजय स्वीकार किया था, तब भी प्रभाकर के मन में अनेक प्रश्न उठे थे, परंतु गुरु के निर्णय पर दृढ़ विश्वास था, उन्होंने कोई प्रश्न नहीं किया था। परंतु आज का निर्णय प्रभाकर के लिए असहनीय हो रहा था। वो जानते थे कि गुरुदेव जो भी कर रहे हैं, वो मानव-कल्याण और वैदिक धर्म स्थापना हेतु ही कर रहे हैं। परंतु गुरुदेव का इतना बड़ा बलिदान उनके लिए वज्रपात के सामान था।

मंडन मिश्र विक्षिप्त अवस्था को जैसे प्राप्त हो गए हों, अपने सुने पर विश्वास ही नहीं हो पा रहा था। मंडन मिश्र आचार्य की कुटिया के द्वार पर बैठकर आचार्य से काँपती हुई ध्वनि में प्रश्न कर रहे थे, "आचार्य! आचार्य! आपने जो कहा, क्या वो सब सत्य है? आचार्य! मुझे तो कुछ समझ में ही नहीं आ रहा!"

आचार्य ने बिना द्वार खोले उत्तर देते हुए कहा, "हाँ मंडन मिश्र! कल प्रातः मैं अग्नि-समाधि लूँगा; अपने इस देह का त्याग करूँगा। यही मेरा प्रायश्चित कर्मानुष्ठान है। अब जाओ, इस महानुष्ठान की तैयारी करो।"

"परंतु आचार्य ये सब करने की कोई आवश्यकता नहीं। हम सब आपके साथ हैं। जो बलिदान देना है, हम देंगे। आचार्य आप चिंतित न हों।"

मंडन मिश्र ने विलाप करते हुए कहा। अंदर से आवाज आई, "कैसी बात करते हो मंडन मिश्र, मैं भला चिंता क्यों करने लगा? मैं समाधि को धारण करने जा रहा हूँ, कोई आत्महत्या करने नहीं जा रहा! कल जब तुम अपने नेत्रों से देखोगे तो समझ जाओगे।"

"आचार्य! मैं नहीं देख पाऊँगा, जो आप देखने के लिए कह रहे हैं। (मंडन मिश्र अश्रुपात करते हुए रोने लगे) आचार्य हमारी इतनी बड़ी परीक्षा ना लें। मैं नहीं उत्तीर्ण हो पाऊँगा इस परीक्षा में। आचार्य अपना निर्णय बदल लें। आपकी जगह मैं बैठ जाऊँगा तुषा–अग्नि में। आचार्य आपको बैठने की कोई आवश्यकता नहीं।" मंडन मिश्र ने आचार्य से अश्रुपूर्ण विनती करते हुए कहा।

अंदर से आवाज आई, "मंडन! जलना उसी मशाल को पड़ता है, जिसने जगत् को देदीप्यमान करने का संकल्प लिया हो। यह सब पूर्व से ही निश्चित है, अतः इसके लिए विलाप नहीं करना चाहिए।"

मंडन मिश्र ने बालक की भाँति रोते हुए आचार्य से कहा, "आचार्य, मुझे कुछ समझ नहीं आ रहा। मेरे लिए सबसे बड़े दुर्भाग्य की बात है कि मैं आपके दर्शन और सान्निध्य को प्राप्त नहीं कर पाऊँगा। यह मेरे लिए असहनीय है। भला मैं देवी उभया को क्या उत्तर दूँगा? कि मेरे रहते मेरे गुरु ने मेरे लिए अपना बलिदान दिया! नहीं गुरुदेव, मुझसे ये सब नहीं हो पाएगा। मैं अपने माथे पर इतना बड़ा कलंक लेकर कैसे जीवित रहूँगा? एक शिष्य के लिए इससे बड़ा दुःख क्या हो सकता है! आचार्य कृपा करके अपना निर्णय बदल दें। जब तक हम सब हैं। तब तक आपको ऐसा प्रायश्चित करने की कोई आवश्यकता नहीं। आचार्य मैंने इतिहास में ऐसी कोई घटना नहीं पढ़ी, जहाँ किसी गुरु ने अपने शिष्यों की ऐसी कठिन परीक्षा ली हो! आचार्य, मैं उत्तीर्ण नहीं हो पाऊँगा। आचार्य, मेरी विनती सुन लें, कृपा करके अपना निर्णय त्याग दे।" मंडन मिश्र आचार्य की कुटिया समक्ष रोते रहे, विनती करते रहे, परंतु अंदर से कोई आवाज नहीं आई। मध्य रात्रि तक मंडन मिश्र कुटिया के द्वार पर बैठे रहे। अब वो समझ गए थे कि गुरुदेव का निर्णय अटल है।

परंतु यह सब उनके लिए असहनीय था। मंडन मिश्र गुरुदेव से विनती कर-करके थक चुके, उनके कंठ सूख गए थे। उदास और विक्षिप्त हो प्रभाकर मिश्र के पास पहुँचकर मंडन मिश्र ने कहा, "आचार्य, आप गुरुदेव के परम शिष्य हैं। लंबी अवधि से आप उनके संग हैं। उनकी लीला मेरी समझ में नहीं आ रही आचार्य। मुझे तो कुछ समझ ही नहीं आ रहा। जब आचार्य कल अपना देह-त्याग कर देंगे, तो फिर उसके बाद का समय कैसा होगा? मेरी कल्पनाओं के भी परे है। यह निश्चित है कि गुरुदेव यह सब हमारे कल्याण हेतु ही कर रहे हैं। परंतु क्या इसके अलावा दूसरा कोई विकल्प नहीं? ये कैसी विडंबना है! शिष्य को चाहिए कि वो गुरु-सेवा में स्वयं का बलिदान करे। परंतु क्या इतिहास में युगों-युगों में कोई ऐसा उदहारण है, जहाँ गुरु ने अपने शिष्यों के कल्याण हेतु अपना जीवन बलिदान किया हो? मुझे तो स्मरण नहीं। मैं यह सब होते हुए नहीं देख सकता। अगर वो हमारी परीक्षा ले रहे हैं, तो मैं इस परीक्षा में उत्तीर्ण नहीं हो पाऊँगा। अब आचार्य तो मुझसे बात भी नहीं कर रहे! अतः मुझे आज्ञा दे, मैं यहाँ से प्रस्थान करूँ।"

प्रभाकर मिश्र ने अपने अश्रुओं को पोंछते हुए कहा, "मंडन मिश्र! गुरुदेव के इस निर्णय से मैं भी आहत हूँ। परंतु भली-भाँति जानता हूँ कि आचार्य ने जिस प्रकार अपना निर्णय सुनाया है, उसे बदला नहीं जा सकता। अतः धैर्य रखने के अलावा मेरे पास कोई दूसरा विकल्प नहीं है। मेरा यह भी पूर्ण विश्वास है कि इस घटना के परिणाम दूरगामी होंगे। संभवतः युग-परिवर्तन ही हो जाएगा। परंतु हम सब अनाथ हो जाएँगे, यह भी सत्य है। मैं स्वयं ठगा हुआ महसूस कर रहा हूँ, मंडन मिश्र। तुमने तो बचने का विकल्प ढूँढ़ लिया है, परंतु मेरे पास कोई विकल्प नहीं है। मेरी हालत तो ऐसे है, जैसे अपने हाथों ही अपने घर में आग लगाना हो! एक जीवित शव की तरह मुझे ना चाहते हुए भी गुरु-आज्ञा की पालना करनी है। बस, इतना पता है गुरुदेव का यह महायज्ञ एक नवीन युग का प्रारंभ करेगा। मानव-कल्याण एवं वैदिक-धर्म की स्थापना की गाथा लिखेगा। परंतु उस नवीन युग में हम अपना जीवन अनाथ जैसा ही व्यतीत करेंगे।

"मंडन मिश्र! मैं तुम्हें रोकूँगा नहीं। यदि मैं तुम्हारे स्थान पर होता तो कदापि मैं भी यही निर्णय लेता, परंतु मेरा दुर्भाग्य है कि मैं इससे बच नहीं पाऊँगा।"

मंडन मिश्र त्रिवेणी से दूर निकल पड़े। मार्ग में बार-बार गुरुदेव का प्रेम उनके आगे बढ़ते कदमों को रोक देता, मन कहता कि एक बार जाकर गुरु-चरणों से लिपट जाएँ। परंतु फिर स्मरण हो आता कि गुरुदेव का संकल्प पर्वत सामान है। मंडन मिश्र स्वयं से बातें करते हुए आगे बढ़ रहे थे, 'मैं बहुत रोया! गुरुदेव को मनाने का बहुत प्रयास किया! परंतु गुरुदेव ने कोई उत्तर नहीं दिया। भला मेरी आँखें ये कैसे देख सकती हैं कि मेरे परम प्रिय गुरुदेव, जिन्हें प्राप्त करने के लिए मैं वर्षों तड़पता रहा, कल प्रातः वो अपने देह को तुषा-अग्नि में भष्म कर देंगे!" मंडन मिश्र त्रिवेणी तट से बहुत दूर निकल गए। मंडन मिश्र ने अब मन-ही-मन यह स्वीकार कर लिया था कि वह अनाथ हो चुके हैं। अब उन्हें इस जीवन में गुरुदेव के दर्शन प्राप्त नहीं होंगे' परंतु यह सारी बातें उनके लिए असहनीय ही थीं। यह सब सोचकर उनके नेत्रों से अविरल अश्रु धारा बह पड़ती थी। अब आजीवन गुरुदेव के दिए ज्ञान के मार्ग पर चलने के अलावा दूसरा कोई मार्ग नहीं था। मंडन मिश्र ने अपने मन को मनाकर संकल्प ले लिया कि अब वो अपना संपूर्ण जीवन वैदिक धर्म की सेवा और प्रचार में लगा देंगे; क्योंकि गुरुदेव की यही इच्छा सर्वदा रही है। ऐसा संकल्प धारण कर मंडन मिश्र अपने हृदय पर बोझ सा अनुभव करते हुए भी आगे बढ़ते चले गए; क्योंकि गुरुदेव को तुषा-अग्नि में भस्म होते हुए देख पाना उनके लिए संभव नहीं था। वह हृदय-विदारक दृश्य भला कोई कैसे देखेगा? यह प्रश्न उनके मन में बार-बार उठ खड़ा होता और यही प्रश्न उनको त्रिवेणी तट से दूर ले जा रहा था।

जब आचार्य कुमारिल भट्ट ने अपने शिष्यों के समक्ष इस बात की घोषणा की कि वह अग्नि समाधि लेंगे, तब से ही यह खबर चारों ओर फैलनी शुरू हो गई थी। अब रात्रि-रात्रि में ही यह समाचार नालंदा के बौद्ध भिक्षुओं एवं उपासकों के मध्य भी प्रसारित हो गया था। प्रातः काल से ही लोग इस

समाचार को प्राप्त कर त्रिवेणी तट पर एकत्र होने लगे थे।

अगले दिवस आचार्य कुमारिल भट्ट ब्रह्म मुहूर्त में उठकर अपने नित्य कर्मों को विधिपूर्वक पूर्ण करने में लग गए। नित्य कर्मों को करने के बाद आचार्य ने प्रभाकर मिश्र को बुलाया। प्रभाकर से पूछा, "क्या तुम सबने मेरे प्रायश्चित कर्म हेतु तुषा से बनी हुई समाधि स्थल का निर्माण कर लिया है ?" प्रभाकर अपना सर झुकाए गुरुदेव के समक्ष खड़े थे। नेत्रों में आँसू थे, हृदय पर बोझ था। प्रभाकर ने 'ना' में अपना सर हिला दिया। आचार्य ने कहा, "प्रभाकर! क्या अब तुम्हें भी सब कुछ समझाना पड़ेगा? जाओ समाधि-स्थल का निर्माण करो और अपने गुरु भाइयों को भी समझाओ। वो सब विलाप कर रहे हैं, परंतु यह उचित नहीं। मंडन मिश्र त्रिवेणी छोड़कर जा चूका है। ये सब क्यों हो रहा है प्रभाकर? क्योंकि वो सब अभी भलीभाँति नहीं जानते कि उनका गुरु कौन है? आज जो नहीं जानते, वो भी जान जाएँगे।"

प्रभाकर मिश्र ने कहा, "जो आज्ञा गुरुदेव! परंतु आपको खो देने का भय मुझे भी सता रहा है। आप जो कर रहे हैं, वो सर्वकल्याण की भावना से कर रहे हैं, परंतु फिर भी मन भयभीत है, उस भविष्य की चिंता करके जिसमें आप हमारे बीच नहीं रहेंगे।"

"कैसी बातें करते हो प्रभाकर! न ऐसा कभी था कि मैं नहीं था, और ना ऐसा कभी होगा कि मैं नहीं रहूँगा! मैंने तुम्हें जो भी ज्ञान दिया, वो वेदों से था और मैं भी वेदों का ही हूँ। और वेद सनातन हैं, मैं भी सनातन ही हूँ। क्या वेदों की पुस्तक जला देने से वेद जल जाएँगे? नहीं। क्योंकि वेद कोई कागज के पन्ने मात्र नहीं हैं। वेद सर्वप्रथम ध्यानस्थ ऋषियों के हृदय में प्रगट हुए, फिर श्रुति रूप में और फिर वेद व्यासजी के द्वारा लिपिबद्ध हुए, इसलिए वेद अपौरुषेय कहलाए । जिस दिन तुम सब मेरे द्वारा दिए गए ज्ञान के मर्म को अपने हृदय में प्राप्त कर लोगे, उस दिन मैं भी तुम्हारे हृदय में प्रगट हो जाऊँगा। अब जाओ, अपना कर्म करो।"

प्रभाकर मिश्र ने अन्य सभी शिष्यों को गुरु-महिमा के बारे में समझाया और समाधि स्थल बनाने हेतु तैयार कर लिया। आसपास के गाँव से तुषा

(धान की भूसी) एकत्र करके त्रिवेणी तट पर समाधि-स्थल का निर्माण किया गया। धीरे-धीरे यह बात अब फैल चुकी थी। जिन लोगों को आचार्य के अग्नि-समाधि ग्रहण करने की खबर मिल गई थी, वो त्रिवेणी तट पर प्रातः काल से ही एकत्र हो रहे थे। काफी संख्या में बौद्ध भीखु भी वहाँ आ रहे थे।

उधर काशी के आदिशंकराचार्य देवरूप में स्वयं वेदव्यासजी से शास्त्रार्थ कर चुके थे। स्वयं वेदव्यासजी ने आचार्य शंकर पर कृपा कर उनकी आयु-वृद्धि हेतु उनसे शास्त्रार्थ की लीला की। देवरूप वेदव्यासजी ने अद्वैतवादी आचार्य शंकर से कहा था, "शंकराचार्य, आपको दिग्विजय तभी प्राप्त होगी, जब आप आचार्य कुमारिल भट्ट को शास्त्रार्थ में पराजित करेंगे। परंतु जय-पराजय की भावना में आसक्त रहने वाला कोई भी व्यक्ति उन्हें शास्त्रार्थ में पराजित नहीं कर सकता। कुमारिल भट्टाचार्य पूरे भारतवर्ष में दिग्विजयी हुए हैं। उनके वैदिक, आध्यात्मिक और सांसारिक ज्ञान का सामना करने वाला इस पृथ्वी पर कोई नहीं है। अतः उन्हें पराजित किए बिना तुम दिग्विजयी नहीं कहे जा सकते।" श्री भट्टाचार्य की महिमा स्वयं वेदव्यासजी के मुख से सुनकर आचार्य शंकर भी अपने मुख्य शिष्यों के संग त्रिवेणी तट पर उनके दर्शन एवं उनसे शास्त्रार्थ करने हेतु चल पड़े थे।"

त्रिवेणी तट पर प्रभाकर आदि शिष्यों ने गुरुदेव की अग्नि-समाधि हेतु तुषा एकत्र कर दी थी। एक समाधि स्थल का निर्माण हो चुका था। आचार्य कुमारिल भट्ट समाधि स्थल पर पहुँचकर नैमितिक पूजा कर रहे थे। देवताओं का आह्वान और पूजा संपन्न हो चुकी थी। अग्नि देव का आह्वान कर आचार्य ने तुषा-कुंड में स्वयं ही अग्नि को प्रज्जवलित किया। तुषा में जब आग लग जाती है, तब धीरे-धीरे कई दिनों तक जलती रहती है। अग्नि प्रज्ज्वलित कर आचार्य ने गंगा-स्नान किया तब तक तुषा-कुंड के निचले भाग में अग्नि अच्छे से फैल चुकी थी। ऊपर से काफी धुँआ भी निकलने लगा था। तुषा-कुंड के ऊपर चढ़ने के लिए बाँस की सीढ़ी की व्यवस्था भी हो गई थी। आचार्य वैदिक मंत्रों का उच्चारण करते हुए तुषा के बने हुए समाधि-स्थल पर चढ़ जाते हैं, तुषा से बने हुए इस अग्नि-मंच के मध्य में आचार्य पद्मासन

लगा पूर्ण दृढ़तापूर्वक बैठ जाते हैं। कई शिष्य यह देख स्वयं को रोक नहीं पाते और फफक-फफककर रोने लगते हैं। शिष्यों के अलावा हजारों की संख्या में अन्य लोग भी वहाँ एकत्र हो गए थे। सैकड़ों बौद्ध भीखू भी वहाँ एकत्र हो इस दृश्य को देख रहे थे और आपस में बात कर रहे थे कि देखो, जिस कुमारिल भट्ट को मृत्यु भी नहीं मार, सकीं वो स्वयं ही आज मृत्यु की गोद में जाकर बैठ गया है। आचार्य समाधि स्थल पर बैठकर वैदिक मंत्रों में शांति पाठ करते हैं—

ॐ पूर्णमदः पूर्णमिदम् पूर्णात् पूर्णमुदच्यते।
पूर्णस्य पूर्णमादाय पूर्णमेवावशिष्यते॥
ॐ शांतिः शांतिः शांतिः॥

ॐ द्यौः शांतिरन्तरिक्षँ शांतिः
पृथिवी शांतिरापः शांतिरोषधयः शांतिः।
वनस्पतयः शांतिर्विश्वेदेवाः शांतिर्ब्रह्म शांतिः
सर्वँ शांतिः, शांतिरेव शांतिः सा मा शांतिरेधि॥
ॐ शांतिः शांतिः शांतिः॥

फिर आचार्य अपना मुख और नेत्र बंद करके शांत हो बैठ जाते हैं। अत्यधिक धुँआ होने के कारण तुषा-कुंड के मध्य में बैठे आचार्य कुमारिल भट्ट का दर्शन कर पाना मुश्किल हो रहा था। परंतु अग्नि जैसे-जैसे प्रचंड हो रही थी, धुँआ कम हो रहा था और आचार्य का तेजस्वी मुख-मंडल स्पष्ट दिख पा रहा था। अब तुषा-कुंड पूर्णतः अग्नि-कुंड में परिवर्तित हो चुका था। श्री भट्टाचार्य इस अग्नि-कुंड के मध्य में स्वयं एक ज्योतिर्लिंग की तरह स्थापित दिखाई पड़ रहे थे। हजारों की संख्या में भीड़ बढती जा रही थी और अग्नि की प्रचंडता भी धीरे-धीरे बढ़ रही थी। कुछ घंटे बाद, मध्याह्न के समय अग्नि तुषा-कुंड के ऊपरी भाग में भी फैलने लगी थी। आचार्य के मुख-मंडल पर करोड़ों सूर्यों का तेज दिखाई दे रहा था। जैसे-जैसे अग्नि की

प्रचंडता बढ़ रही थी, वैसे-वैसे आचार्य के शिष्यों के रोने की ध्वनि भी बढ़ती हुई श्रवण हो रही थी। वहाँ दूसरे कई लोग खड़े होकर सोच रहे थे कि भला ऐसा निर्णय लेने की क्या आवश्यकता पड़ गई? जो बौद्धों के झूठे प्रचार को सत्य मानते थे, वो सोचने के लिए विवश थे कि अगर आचार्य कुमारिल भट्ट जन-मानस को हिंसा का मार्ग दिखाते थे और उन्होंने बौद्धाचार्य धर्मपाल की हत्या की थी, तो उन्हें भला अग्नि-समाधि लेने की क्या आवश्यकता पड़ गई? वहाँ खड़े बौद्ध भिखुओं और बौद्ध उपासकों के मन में यह एक प्रश्न उठ चुका था। परंतु अग्नि-कुंड में बैठे मीमांसा आचार्य भगवान् वार्तिककार कुमारिल भट्ट से अब कौन प्रश्न पूछने का साहस करे!

अग्नि अब पूरे तुषा-कुंड को अपने प्रभाव में ले चुकी थी। ऊपरी हिस्सा भी अब लगभग पूरी तरह अग्नि के चपेट में आ चुका था। निश्चय ही गुरुदेव के शरीर को भी अग्नि ने अब अपना ग्रास बनाना शुरू कर दिया था, परंतु अभी भी आचार्य का मुखमंडल चंद्रमा जैसी कांति लिये हुए ही दमक रहा था। शिष्य यह सब देखकर और अधीर हुए जा रहे थे। तभी चारों और इक्कठी भीड़ से एक आवाज आई कि "महान् अद्वैतवादी परम सिद्ध आचार्य शंकर त्रिवेणी तट पर पधार रहे हैं।"

कुछ देर में आदि शंकराचार्य आचार्य कुमारिल भट्ट के समाधि स्थल के समीप पहुँच गए। आचार्य शंकर के शिष्य मीमांसाचार्य प्रभाकर मिश्र के पास जाकर बोले, "आचार्य! हमारे गुरुदेव आचार्य शंकर आपके गुरुदेव श्री कुमारिल भट्टाचार्य से मिलने आए हैं। हमारे आचार्य आपके गुरु श्री कुमारिल भट्टाचार्य से शास्त्रार्थ और वार्तिक-रचना के विषय में वार्त्तालाप करना चाहते हैं।"

आचार्य प्रभाकर मिश्र ने उत्तर देते हुए कहा, "परंतु मेरे गुरुदेव इस समय प्रायश्चित कर्म का अनुष्ठान करते हुए अग्नि-समाधि ले चुके हैं, वो तुषा-अग्नि कुंड में आसन लगाकर बैठे हुए हैं। अब तो अग्नि ने उनके देह को अपना ग्रास बनाना भी प्रारंभ कर दिया है। उनके शरीर के निचले अंग दग्ध हो रहे हैं। ऐसी अवस्था में आप मात्र उनके दर्शन प्राप्त कर सकते हैं।

अभी भी उनके मुखारबिंद पर चंद्रमा जैसी कांति दिखाई दे रही है। कई लोग उनके दर्शन कर उन्हें प्रणाम कर यहाँ से प्रस्थान कर रहे हैं। अब अंत समय में उनका आशीर्वाद प्राप्त हो, यही संभव है। अत: अपने गुरुदेव आचार्य शंकर को यही उत्तर दें।"

आदि शंकराचार्य के शिष्यों ने उन्हें प्रभाकर मिश्र का उत्तर सुना दिया। आदि गुरु शंकराचार्य ने तब अपने शिष्यों से कहा, "ठीक है, फिर चलो! उनके समक्ष खड़े होकर, उन्हें प्रणाम कर उनका आशीर्वाद प्राप्त करें।"

आदि शंकराचार्य अग्नि-समाधि में बैठे श्री भट्टाचार्य के समक्ष बैठकर उन्हें प्रणाम करते हुए कहा, "अग्नि ज्वाला के मध्य बैठकर जिनका शरीर जल रहा है, परंतु फिर भी ओस की बूँदों से ढँके हुए कमल के समान शीतलता धारण किए हुए, जिनका केवल मुख दिखाई पड़ रहां है, जो काल विजयी हैं, जिनकी इच्छा के बिना मृत्यु भी उन्हें स्पर्श नहीं कर सकती, ऐसे महान् योगी मिमांसाचार्य कुमारिल भट्ट को मेरा प्रणाम है।"

तब अपने योग बल का प्रमाण देते हुए, अग्नि के सामान देदीप्यमान, शत्रुओं को पराजित करने वाले, देव मार्ग के रक्षक, श्री भट्टाचार्य ने अपने नेत्र खोले और आचार्य शंकर से बोले, "हे यतिवर! अद्वैतवादी आचार्य शंकर! इस समय, जब मैं अपने देह का त्याग करने वाला हूँ, आपके दर्शन प्राप्त करके धन्य हो रहा हूँ। बाल्यावस्था से तीव्र इच्छा थी कि जीवन में 'तथागत' के सामान किसी जागृत् पुरुष का दर्शन हो! आज आपको समक्ष देख यह इच्छा भी पूर्ण हुई। आचार्य शंकर! अब आप अपना प्रयोजन बताएँ। इस समय कैसे आना हुआ?"

आचार्य शंकर ने अग्नि-कुंड में बैठे आचार्य कुमारिल भट्ट को उत्तर देते हुए कहा, "आचार्य! सबसे पहले तो मुझे ये बताएँ कि तुषाग्नि के द्वारा शरीर पात करने का कारण क्या है? दूसरा, वेदव्यासजी की तरह आपसे शास्त्रार्थ करने का सौभाग्य मुझे प्राप्त हो और आपके द्वारा वेदांत-शास्त्र पर वार्तिक की रचना हो।"

आचार्य कुमारिल भट्ट ने आचार्य शंकर के प्रश्नों का उत्तर देते हुए

कहा, "एक अक्षर का ज्ञान देने वाला भी गुरु सामान होता है। फिर संपूर्ण बौद्ध शास्त्रों का ज्ञान देनेवाले तो मेरे गुरु हुए, जिनसे ज्ञान प्राप्त कर मैंने उन्हें शास्त्रार्थ की चुनौती दी और उन्हें पराजित भी किया। बाद में मुझे उनकी मृत्य की सूचना प्राप्त हुई, जिससे मैं आहत हुआ। उनकी हत्या का मिथ्या आरोप भी मुझ पर लगाया गया। साथ ही मैंने महर्षि जैमिनी के मीमांसा शास्त्र में रुचि रखकर ईश्वर का निषेध किया, जिससे कई ईश्वरवादियों को ठेंस पहुँची। अतः इन सब कारणों से मैंने अंत में निर्णय लिया कि मैं अग्नि समाधि में देह–पात करूँगा।"

"परंतु आचार्य बौद्धाचार्यों ने आपकी हत्या का प्रयास भी तो किया था। बौद्धाचार्यों ने छद्मवेश धारण करके आपसे शास्त्रार्थ किया था, जो कि सर्वदा निंदनीय है। अतः आप मुझे कहीं से भी दोषी नजर नहीं आते।" आचार्य शंकर ने श्री भट्टाचार्य से कहा।

आदि शंकराचार्य की बात सुनकर श्री कुमारिल भट्टाचार्य ने अपनी कहानी उनके समक्ष सुनाई। कैसे धर्मकीर्ति ने वेश बदलकर उनके साथ छल किया, फिर नालंदा में उनकी हत्या का षडयंत्र हुआ। आदि शंकराचार्य के माध्यम से वहाँ खड़े 50 हजार से अधिक संख्या में लोगों ने भी आचार्य कुमारिल भट्ट की गाथा को श्रवण किया। वहाँ खड़े लोगों के लिए सबसे बड़ा आश्चर्य तो यह था कि एक व्यक्ति, जिसका देह अग्नि में जल रहा है, वो इतने धैर्यपूर्वक प्रवचन देने में कैसे सक्षम है! श्री भट्टाचार्य के शिष्य इस दृश्य को देखकर शोकपूर्वक विलाप करना बंद कर चुके थे। आचार्य कुमारिल भट्ट की इस लीला को देखकर उन्हें साक्षात् अनुभव हो गया था कि उनके गुरु साधारण नहीं हैं, वो एक दिव्य पुरुष हैं, जिनकी इच्छा के बिना मृत्यु व सांसारिक ताप उन्हें स्पर्श नहीं कर सकते हैं। आदि शंकराचार्य ने आचार्य कुमारिल भट्ट की पूरी गाथा सुनकर कहा—

"आचार्य! अब मैं पूर्णतः आश्वस्त हो चुका हूँ कि आपके उज्जवल चरित्र में पाप लगने की किसी भी प्रकार की संभावना नहीं है। आप तो इस सत्यव्रत का पालन मानव जाति को शिक्षा देने के लिए और पूर्ण सत्य

को सामने लाने के लिए कर रहे हैं। आप स्वयं 'अग्निमय बुद्ध' हैं, जो आत्मबलिदान देकर अहिंसा का मार्ग दिखा रहे हैं और धर्म की पुनर्स्थापना कर रहे हैं। आचार्य, आप स्वयं सामर्थ्य रखते हैं कि आप अपने अग्नि में दग्ध हुए देह को पुनः स्वस्थ कर लें। परंतु आपको आपत्ति न हो तो मैं आपके देह पर जल कणों को छिटककर आपके शरीर को पूर्ण स्वस्थ कर दूँ! आप स्वस्थ हो मुझ पर कृपा करते हुए, मेरे भाष्य पर भव्य वार्तिक की रचना करें।"

आदि शंकराचार्य की बातों को सुनकर भगवान् भट्टाचार्य ने कहा, "हे भगवन्! मैं आपकी शक्ति को जानता हूँ। आप पंचभूतों पर नियंत्रण रखते हैं! आप सृष्टि और प्रलय करने का सामर्थ्य रखते हैं। आप देह से मरे व्यक्ति के अंदर भी प्राण फूँकने का सामर्थ्य रखते हैं। परंतु हे यतिराज! मैं इस संकल्पित श्रेष्ठ व्रत का परित्याग करने का साहस नहीं कर पा रहा हूँ। यह उचित नहीं होगा कि वचनबद्ध होने के बाद मैं उसके विरुद्ध जाऊँ! श्री रामचंद्रजी ने तो अपने पिता के वचनों की लाज रखने हेतु चौदह वर्ष का वनवास किया। अतः आपके लिखे भाष्य पर वार्तिक रचना करने का सौभाग्य और यश मुझे नहीं प्राप्त हो पाएगा।"

थोड़ा रुककर दिग्विजयी आचार्य कुमारिल भट्ट फिर से बोले, "परंतु इससे निराश होने की आवश्यकता नहीं है, आचार्य। आपकी शास्त्रार्थ करने की इच्छा और भव्य वार्तिक रचना की इच्छा मेरे दिग्विजयी प्रकांड विद्वान् शिष्य मंडन मिश्र पूर्ण करेंगे। मुझसे अतिशय प्रेम रखने के कारण वो आज यहाँ उपस्थित नहीं हैं। परंतु आप उनके ग्राम महिषी में जाकर उनसे शास्त्रार्थ की भिक्षा माँगें। मंडन मिश्र और उनकी अर्द्धांगिनी देवी उभया भारती दोनों हीं प्रकांड विद्वान् हैं। उन्हें शास्त्रार्थ में पराजित कर उनसे भव्य वार्तिक की रचना करवाएँ। मंडन मिश्र को पराजित कर देने से यह संसार आपको दिग्विजयी मान लेगा। अतः मंडन मिश्र के पास जाना ही उचित निर्णय होगा।"

आचर्य कुमारिल भट्ट की बात सुनकर आदि शंकराचार्य बोले, "आचार्य, लगता है कि मैं इतना भाग्यवान नहीं कि आपके हाथों मेरे भाष्य पर

वार्तिक रचना हो सके! परंतु आपके दिशा-निर्देशों पर चलकर मैं स्वयं को भाग्यशाली ही समझूँगा। आचार्य, आपके दिव्य वचनों का मान रखने हेतु, मैं अवश्य मंडन मिश्र के पास जाऊँगा।"

"हे आचार्य शंकर! अब मुझे अनुमति दें कि मैं अपने संकल्प को पूर्ण करूँ और इस नश्वर शरीर को पूर्णतः अग्निदेव को समर्पित कर सकूँ।"

आदि शंकराचार्य ने भी आचार्य कुमारिल भट्ट को प्रणाम करते हुए कहा "हे दिग्विजयी आचार्य कुमारिल भट्ट! आप भी मेरा अंतिम प्रणाम स्वीकार करें।"

आचार्य कुमारिल भट्ट ने फिर से अपने नेत्र मूँद लिये उनके नेत्र मूँदते ही तुषा-अग्नि की ज्वाला और भी प्रचंड होने लगी। धीरे-धीरे आचार्य का पूरा शरीर अग्नि के वशीभूत हो गया। साथ-ही-साथ वहाँ खड़े सभी लोगों को पूरा सत्य पता चल गया। लोग आपस में वार्त्तालाप करने लगे। बौद्धों के द्वारा किए गए घोर अन्याय की निंदा चारों ओर होने लगी। वहाँ खड़े बौद्ध उपासक और बौद्ध भिखू भी सोचने के लिए विवश हो गए कि अग्नि-समाधि पर बैठा व्यक्ति कभी मिथ्या नहीं बोलेगा। भला अग्नि-समाधि ग्रहण करने वाले अहिंसा-स्वरुप महान् आचार्य कुमारिल भट्ट समाज को हिंसा का मार्ग क्यों दिखाएँगे? उन पर आचार्य धर्मपाल की हत्या का आरोप भी निश्चय ही मिथ्या था। उन्हें बदनाम एवं यशहीन करने के लिए ही नालंदा के बौद्धाचार्यों ने षड्यंत्र किया था! उनकी हत्या का षड्यंत्र कर उन्हें पर्वत की ऊँची चोटी से गिरा दिया गया। ऐसी बातें जनमानस में बहुत तेजी से फैलने लगीं। अब किसी को कुछ समझाने की आवश्यकता नहीं थी। लोग स्वयं ही एक दूसरे को समझा दे रहे थे। एक ओर तुषा-अग्नि में श्री भट्टाचार्य का शरीर जल रहा था, तो दूसरी ओर भारतभूमि में व्याप्त बौद्ध प्रपंच भी स्वाहा हो रहा था। श्री भट्टाचार्य के इस महान् बलिदान से प्रभावित अनेक लोगों ने बौद्धों का साथ देना छोड़ दिया और वो वैदिक मार्गी बनने लगें। वैदिक कर्मकांडों एवं कर्म सिद्धांत के प्रति लोगों की निष्ठा और बढ़ने लगी। फिर आदिगुरु शंकराचार्य के अद्वैत वेदांत के प्रचार से बौद्धों के दूसरे सिद्धांतों का भी खंडन

हुआ। और यह भी प्रमाणित हो गया कि संपूर्ण बौद्ध दर्शन वेदों से लेकर लिखा गया और बौद्धों ने अपनी संस्थानीय व सांप्रदायिक महत्त्वाकांक्षा की पूर्ति हेतु वेदों की निंदा शुरू कर दी थी।

श्री कुमारिल भट्टाचार्य ने कभी शाक्यमुनि बुद्ध का विरोध या काट नहीं किया, परंतु उनके अनुयायी कहे जाने वाले तथाकथित बौद्धाचार्य और बौद्ध भिखू स्वयं ही बुद्ध विरुद्ध आचरण और कर्म करने में लिप्त थे! भगवान् बुद्ध के विरुद्ध आचरण करना ही बौद्धों के पतन का कारण बन रहा था।

□

बौद्ध संघ का क्षय एवं भट्ट मीमांसा

एक समय था, जब पूरे भारतवर्ष में बौद्ध संघ का व्यापक फैलाव था। निश्चय ही हर ग्राम और नगरों में बौद्ध मठ हुआ करते थे। परंतु आज वर्तमान में ऐसा कुछ नजर नहीं आता। ऐसी कौन सी घटना घटी? जिनसे बौद्ध अनुयायियों की संख्या घटने लगी? वो कौन से कारण बने, जिनसे बौद्ध संप्रदाय का क्षय हुआ?

हर्षवर्धन काल में बौद्ध संघ ने अपने विस्तार के शिखर को प्राप्त किया था, परंतु इसी समय से बौद्ध संघ का क्षय भी शुरू हो गया था। गुप्त वंश और मौर्य वंश के सभी राजाओं ने बौद्ध संप्रदाय को बहुत बड़े स्तर पर संरक्षण प्रदान किया था, जिससे बौद्ध मत का विश्व स्तरीय प्रचार संभव हो पाया था। परंतु वर्तमान की तरह तब बौद्ध अनुयायियों और वैदिक अनुयायियों में इतने भेदभाव नहीं थे, जितने कि वर्तमान में दीखते हैं, अथवा कुछ विचारकों के द्वारा जान-बुझकर दिखाए जाते हैं। गुप्त वंशीय राजाओं ने बौद्ध उपासना को अपनाया था, परंतु ऐसा नहीं था कि उन्होंने वैदिक कर्मों का पूर्ण त्याग कर दिया था। जन्म, मृत्यु और विवाह के समय होने वाले नैमितिक कर्म अनुष्ठानों हेतु वो वैदिक नियमों का पालन ही करते थे। इसका मूल कारण यह था कि बुद्ध ने लोगों को साधना और अहिंसा का मार्ग दिया था, जो निर्वाण-प्राप्ति हेतु महत्त्वपूर्ण था। परंतु, साधारण जनमानस के जीवन में एवं सामाजिक संरचना हेतु जो वैदिक विधान थे, उनका विकल्प नहीं दिया था। वो वैसे के वैसे ही बने रहे। बस, काम्य कर्मकांड में पशु बलि का विरोध बुद्ध ने किया था।

परंतु अन्य कर्मकांडों से बुद्ध का कोई स्पष्ट विरोध नहीं था। विवाह आदि आयोजनों में वैदिक विधानों का ही पालन होता था।

महाराज हर्षवर्धन भी बौद्ध उपासक थे, परंतु उनके दरबार में बाणभट्ट एवं अन्य विद्वान् ब्राह्मणों को भी उच्च पद प्राप्त था। कालिदास, आर्य भट्ट, बाणभट्ट, वराहमिहिर और वाग्भट जैसे कई वैदिक विद्वान् गुप्तवंश के काल में हुए, जिन्होंने विज्ञान और दर्शन के क्षेत्र में महत्त्वपूर्ण योगदान दिया था। इन विद्वानों का बौद्धाचार्यों के साथ कोई विशेष संघर्ष हुआ हो, ऐसा इतिहास नहीं मिलता। प्रारंभ में बौद्धाचार्यों और वैदिक आचार्यों व ब्राह्मणों के बीच का संघर्ष बस, सूक्ष्म मतभेद तक सीमित था। दोनों का कार्य क्षेत्र अलग-अलग था। परंतु वैशाली की द्वितीय बौद्ध संगीति में महायान के निर्माण के बाद महायानियों ने बुद्ध को अवतार घोषित कर उनकी मूर्तियों का निर्माण प्रारंभ कर दिया था। महायानियों को अपने प्रचार में ब्राह्मण सबसे बड़े बाधक नजर आए। फिर धीरे-धीरे महायानियों और वैदिक ब्राह्मण आचार्यों के बीच संघर्ष बढ़ता गया। वैसे वैदिक आचार्य भी छह भागों में बँटे हुए थे—सांख्य, मीमांसा, वेदांत, न्याय, वैशेषिक और योग। इनमें भी आपसी मतभेद रहता था, परंतु वो इतना गहरा नहीं था, जितना कि बौद्धों में हीनयान और महायान के बीच मतभेद पैदा हो गया था। महायानी बौद्धों का मुख्य संघर्ष मीमांसाचार्यों से था। यद्यपि महायानी बौद्धों को बहुत बड़ी सफलता प्राप्त हुई। मौर्य वंशीय एवं गुप्त वंशीय राजाओं का समर्थन भी प्राप्त हुआ, जिससे महायानियों ने अपना फैलाव विदेशों में बहुत बड़े स्तर पर किया, परंतु उनका यह प्रचार मूल बुद्ध विचारधारा से विकृत-रूप धारण कर चुका था और बौद्ध संप्रदाय अन्य कई भागों में विभाजित हो गया था। वज्रयान, नवयान, नवज्रयान और क्षेत्र के आधार पर भी कई विभाजन हुए थे। साथ ही महायानी नालंदा के बौद्ध राजनीतिक हस्तक्षेप और राजनीतिक महत्त्वाकांक्षा भी रखने लगे थे। फिर बुद्ध के आदर्शों से दूरी भी बौद्ध भिक्षुओं के जीवन में आ चुकी थी, जो उनकी छवि को समाज के समक्ष खराब कर रही थी। त्याग, सेवा, अहिंसा का आदर्श रखने वाले भिखू अब सोने-चाँदी के आभूषण भी धारण करने लगे थे। वन

विहारों में रहने वाले भिखू अब बड़े-बड़े भवनों में रहने लगे थे। बौद्ध संप्रदाय के पतन का प्रारंभ स्वयं बौद्ध संप्रदाय के भीतर से ही हुआ था।

अनुयायियों की जनसंख्या बढ़ाने की महत्त्वाकांक्षा भी घातक साबित हुई। अनुयायियों की जनसंख्या बढ़ाकर अपने राजनीतिक दबाव को बढ़ाने के प्रयास में बौद्धाचार्यगण लगे रहते थे। और इसी प्रयास में बौद्धाचार्य धर्मकीर्ति ने छद्मवेश धारण करके मीमांसा आचार्य कुमारिल भट्ट के गुरुकुल में जाकर वेदों की शिक्षा प्राप्त की, जो बाद में चलकर बौद्ध संप्रदाय के लिए ही घातक बना। कुमारिल भट्ट के द्वारा हुए शास्त्रार्थ में बौद्धाचार्यों की पराजय और आचार्य कुमारिल भट्ट का त्रिवेणी तट पर तुषानल की अग्नि में समाधि लेना इन घटनाओं से सामान्य जनमानस में बौद्धों के प्रति विश्वास तीव्रता से कम होने लगा। फिर आदिगुरु शंकराचार्य के वेदांत-प्रचार के प्रभाव से जनमानस वैदिक मार्ग की ओर अधिक आकर्षित हुए। दूसरी तरफ बौद्धों में पूर्व की भाँति बौद्धाचार्य मैत्रेय और नागार्जुन जैसे सिद्ध विभूतियों की भी न्यूनता आ गई थी। और इसका भी कारण था, बौद्ध संप्रदाय में हो रहा भीतरी पतन।

मीमांसा आचार्य कुमारिल भट्ट ने अपने ग्रंथ 'मीमांसाश्लोकवार्तिक' में उन सभी तर्कों का संकलन किया, जिसमें महायानी बौद्ध विचारधारा का निराकरण हुआ है। आचार्य कुमारिल भट्ट के इस कार्य ने विद्वानों और राजाओं को भी सोचने के लिए विवश कर दिया। आचार्य कुमारिल भट्ट ने ये भी प्रमाणित कर दिया कि बौद्ध विचारधारा वैदिक शास्त्रों में अग्रणी सांख्य शास्त्र से विकसित हुई है। प्रथम आर्य सत्य—"संसार दुःखमय है।" यह सांख्य शास्त्र का भी प्रथम सूत्र है। 'मीमांसाश्लोकवार्तिक' के पंचम परिच्छेद में आचार्य कुमारिल भट्ट ने इस विषय पर चर्चा की है। और शाक्य मुनि (बुद्ध) गृह-त्याग के बाद जिन गुरुओं की शरण में ज्ञान-प्राप्ति हेतु गए थे, वो सभी सांख्य योगी ही थे। फिर बाद में सांख्य मत के अनुसार २५ तत्त्वों से विकसित जगत् को मिथ्या कहना उनकी अपनी विचारधारा का विरोधी हो जाता है। आचार्य कुमारिल भट्ट के कार्य ने बौद्ध संप्रदाय को वैचारिक एवं दार्शनिक रूप से आहत किया था, जिससे बौद्ध अनुयायी पुनः वैदिक मार्गी बनने लगे।

दूसरा कारण यह था कि ज्यादातर बौद्ध अनुयायी उच्च वर्ग के थे। आदिवासी गाँव के अल्प शिक्षित किसान लोग बौद्ध विचारधारा से पूर्णतः नहीं जुड़ पाए थे। राजाओं-महाराजाओं, विद्वानों को छोड़कर सामान्य जनमानस पर वैदिक ब्राह्मणों की अच्छी पकड़ थी; क्योंकि कर्मकांडों में अधिक सामाजिकता और व्यवहारिकता स्थापित होती थी। पुजारी ब्राह्मण पूजा-पाठ करवाते थे और अन्न के रूप में दान-दक्षिणा ग्रहण करते थे। साथ में ब्राह्मण अपनी खेती बाड़ी भी करते थे। परंतु बौद्ध भीखू मात्र भिक्षा माँगते थे। बाद में बौद्ध विहार बड़े-बड़े महलों जैसे बना दिए गए, बौद्धाचार्यों का जीवन एय्याशों जैसा बन गया। बौद्ध भिखू गृहस्थ समाज पर बोझ प्रमाणित होने लगे। प्रारंभ में बौद्ध भिखू बहुत सरल भाषा में अपने उपदेश देते थे। बाद में वाद-विवाद और शास्त्रार्थ परंपरा बौद्ध भिक्षुओं के बीच प्रचलित हो गई थी।

कालांतर में हूणों और पारसियों के आक्रमण ने भी बौद्ध मठों को नुकसान पहुँचाया। बंगाल का समसामयिक शासक शशांक भी बौद्ध विरोधी था, परंतु इन सब से निपटने के लिए बौद्ध समर्थक राजा भी थे। सम्राट् हर्षवर्धन ने भारत भूमि पर सभी बौद्ध विरोधी शासकों को पराजित किया था, परंतु सम्राट् हर्षवर्धन ने अपने जीवन के अंतिम घड़ियों में स्वयं बौद्धों से असंतुष्ट होकर शैव साधना का मार्ग अपना लिया था। और इसका भी कारण था बौद्ध भिक्षुओं का नैतिक और आंतरिक पतन, जो कि उनका निजी पतन था। सम्राट् हर्षवर्धन की मृत्यु के बाद उत्तर भारत की राजनीति में अस्थिरता आ गई। कई वर्षों तक कनौज्ज और पाटलिपुत्र की गद्दी खाली पड़ी रही। नालंदा के बौद्धाचार्य चाहते तो किसी को राजा बना सकते थे, परंतु ऐसा कोई प्रयास बौद्धों के द्वारा नहीं हुआ। हर्षवर्धन काल के बाद भारत वर्ष बहुत छोटे-छोटे राज-खंडों में बँटने लगा। कदापि बौद्धाचार्य भी यही चाहते थे कि सब बँटे रहेंगे तो राजाओं को नियंत्रण में रखना सरल होगा।

डॉ. बी आर आंबेडकर के द्वारा लिखे गए (डिक्लाइन एंड फॉल ऑफ बुद्धिज्म) लेखों के अनुसार, इसलामिक आक्रमण ने बौद्ध संप्रदाय को सबसे अधिक नुकसान पहुँचाया। क्योंकि विदेशी आक्रमणकारियों को भारत के

अन्य धर्मों की तुलना में बौद्धों का प्रभाव अधिक दिखता था। साथ ही बौद्ध अपनी राजनीति करने के लिए भारतीय राजाओं के सामरिक गुप्त रहस्यों को विदेशी राजाओं के समक्ष जान-बुझकर प्रगट करते थे, जो कि एक प्रकार का राष्ट्र के साथ विश्वासघात था और यह कृत विदेशी राजाओं को भारत पर आक्रमण करने के लिए उकसाता था। विदेशी राजाओं को लगता था कि बौद्धों का वर्चस्व भारत में अधिक है। अतः विदेशी आक्रमणकारियों के निशाने पर बौद्ध प्रथम होते थे। और इसलामिक आक्रमणकारी शासक तो धर्म प्रचार हेतु भी युद्ध ही करते थे, जिसे वो 'जिहाद' कहते थे। मोहम्मद बिन कासिम, महमूद गजनी, तुगलक वंश, खिलजी वंश और फिर मुगलों के निशाने पर बौद्ध सर्वप्रथम थे। इन आक्रमणों में विश्व प्रतिष्ठित नालंदा और विक्रमशिला जैसे विश्वविद्यालयों को नष्ट कर दिया गया और लाखों की संख्या में बौद्ध भिक्षुओं की हत्या हुई। जिन राज्यों में वैदिक मार्गी (हिंदू) राजा थे, बौद्ध भिखू मात्र वहीं सुरक्षित रहते थे।

अंततोगत्वा, बौद्ध संघ के क्षय का मूल कारण यही था कि 300 ईशा पूर्व पहले सम्राट् अशोकवर्धन के काल से हर्षवर्धन काल 600 ई. में आते-आते बौद्ध भिखू व बौधाचार्य स्वयं बुद्ध के उपदेशों और शिक्षाओं के विपरीत आचरण करने लगे थे।

भट्ट-मीमांसा—

वेदों का सार समझाने के लिए जैमिनी ऋषि ने मीमांसा शास्त्र की रचना की, जो कि सोलह अध्यायों में था और 'पूर्व-मीमांसा' के नाम से जाना गया। महर्षि जैमिनी के गुरु श्री वेदव्यासजी ने मीमांसा शास्त्र में चार अध्याय और जोड़े, जो कि 'उत्तर-मीमांसा' के नाम से जाना जाता है। अब महर्षि जैमिनी का पूर्व-मीमांसा शास्त्र ही 'मीमांसा शास्त्र' के नाम से जाना जाता है। वेदव्यासजी के द्वारा रचित 'उत्तर-मीमांसा' वेदांत शास्त्र का अंग माना गया। पूर्व मीमांसा पर बाद में चलकर महर्षि शबर ने अपना भाष्य दिया। शबर मुनि के भाष्य पर ही आचार्य कुमारिल भट्ट ने अपना भाष्य दिया, परंतु आचार्य कुमारिल भट्ट के भाष्य को मूल मीमांसा शास्त्र की एक शाखा के

रूप में माना गया। लेकिन भट्टाचार्य का भाष्य सबसे अधिक प्रचलित और ख्याति प्राप्त हुआ। भट्ट मीमांसा और मूल मीमांसा में एक विशेष भिन्नता पाई जाती है। शबर मुनि के भाष्य और उनके बाद आए कुछ विद्वानों के भाष्य के अनुसार मीमांसा शास्त्र एक अनीश्वरवादी दर्शन था। मीमांसा शास्त्र वेदों में निहित कर्मकांडों की पुष्टि करता है। मीमांसा शास्त्र वैदिक देवताओं और कर्मों की सत्ता को स्वीकार करता था और बहुदेववाद का समर्थन करता था। मीमांसा मत के अनुसार, स्वर्ग–प्राप्ति ही मनुष्य का लक्ष्य होना चाहिए। परंतु मोक्ष के महत्त्व पर और ईश्वरीय सत्ता पर विशेष प्रकाश नहीं डाला गया।

'भट्टमीमांसा' में भी देवताओं और कर्मों की सत्ता को ही पूर्ण स्वीकृति दी गई, परंतु साथ में ईश्वर और मोक्ष को भी स्थान प्रदान किया। मोक्ष को परम लक्ष्य के रूप में स्वीकार किया। इस कारण से कुछ विद्वानों के द्वारा 'भट्ट मीमांसा' को मूल मीमांसा शास्त्र की शाखा के रूप में देखा गया।

मीमांसा शास्त्र और बौद्ध विचारधारा में समानता यह थी कि दोनों ईश्वरीय सत्ता को नहीं मानते थे, परंतु महायानी–बौद्ध संसार को मिथ्या बताते थे और मीमांसा के अनुसार, संसार को सत्य और नित्य बताया गया हैं। मीमांसा के अनुसार, मनुष्य को अपने कर्मों का फल निश्चित रूप से भोगना पड़ता है। अतः मनुष्यों को पुण्य बढाने वाले कर्म करने चाहिए और पाप कर्मों से बचना चाहिए। कोई भगवान् को माने या न माने, कर्मों का फल तो भोगना पडेगा। अतः कर्म अनुष्ठानों के महत्त्व को समझकर व्यक्ति को नित्य, नैमितिक और काम्य कर्मों को करना चाहिए। निषिद्ध कर्मों से बचना चाहिए, अगर निषिद्ध कर्म होते हैं तो उसका प्रायश्चित करना चाहिए। निष्काम रूप से कर्म अनुष्ठानों का पालन करने से मोक्ष सिद्ध होता है। वैदिक कर्म अनुष्ठानों का पालन ही धर्म का पालन है। देव सत्ता जीवनदायी है, अतः कर्मनुष्ठानों द्वारा देवताओं को प्रसन्न रखना चाहिए और निज प्रकृति को संतुलित रखना चाहिए। मीमांसा शास्त्र के अनुसार, वेद–वाक्य ही मुख्य प्रमाण हैं। अतः वैदिक वाक्यों की व्याख्या और कर्म सिद्धांतों का प्रतिपादन ही मीमांसा शास्त्र की विशेषता है।

ये ध्यान देने योग्य बात है कि मीमांसा और वैदिक आचार्यों का मतभेद मुख्य रूप से महायान संप्रदाय के विचारों से था। हीनयान संप्रदाय के वैभाषिक मत के अनुसार, मीमांसा की तरह बाह्य अर्थ की सत्ता को स्वीकार किया गया है। और हीनयानी मुख्य रूप से बुद्ध के उपदेशों को वैसे-के-वैसे ही स्वीकार करने में विश्वास करते थे, जैसे वो स्वयं बुद्ध के द्वारा ही बताए गए हो! और वैदिक आचार्यगण भी बुद्ध के प्रति श्रद्धा और सम्मान का भाव रखते थे, परंतु वेदों का निरर्थक अपमान उन्हें उचित नहीं लगता था, जो मुख्य रूप से महायानी बौद्धाचार्यों के द्वारा किया जाता था।

अंततः यह समझ लेना चाहिए कि बौद्धों और वैदिक अनुयायियों के बीच जो मतभेद था, वो वैचारिक और दार्शनिक था, परंतु सांप्रदायिक नहीं था। वैदिक अनुयायी और बौद्ध अनुयायी वर्षों तक एक साथ रह पाए, क्योंकि मतभेदों से अधिक विचारों की समानता स्थापित थी। लेकिन कई स्वार्थी राजनीतिक महत्त्वाकांक्षा वाले लोग पहले भी और वर्तमान में भी इसे जानबूझकर सांप्रदायिक रूप देने के प्रयास में लगे रहते हैं, जो सर्वदा अनुचित है।

□□□